Prezado(a) _____.

Uma vez que fomos chamados para cooperar com Deus em Seu propósito e que O Ministério da Palavra de Deus é, sem dúvida, uma das obras-primas de Watchman Nee, senão a maior, eu não poderia me esquecer de alguém tão especial como você.

Que esta obra seja um eficaz instrumento nas mãos do Mestre para capacitá-lo(a) a ser um vaso preparado e usado em Sua obra.

Em Cristo, _____.

_____, _____ de _____ de _____

O ministério da Palavra de Deus

O ministério da Palavra de Deus

Watchman Nee

The Ministry of God´s Word
Copyright © 1971 Christian Fellowship Publishers, Inc.
© 2002 Editora dos Clássicos
Publicado no Brasil com a devida autorização
e todos os direitos reservados por Publicações Pão Diário
em coedição com Editora dos Clássicos.

Tradução: Josué Ribeiro
Revisão: Paulo César de Oliveira
Capa: Wesley Mendonça
Diagramação: Rafael Alt
Editor: Gerson Lima

Dados Internacionais de Catalogação na Publicação (CIP)

NEE, Watchman
O ministério da Palavra de Deus / Watchman Nee;
Tradução: Josué Ribeiro
Curitiba/PR, Publicações Pão Diário e São Paulo/SP, Editora dos Clássicos.
Título original: *The Ministry of God´s Word*

1. Ministério   2. Pregação   3. Palavra de Deus

Proibida a reprodução total ou parcial, sem prévia autorização, por escrito, da editora.
Todos os direitos reservados e protegidos pela Lei 9.610 de 19/02/1998.
Permissão para reprodução: permissao@paodiario.org

Os textos das referências bíblicas foram extraídos da versão Almeida Revista e Atualizada, 2ª edição (Sociedade Bíblica do Brasil), salvo indicação específica (ACF - Versão Almeida Corrigida e Fiel, da Sociedade Bíblica Trinitariana do Brasil, São Paulo, 1994, 1995).

As notas de rodapé com indicação (N.E.) são do editor da versão em português.

Publicações Pão Diário
Caixa Postal 4190,
82501-970 Curitiba/PR, Brasil
publicacoes@paodiario.org
www.publicacoespaodiario.com.br
Telefone: (41) 3257-4028

Editora dos Clássicos
www.editoradosclassicos.com.br
contato@editoradosclassicos.com.br
Telefones: (19) 3217-7089
(19) 3389-1368

Código: WK363
ISBN: 978-1-68043-674-7

Impresso no Brasil

Sumário

Uma Palavra à Série Alimento Sólido 9
Prefácio à Edição Brasileira 11

PARTE UM: O Ministro 13
   1. Três Tipos de Ministério 15
   2. O Conteúdo e a Transmissão da Palavra 33
   3. A Carreira e o Ministério de Paulo 47
   4. O Auge do Ministério da Palavra 63

PARTE DOIS: A Palavra de Deus 79
   5. A Base da Palavra de Deus 81
   6. A Necessidade da Interpretação do
      Espírito Santo 97
   7. A Necessidade da Revelação do
      Espírito Santo 113
   8. A Palavra de Deus em Cristo 133
   9. Conhecendo a Palavra de Deus
      Por Meio de Cristo 153

PARTE TRÊS: O Ministério 169
   10. O Fundamento do Ministério 171
   11. Revelação e Pensamento 189
   12. Carga e Palavra 211

13. A Disciplina do Espírito Santo e a Palavra 237
14. A Palavra e a Memória 257
15. A Palavra e os Sentimentos 273
16. A Palavra e a Liberação do Espírito 291
17. Alguma Ajuda Para Uma Mensagem
    Adequada 325

PARTE QUATRO: Nossa Atitude Diante
da Palavra 361
18. Nossa Atitude Diante da Palavra 363

Uma Palavra
à Série Alimento Sólido

Cremos que o Senhor nos deu o encargo de prover suprimento espiritual adequado para aqueles que já saíram da fase de bebês em Cristo e estão sendo chamados por Ele à maturidade, para se aprofundarem em Suas insondáveis riquezas e serem treinados para o ministério da edificação de Sua casa (Ef 4.11-16). Assim, no final do ano de 2002 iniciamos a *Série Alimento Sólido*, com o lançamento de *O Poder Latente da Alma*, de Watchman Nee. Depois, publicamos os clássicos *Guerra Contra os Santos*, de Jessie Penn-Lewis, e *As Eras mais Primitivas da Terra*, de G. H. Pember, ambas as obras em dois tomos cada. Agradecemos a Deus por nos conceder tamanho privilégio e por colocar nas mãos dos Seus filhos de fala portuguesa obras de elevado valor espiritual.

Dentro desse contexto, *O Ministério da Palavra de Deus* é mais uma obra-chave que merece ocupar um lugar especial nesta série, especialmente neste tempos finais e confusos em que vivemos. Nessa obra o autor descortina realidades espirituais extremamente importantes, resgatando o real significado do que seja o *Ministério da Palavra de Deus*, e o que não é, conforme as Escrituras, e sua urgente necessidade nestes dias. Ele nos fornece fundamentos básicos para cooperarmos com Deus, deixando muito claro o tipo de servo que Ele procura, como sermos úteis em Suas mãos e livres de meras imitações espirituais e da futilidade da carne.

De nossa parte, oramos e esperamos que todos aqueles que assumem responsabilidades na casa de Deus, especialmente os que ministram a Palavra, possam adquirir esta obra para serem ajudados e equipados, para serem obreiros aprovados, que manejam bem a palavra da verdade (2 Tm 2.15). Convidamos você a se unir conosco neste encargo e provermos meios para suprir o maior número possível de irmãos. Quanto a nós, faremos o máximo para isso.

É nossa intenção publicar outras pérolas nesta *Série Alimento Sólido*, e para isso contamos com suas orações e apoio, para que esse ministério de literatura siga adiante e cumpra plenamente a vontade do Senhor, conforme Seu propósito.

Desde já, agradecemos a todos que sempre nos estenderam as mãos e nos têm apoiado de alguma maneira.

Importa que Ele cresça e tenha a primazia sobre todas as coisas (Cl 1.18).

Pelos interesses de Cristo,

Editora dos Clássicos
São Paulo, SP, 7 de outubro de 2004

Prefácio à Edição Brasileira

A questão de servir o povo de Deus com a Sua Palavra é conhecida como o ministério da Palavra; a pessoa que serve desta forma é chamada de ministro. Watchman Nee é universalmente reconhecido como um dos ministros mais influentes da palavra de Deus no século 20 e, conseqüentemente, está entre os mais qualificados na história da Igreja para discorrer sobre os principais temas, tais como o ministério da Palavra de Deus. Este livro é, sem dúvida, uma das obras-primas do autor, senão a maior. Em virtude de sua presente publicação no Brasil, os leitores de língua portuguesa têm agora o privilégio de poder compartilhar das mesmas riquezas com que o autor contribuiu em outras partes do mundo.[1]

---

[1] O conteúdo deste volume é composto de uma série de mensagens pregadas em chinês pelo autor durante um período de treinamento para obreiros, realizado em Kuling, Foochow, China, em 1948.

O ministério da Palavra ocupa um lugar de importância na obra de Deus, pois Ele opera por meio de Sua Palavra. A história da obra de Deus na China nos últimos sessenta anos prova que o crescimento espiritual dos indivíduos e da Igreja como um todo está nas riquezas da Palavra de Deus. A partir de suas primeiras experiências práticas no campo de trabalho da China, o autor compartilhou com seus colaboradores o segredo de um ministério da Palavra bem-sucedido a fim de ganhar aquela parte do mundo para Cristo e ajudar a Igreja a se libertar da pobreza espiritual e seguir rumo ao alvo.

A mesma lei que rege o sucesso da obra de Deus em uma parte do mundo aplica-se a outra parte do mundo como, por exemplo, na parte do mundo em que estamos. A nossa oração é para que Deus produza uma maravilhosa colheita por meio de seus inúmeros ministros da Palavra que, fielmente, labutam com lágrimas e gotas de suor nesta grande terra do Brasil e em outras partes.

    Christian Chen
    Nova York, EUA
    Setembro de 2004.

PARTE UM:

O Ministro

Três Tipos de Ministério
O Conteúdo e a Transmissão da Palavra
A Carreira e o Ministério de Paulo
O Auge do Ministério da Palavra

Capítulo 1
Três Tipos de Ministério

Quanto a nós, nos consagraremos... ao ministério da palavra.
(At 6.4)

A tarefa de servir às pessoas com a Palavra de Deus é chamada de ministério da Palavra; o indivíduo que serve dessa forma é chamado de ministro. "Ministério" aponta para a função, enquanto "ministro" fala sobre o indivíduo. O ministério da Palavra ocupa um lugar importante na obra de Deus. Há princípios definidos que devem ser aprendidos por aqueles que pregam a Palavra de Deus e servem as pessoas por meio dela.

Desde a época do Antigo até o Novo Testamento, Deus sempre é visto falando. Ele falou nos dias do Antigo Testamento; Ele falou enquanto o Senhor Jesus estava na Terra; e Ele continua falando na Igreja do Novo Testamento. Aprendemos na Bíblia que Deus tem uma obra primordial para realizar na Terra, que é proclamar Sua própria Palavra. Se a Palavra de Deus for deixada de lado, então não sobra quase nada a ser feito na obra de Deus.

Sem Palavra não há obra. Quando a Palavra é eliminada, a obra é reduzida a praticamente zero. Portanto, temos de reconhecer o lugar da Palavra de Deus em Sua obra. Uma vez que a Palavra é removida, a obra de Deus cessa imediatamente, pois Deus opera por meio de Sua Palavra; Ele a trata como Sua obra. A obra de Deus é repleta de Sua Palavra.

Como Deus proclama Sua palavra? Ele tem um método especial e notável: Sua Palavra é pronunciada pela boca do homem. Assim, não há somente a Palavra na Bíblia; há também o ministro da Palavra. Se Deus fosse falar diretamente, Ele não teria necessidade dos ministros da Palavra. Uma vez que Sua Palavra é proclamada por homens, o ministro torna-se uma preocupação real. Portanto, o homem torna-se muito importante na obra de Deus. Deus não emprega nenhum outro meio além dos homens para proclamar Sua Palavra. Ele precisa de uma classe especial de pessoas para serem os ministros da Sua Palavra.

Resumindo, em toda a Bíblia podemos encontrar três tipos diferentes de pessoa, as quais Deus usa para pregar a Palavra. No Antigo Testamento a Palavra de Deus é proclamada pelos profetas; aí temos o ministério dos profetas. Na época da peregrinação terrena do Senhor Jesus, a Palavra de Deus tornou-se carne; assim, temos o ministério do Senhor Jesus. Finalmente, no Novo Testamento a Palavra de Deus é proclamada pelos apóstolos; como resultado, temos o ministério dos apóstolos.

Os Ministros da Palavra no Antigo Testamento: Os Profetas

No Antigo Testamento Deus escolheu os profetas como os homens que falariam Sua Palavra. Muitos profetas falaram de acordo com as visões que receberam. Mesmo um homem como Balaão podia falar em nome de Deus, pois ele era profeta; suas profecias estão entre as maiores no Antigo Testamento. A forma pela qual os profetas do Antigo Testamento podiam servir como ministros da Palavra era a Palavra vindo até eles. Balaão, por exemplo, profetizou quando o Espírito do Senhor veio sobre ele. Ele falou a despeito de si próprio. Deus deixou de lado seus sentimentos e pensamentos e lhe deu uma revelação. A Palavra de Deus veio a ele a despeito de sua condição. Ele não acrescentou suas opiniões pessoais nem misturou seus sentimentos ou pensamentos com a Palavra de Deus. Em outras palavras, Deus simplesmente empregou a boca do homem para proclamar Sua mensagem – algo típico no caso dos ministros da Palavra do Antigo Testamento. O Espírito Santo compartilhava a Palavra a um indivíduo em particular e depois "controlava" aquela pessoa para que não houvesse erros quando ela propagasse a mensagem da parte de Deus. Embora Deus usasse a pessoa, havia pouquíssimos (ou nenhum) elementos humanos envolvidos nesse tipo de revelação. Os homens apenas transmitiam a Palavra de Deus sem acrescentar nada.

Apesar disso, no Antigo Testamento nós encontramos homens como Moisés, Davi, Isaías e Jeremias, usados por Deus como porta-vozes de uma forma mais avançada do que Balaão e outros profetas. As palavras que Moisés escreveu eram principalmente o que Deus lhe tinha ordenado. Assim como Deus falou, Moisés também falava. Isaías registrou visão após visão à medida que o Senhor lhe mostrava. Nesse aspecto esses profetas funcionavam sob o mesmo princípio de Balaão. No entanto, em outros aspectos Moisés e Isaías eram bem diferentes. Nós sabemos que no transcorrer de sua história, Balaão demonstrou um sentimento pessoal tão errado que foi condenado por Deus. Enquanto estava sob a revelação, ele falou a Palavra de Deus; entretanto, assim que falou por si próprio, manifestou pecado, perversidade e trevas. Não foi o caso de Moisés. Embora na maior parte do tempo ele falasse de acordo com as ordens de Deus, houve momentos em que falou daquilo que sentia. Durante esses períodos ele não pôde ser acusado de estar fazendo algo errado; pelo contrário, sua palavra também era reconhecida como uma palavra vinda de Deus. Isso mostra que Moisés foi mais usado por Deus do que Balaão. O mesmo é verdade em relação a Isaías. A maior parte das profecias veio diretamente das visões que ele recebia de Deus, mas às vezes ele próprio falava. Davi e Jeremias expressaram seus sentimentos pessoais diante de Deus ainda mais do que Moisés e Isaías. Todos esses profetas se aproximaram da forma de agir dos ministros posteriores do Novo Testamento; mesmo assim, na maior parte do tempo eles agiram sob os mesmos princípios dos outros profetas do Antigo Testamento. Eles falaram quando a Palavra de Deus vinha sobre eles.

O Ministro da Palavra nos Evangelhos: O Senhor Jesus

Quando o Senhor Jesus veio à Terra, a Palavra se tornou carne (Jo 1.14). Ele próprio era a Palavra de Deus. Ele se fez carne e se tornou um homem. Tudo o que Ele fez e disse era inteiramente a Palavra de Deus. Seu ministério era o ministério da Palavra de Deus. A forma como a Palavra foi proclamada por meio de Jesus é totalmente diferente da forma dos profetas do Antigo Testamento. Anteriormente Deus simplesmente empregava a voz dos homens para proclamar Sua Palavra. Até mesmo João Batista, o último profeta, era apenas uma voz no deserto. A Palavra de Deus simplesmente usou sua boca.

Não foi assim com o Senhor Jesus. Ele é a Palavra encarnada. Sua própria Pessoa é a Palavra de Deus. No Antigo Testamento a Palavra vinha sobre os homens. A Palavra e o ser humano eram duas unidades separadas. A primeira era apenas pronunciada pela voz do segundo. Embora com Moisés e Davi as coisas tenham sido um pouco diferentes, o princípio básico do Antigo Testamento era que Deus meramente empregava a voz humana. Na encarnação, porém, a Palavra de Deus recebeu um corpo humano; a Palavra de Deus se tornou um homem. Não se tratava mais da Palavra vindo a um homem, nem era o simples uso de uma voz humana. A Palavra transformou-se num homem; portanto, adquiriu sentimentos humanos, pensamentos e opiniões, embora continuasse sendo a Palavra de Deus.

Se a opinião humana tivesse interferido na Palavra de Deus no Antigo Testamento, ela teria deixado de ser a Palavra de Deus. No momento em que sentimentos humanos, pensamentos ou opiniões se misturam à mensagem divina, ela se torna imperfeita, impura e maculada. "Esta é a ruína da Palavra de Deus". Para manter a pureza de Sua Palavra, Deus não permitia que nenhum pensamento, sentimento ou opinião humana se misturasse a ela. Quando a Palavra de Deus foi pronunciada por Balaão, ela se tornou profecia. Se, porém, Balaão tivesse conseguido acrescentar seus próprios sentimentos e idéias, sua mensagem imediatamente teria deixado de ser Palavra de Deus, pois sua natureza teria sido alterada. Isso resume muito bem a situação do Antigo Testamento.

Com o Senhor Jesus, porém, a Palavra de Deus usou não somente uma voz humana, mas também os pensamentos, sentimentos e opiniões. Seus pensamentos humanos eram os pensamentos de Deus, assim como Seus sentimentos e opiniões. Esse era o tipo de ministério da Palavra que Deus conseguiu obter por meio de Jesus Cristo. Sem dúvida, era completamente diferente do modelo do Antigo Testamento. Deus não queria que Sua Palavra fosse apenas uma palavra; Ele desejava que ela fosse como uma pessoa. Ele se deleitou em ver Sua Palavra se tornar carne. Esse é um dos maiores mistérios do Novo Testamento. Era o desejo de Deus que Sua Palavra tivesse sentimentos humanos, pensamentos e idéias que se manifestassem por meio de uma personalidade. Esse era o tipo de ministério que Jesus desenvolveu.

Na pessoa de Jesus Cristo a Palavra de Deus era não somente objetiva, mas também subjetiva. Ela possuía sentimentos humanos, bem como pensamentos e idéias; apesar disso, continuava sendo Palavra de Deus. Nisso encontramos um grande princípio da Bíblia: é possível que a Palavra de Deus seja embebida em sentimentos humanos. A presença de sentimentos humanos não arruína necessariamente a Palavra; isso só ocorre quando esses sentimentos são inadequados.

Daí surge um enorme problema. O grande princípio é que os componentes humanos não devem ter uma natureza que atrapalhe a Palavra de Deus. Na vida de Jesus Cristo (que é a Palavra encarnada), os pensamentos humanos eram os pensamentos de Deus. Em termos naturais, o pensamento humano é apenas isso – pensamento humano; no entanto, na encarnação a Palavra tornou-se um Homem, de modo que os pensamentos desse Homem eram totalmente adequados. Quando se misturavam com a Palavra de Deus, eles não a maculavam – eles a cumpriam. A Palavra de Deus na vida do Senhor Jesus se eleva mais alta do que no Antigo Testamento. Jesus disse: Ouvistes o que foi dito aos antigos (Mt 5.21). Quer dizer que Deus falou com Moisés, dando-lhe Suas revelações.

Apesar disso, Jesus foi além e disse: Eu, porém, vos digo... (v. 22). Vemos que o próprio Jesus está falando na Terra, usando Seus próprios pensamentos e Suas próprias idéias. Mesmo falando dessa forma, longe de contradizer a Palavra de Deus, Ele a eleva mais alto do que o Antigo Testamento.

A característica do Senhor Jesus como ministro da Palavra de Deus baseia-se no cumprimento dessa mesma Palavra. Não somente havia uma voz, mas havia também sentimentos e pensamentos emanando de uma pessoa isenta de pecado. Em Jesus Cristo, a Palavra de Deus não é mais uma revelação; ela se tornou uma Pessoa. Ela não somente emprega a voz de um Homem, mas é a própria pessoa do Senhor Jesus. E quando esse Homem fala, Deus fala. Que união gloriosa! Quando Jesus de Nazaré fala, Deus fala! Ninguém jamais falou como Jesus de Nazaré e ninguém jamais falará. Ele era absolutamente puro e isento de pecados. Ele era o Deus único e Santo, e Ele era totalmente Homem. A Palavra de Deus estava sobre Ele porque Ele era a Palavra encarnada. Ele era a Palavra de Deus. O que Ele dizia era Deus que estava dizendo. Nele a Palavra de Deus era absolutamente subjetiva, pois Ele próprio era a Palavra de Deus.

No Antigo Testamento podemos encontrar certos profetas que proferiram a Palavra de Deus, mas nos Evangelhos podemos apontar para o Senhor Jesus e dizer: este Homem é a Palavra de Deus. A princípio nós só podemos testificar que quando um profeta abria sua boca a Palavra de Deus era pronunciada. Quanto ao Senhor Jesus, porém, podemos nos referir a Ele como a própria Palavra de Deus. Seus sentimentos eram os sentimentos de Deus, bem como Seus pensamentos. Quando Ele abria a boca, a Palavra de Deus era pronunciada; mesmo quando Ele se calava, a Palavra de Deus continuava lá, pois, como Pessoa, Ele era a Palavra de Deus.

Por meio de nosso Senhor Jesus, a Palavra progrediu de revelação para personalidade. Aos profetas do Antigo Testamento a Palavra de Deus vinha em forma de revelação, mas em Jesus Cristo ela foi personificada. No Antigo Testamento a Palavra e a pessoa eram duas unidades distintas. Embora a Palavra estivesse usando o indivíduo, este continuava sendo apenas um homem. No advento de Jesus Cristo, a Palavra de Deus tornou-se carne. Esse Homem era a Palavra de Deus. Ele falava a Palavra de Deus. Ele não tinha necessidade de revelação, pois era a própria Palavra. Não era necessário que a Palavra viesse sobre Ele de fora, antes que Ele pudesse falar em nome de Deus. A Sua palavra já não era a Palavra de Deus? Ele não precisava de mais nada, pois Ele próprio era a Palavra de Deus. Nele essa Palavra não era afetada nem maculada pelo homem. A palavra que ele proferia era a pura Palavra de Deus. Jesus era homem, mesmo assim a Palavra de Deus jamais sofreu por isso. De fato, a Palavra de Deus encontrou sua mais plena expressão por meio Dele. Este foi o ministério de Jesus de Nazaré.

Os Ministros da Palavra no Novo Testamento: Os Apóstolos

O ministério da Palavra no Antigo Testamento é totalmente objetivo, enquanto no Senhor Jesus ele é absolutamente subjetivo. Começando com os apóstolos, porém, o ministério da Palavra segue o padrão do ministério de Jesus, juntamente com a adição da revelação do Antigo Testamento. A diferença entre o ministério da Palavra no Novo Testamento e o ministério de Jesus Cristo é a seguinte: no caso de Jesus Cristo, a Palavra tornou-se carne, quer dizer, primeiro havia a Palavra, depois a carne adaptou-se a ela. Sua consciência, sentimentos e pensamentos estão em harmonia com a Palavra de Deus. No entanto, no ministério da Palavra no Novo Testamento, temos primeiro a carne; a fim de ser um ministro da Palavra, a carne tem de ser transformada segundo os requerimentos da própria Palavra. Os sentimentos, pensamentos e idéias do ser humano devem se submeter a uma mudança a fim de se harmonizar com a Palavra. Por isso esse ministério neotestamentário é diferente tanto do ministério do Antigo Testamento como do ministério do Senhor Jesus. O ministério de Jesus é totalmente subjetivo, pois Ele é a Palavra. O ministério do Novo Testamento é o que Jesus Cristo acrescentou ao ministério dos profetas do Antigo Testamento. A Palavra de Deus vem aos homens como revelação, juntamente com os sentimentos humanos, pensamentos e idéias. Conseqüentemente, trata-se de revelação divina mais os elementos humanos.

Aqueles que são escolhidos no Novo Testamento não são perfeitos como o Senhor Jesus, pois Ele é o Santo de Deus sem nenhuma impureza, cuja palavra é a Palavra de Deus. Deus tem de não somente compartilhar Sua Palavra com esses ministros do Novo Testamento, mas também tratar com eles. Tem de elevá-los ao nível que deseja. Ele usará seus pensamentos, sentimentos e características, mas primeiro esses elementos têm de ser tratados. Assim, Deus trata com esses ministros do Novo Testamento a fim de que Sua Palavra seja comunicada por meio deles. A Palavra de Deus não é simplesmente compartilhada por meio da voz humana, mas também é manifestada mediante as obras dessas várias áreas da vida do homem. Deus tem prazer em colocar Sua Palavra no indivíduo e depois permitir que ela seja exibida por meio dele. O Senhor é a Palavra que se tornou carne; os ministros do Novo Testamento têm sua carne transformada a fim de poder receber a Palavra de Deus.

Elementos Humanos na Revelação

É um erro supormos que não há elementos humanos na revelação de Deus ou que o primeiro necessariamente destrói o segundo. A revelação de Deus de fato contém o elemento humano, pois Sua Palavra é manifestada nele. Mesmo em relação ao ministério profético do Antigo Testamento, embora o elemento humano ocupasse um lugar modesto, não podemos afirmar que ele não estivesse presente, uma vez que a Palavra de Deus precisa pelo menos ser proferida por meio da boca humana. Na encarnação, a Palavra tornou-se carne, e assim todos os elementos humanos de Cristo tornaram-se a Palavra de Deus. Atualmente Deus deseja que Sua Palavra, pronunciada por meio dos ministros do Novo Testamento, seja misturada com os elementos humanos.

Ao examinarmos cuidadosamente o Novo Testamento nós descobrimos que certas palavras são empregadas com freqüência por Paulo, as quais jamais são empregadas por Pedro, João ou Mateus. Da mesma forma, Lucas tem suas palavras favoritas, assim como Marcos. Em seus escritos, cada um deles mantém suas peculiaridades. O Evangelho de Mateus é diferente do Evangelho de Marcos; Marcos é diferente de Lucas, e o Evangelho de Lucas é diferente do Evangelho de João. Os escritos de Paulo têm seu próprio tom definido; Pedro adota uma outra linha. No entanto, o Evangelho de João e as epístolas de João compartilham o mesmo tom e têm uma natureza contínua. Por exemplo, o Evangelho de João começa com as palavras no princípio... e sua Primeira Epístola começa com o que era desde o princípio... . Um se refere ao próprio princípio, a outra começa a partir desse princípio e continua em frente. O livro de Apocalipse (também escrito

Três Tipos de Ministério

por João) une-se aos outros dois escritos, usando o mesmo estilo de redação.

Estudando mais essa questão, descobrimos que cada escritor da Bíblia possui suas próprias idiossincrasias[1]. Como médico, Lucas lança mão de certos termos médicos com os quais descreve várias enfermidades, enquanto os outros três evangelistas empregam palavras comuns. Novamente, como o livro de Atos também foi escrito por Lucas, os termos médicos tornam a aparecer. Cada Evangelho possui sua fraseologia própria e tem os seus tópicos particulares. Em Marcos, o termo "imediatamente" é encontrado com muita freqüência; em Mateus, "o Reino dos céus"; em Lucas, "o Reino de Deus". Em cada livro o autor deixa sua marca indelével; mesmo assim, todos os livros são a Palavra de Deus.

O Novo Testamento está repleto de elementos humanos; mesmo assim, também é a Palavra de Deus. Cada escritor mantém sua ênfase, usa suas frases especiais e preserva suas características. Por meio deles, a Palavra de Deus é transmitida sem sofrer qualquer perda. Ela tem as marcas dos homens e possui características humanas, mas permanece como Palavra de Deus – assim é o ministério da Palavra no Novo Testamento. A Palavra de Deus é confiada aos homens e é acrescida de elementos humanos. Deus não transforma os homens num gravador – gravando cada palavra e depois distribuindo em fita cassete. Ele não deseja isso. Uma vez que o Senhor Jesus já veio e o Espírito Santo agora habita naqueles

---

[1] Do grego, ιδιοσψγκρασϊα: 1. Disposição do temperamento do indivíduo, que o faz reagir de maneira muito pessoal à ação dos agentes externos. 2. Maneira de ver, sentir, reagir, própria de cada pessoa (Novo Dicionário Aurélio da Língua Portuguesa, 2ª. edição, revista e ampliada, Editora Nova Fronteira, 1986). (N.E.).

que crêem, Deus trabalha na vida do crente até que seus elementos humanos não causem prejuízo à Palavra de Deus. Esta é a base do ministério da Palavra no Novo Testamento. Assim, o Espírito Santo opera nos homens, controlando-os e disciplinando-os, a fim de que seus elementos possam existir sem prejudicar a Palavra de Deus; pelo contrário, eles a cumprem. Onde não há elementos humanos envolvidos, o homem torna-se um gravador. Atualmente os elementos humanos estão na Palavra de Deus, e a Palavra é cumprida pelos homens.

Nós sabemos por que Paulo não enfatiza que todos os crentes devem falar em línguas no culto? Falar em línguas não é um dom de Deus? A explicação é que, no ato de falar em línguas, o pensamento humano não é envolvido. Em outras palavras, o pensamento da pessoa não é incluído. Isso torna o processo mais parecido com o ministério do Antigo Testamento do que do Novo Testamento; é Deus colocando línguas desconhecidas nos lábios do indivíduo. A ênfase de Deus no ministério do Novo Testamento é envolver os elementos humanos na Palavra. Sob a disciplina, controle e operação do Espírito Santo, todos os elementos humanos podem ser apropriadamente engajados por Deus. A Palavra de Deus deve ser liberada por meio dos seres humanos. Trata-se da Palavra de Deus, embora também envolva elementos humanos.

Vamos usar uma ilustração. Suponha que um músico seja capaz de tocar piano, órgão e violão. Ele pode tocar a mesma música em diferentes instrumentos. Uma vez que cada instrumento possui características peculiares, o som de cada um é distinto. As várias características dos instrumentos ajudam a expressar os sentimentos do músico. O ministério da Palavra no Novo Testamento de certa forma se assemelha a esses instrumentos musicais. Alguns ministros são como pianos, outros como órgãos ou violões. A mesma música produz sons distintos de acordo com as características de cada instrumento. Por meio de um ministro a Palavra de Deus é transmitida mostrando seus elementos humanos peculiares; no caso de outro ministro, os elementos humanos podem ser diferentes. Todos aqueles que são usados por Deus têm seus elementos humanos particulares implantados na Palavra. Sob a disciplina, governo e direção do Espírito Santo, esses elementos pessoais não mais atrapalham o pronunciamento da Palavra de Deus, mas, pelo contrário, deixam a sua manifestação mais gloriosa.

Em vista do fato de que a Palavra de Deus deve ser transmitida aos homens empregando elementos humanos, é óbvio que as características de todos aqueles indivíduos que não foram tratados por Deus não podem ser usadas. Se o elemento pessoal é questionável diante de Deus, Sua Palavra não pode ser transmitida por meio desse indivíduo. Ele não é adequado; não pode ser ministro da Palavra de Deus. No Antigo Testamento Deus uma vez falou por meio de uma mula, mas hoje o ministério do Novo Testamento é bem diferente. Nos tempos do Novo Testamento a Palavra de Deus vem por meio do elemento humano; como conseqüência, o Senhor deve ser rigoroso ao selecionar Seus instrumentos. Não podemos propagar a Palavra como um gravador. Deus deseja nos transformar. Se não correspondermos ao Seu padrão, não somos adequados.

Para podermos ser usados para proclamar a Palavra de Deus, temos de ser tratados e refinados. Deus tem de deixar de lado aqueles cuja estrutura humana contém impurezas, obras da carne e elementos condenados pelo Senhor. Outros devem ser deixados de lado porque jamais foram quebrantados diante de Deus, seus pensamentos não são sinceros, sua vida é indisciplinada, são obstinados, suas emoções são descontroladas ou têm pendências com Deus. Mesmo que esses indivíduos recebam a Palavra de Deus, não serão capazes de transmiti-la, pois ela ficará bloqueada dentro deles. Se eles forem forçados a pregar, a mensagem será ineficaz. Por isso a condição do homem diante de Deus é um problema básico para os ministros do Novo Testamento.

Atualmente Deus deseja que Sua Palavra seja anunciada como palavras humanas. É verdadeiramente a Palavra divina, embora seja também palavra dos homens. Que versículo, em todo o Novo Testamento, não foi falado por um homem? Uma característica mantida do início até o fim do Novo Testamento é que todas as palavras faladas por homens são, no sentido mais profundo, tanto humanas como divinas, sendo assim puramente a Palavra de Deus. Assim é o ministério da Palavra no Novo Testamento.

"No meio de muitos sofrimentos e angústias de coração, vos escrevi, com muitas lágrimas", Paulo escreveu (2 Co 2.4). Aqui ele está ministrando a Palavra de Deus aos coríntios. Ele escreveu sob grande aflição. Escreveu com muitas lágrimas. Trata-se de um exemplo de um indivíduo cujo ser estava totalmente envolvido com a Palavra. Seus escritos estavam cheios de sentimentos humanos. A Palavra de Deus nele fez com que sofresse e derramasse muitas lágrimas. Quando Paulo escrevia, seus elementos humanos se mesclavam à Palavra de Deus e a magnificavam. Ele não estava vazio de sentimentos ou pensamentos. Sua situação não era igual à de alguém que falava em línguas, com a Palavra indo e vindo sem tocar muito os pensamentos do coração. Paulo escreveu com o seu ser interior cheio de pensamentos e sentimentos. Quando a Palavra de Deus era proclamada, palavra após palavra, ele estava em grande aflição e muitas lágrimas. Isso representa o ministério da Palavra no Novo Testamento.

Três Tipos de Ministério

Uma vez que a Palavra de Deus passa pelo homem, suas características, idiossincrasias, tom e experiências com Deus podem ser manifestados na mensagem. O grau de disciplina que o indivíduo recebeu do Senhor e a medida das provações às quais foi submetido semelhantemente podem se tornar visíveis em sua mensagem. Um ministro da Palavra do Novo Testamento pode, sem medo de errar, adicionar seus elementos pessoais à mensagem que recebe do Senhor. Depois de anos de aprendizado diante de Deus, ele é colocado num nível no qual pode ser usado livremente pelo Senhor como canal da Palavra. Se aquilo que o indivíduo acrescenta à Palavra for algum elemento da carne ou algo do homem natural, a Palavra de Deus seria adulterada ao passar por ele.

A Palavra de Deus contém elementos humanos; somente assim ela pode ser proclamada como a perfeita mensagem de Deus. Jamais devemos supor que a Palavra de Deus se resume meramente a um mandamento ou dez mandamentos. A Bíblia demonstra claramente que a Palavra possui sabor humano. Deus dá Sua Palavra ao homem e permite que ele fale. Se a condição do indivíduo for boa, Deus também o inclui na mensagem. A lei básica da mensagem de Deus é: A Palavra se tornou carne (Jo 1.14). O desejo de Deus é que hoje nós tenhamos não somente Sua Palavra, mas que Sua Palavra se torne carne. Isso não sugere que a Palavra de Deus seja diminuída à condição de palavra humana; significa simplesmente que Sua Palavra tem o sabor da humanidade sem o menor prejuízo em sua pureza. Ela é verdadeiramente Palavra de Deus, embora com a adição da palavra do homem; é palavra do homem de fato, e ao mesmo tempo Palavra de Deus.

No ministério do Novo Testamento os homens propagam a Palavra de Deus. Vemos isso no livro de Atos, nas Cartas aos Coríntios, a Timóteo, a Tito, a Filemom, etc. A

Palavra de Deus é revelada por meio das palavras de homens e é magnificada mediante os elementos humanos. É o homem falando; apesar disso, porém, Deus reconhece tais palavras como Sua própria Palavra.

Assim, é enorme a responsabilidade daqueles que pregam a Palavra de Deus! Se o indivíduo estiver errado e mesclar seus elementos pessoais impuros à Palavra, ele macula a Palavra de Deus, causando grande dano. O problema fundamental da pregação baseia-se não no quanto conhecemos a Bíblia, pois o mero conhecimento de doutrinas é de pouca utilidade. O conhecimento pode ser totalmente objetivo; pode ser transmitido sem que haja envolvimento pessoal. Como ministros, porém, jamais poderemos ser como Jesus Cristo, que era a Palavra encarnada; mesmo assim a Palavra de Deus é depositada em nossa natureza humana e é transmitida por meio dela. Portanto, nossa natureza humana deve estar renovada diante de Deus. Temos de ser diariamente disciplinados. Qualquer defeito em nós tem o potencial de macular a Palavra e destruir seu poder.

Não pensemos que qualquer pessoa pode pregar a Palavra de Deus. Conhecemos apenas um tipo de pessoa que pode fazer isso – aqueles que já foram tratados por Deus. A maior das dificuldades que encontramos ao pregar a Palavra não é se o assunto é apropriado ou se as construções gramaticais estão corretas, mas sim se o homem está correto. Se o homem estiver errado, tudo o que emanar dele estará igualmente errado. Que Deus possa nos mostrar o verdadeiro caminho do ministério da Palavra. Pregar não é tão simples como nós normalmente achamos. Pregar é servir ao povo de Deus com a Palavra de Deus. As pessoas só podem ouvir a mensagem de Deus em sua pureza quando a Palavra não é afetada negativamente por nós. Conhecemos as histórias de

Paulo, Pedro, Mateus, Marcos, Lucas, João e muitos outros servos do Senhor. Eles mesclaram seus elementos pessoais à Palavra de Deus, mas mesmo assim nós não tocamos carne e sangue por meio deles; pelo contrário, nós sentimos que a Palavra de Deus é ainda mais glorificada. Isso é maravilhoso – a Palavra de Deus é a palavra de um homem e a palavra de um homem é a Palavra de Deus.

Capítulo 2

O Conteúdo e a Transmissão da Palavra

A maneira de Deus proclamar Sua Palavra transcende completamente o pensamento humano. De acordo com os critérios humanos, Deus poderia adotar uma ou duas formas diferentes de revelar Sua Palavra. Em primeiro lugar, Deus poderia criar um gravador gigante e pendurá-lo acima do firmamento, para proclamar Sua palavra. Se o homem teve a capacidade de inventar os gravadores, para Deus seria muito mais fácil criar tal aparelho para anunciar palavra por palavra o que Ele tenciona dizer. Todo o tempo poderia haver fitas cassetes contendo as mensagens de Deus. Depois de alguns dias, todas as fitas seriam repetidas. Se esta fosse a forma escolhida por Deus para propagar Sua vontade, não haveria possibilidade de erro e as pessoas poderiam ouvir claramente a Palavra de Deus em toda a sua pureza. No entanto, Deus não escolheu esse método. Em segundo lugar, Ele poderia ordenar aos Seus anjos que proclamassem a Palavra. A Bíblia registra algumas situações em que anjos proclamaram a Palavra, mas elas são extremamente raras, como um meio usado somente em caráter excepcional e como medida de emergência. Não é a forma normal e regular de Deus falar. Mesmo assim, se Deus quisesse propagar Sua Palavra por meio dos anjos, poderia simplesmente compilar muitos artigos similares aos Dez Mandamentos e ordenar que os anjos os entregassem aos homens, para que esses aprendessem. Não haveria nenhuma experiência pessoal envolvida, e não haveria possibilidade de nenhuma falha humana. Podemos pensar que isso eliminaria muitos problemas teológicos, sofismas e heresias. Seria muito simples se a Palavra de Deus fosse reduzida à forma de uma lei com quinhentos ou seiscentos artigos. Ao ouvir ou ler esses itens os homens conheceriam toda a Palavra de Deus. Talvez muitos acreditem que a Bíblia seria mais fácil de compreender se fosse dividida em 1186 artigos, em vez de capítulos. Ela seria como um manual de cristianismo. Um rápido olhar daria uma visão geral da fé cristã. No entanto, Deus não fez assim.

Nós reconhecemos que se Deus usasse uma espécie de gravador para transmitir Sua mensagem haveria pouquíssima possibilidade de erros, e a Palavra poderia ser proclamada continuamente. A Palavra de Deus não seria rara, e os homens não poderiam dizer que Suas visões não eram freqüentes. Sua Palavra sempre estaria na Terra. Ao mesmo tempo, porém, haveria também uma carência básica: em tal processo não haveria nenhum elemento humano, pessoal. Somente Deus seria capaz de entender Sua Palavra. Visto que não existiria nenhum relacionamento entre Deus e os homens e não haveria nenhum lugar adequado para uma conversa entre as duas partes, como o homem poderia compreender o que Deus estivesse dizendo? A Palavra de Deus soaria para nós como um trovão, além do poder humano de decifrar. No entanto, é bom lembrarmos que Deus não adotou essa forma de comunicação.

Deus tampouco sistematiza Sua Palavra em muitas doutrinas ou artigos e os comunica por meio de anjos. Sim, a Palavra de Deus inclui doutrinas; no entanto é mais do que algo meramente destinado à compreensão mental. Apesar disso, atualmente muitas pessoas se deleitam em escolher a parte doutrinária da Bíblia, considerando-a a melhor parte. Muitos não-cristãos ficam aborrecidos pelos "você", "nós" ou "eles" que encontram na Bíblia, mas são muito atraídos para os Dez Mandamentos. Os homens sempre esperam que Deus compile Sua Palavra na forma de muitos artigos, que incluam as palavras dos anjos, bem como os pronunciamentos de Deus: palavras na forma de trovões e relâmpagos, mas desprovidas de qualquer sabor humano. Temos, porém, de reconhecer que uma característica da Palavra de Deus é o fato de que ela contém um elemento humano pessoal. Que livro é mais pessoal do que a Bíblia? Quantas vezes Paulo usa "eu" em suas cartas! Nas cartas habituais que escrevemos, consideramos uma indelicadeza repetir muito o "eu". No entanto, descobrimos que a Bíblia está repleta desses aspectos pessoais. Deus escolhe os homens para ser Seus ministros a fim de que Sua Palavra possa conter sabor humano. Isso é fundamental.

O Conteúdo da Palavra

Deixe-nos explicar o que queremos dizer com elemento humano. Olhando para o conteúdo da Bíblia descobrimos que ele está cheio de elementos humanos. Se tirarmos esses componentes, sobrará muito pouco, de modo que esses elementos humanos são extremamente importantes no conjunto. Por exemplo: na Carta aos Gálatas, Paulo fala sobre a promessa de Deus e a ilustra com a história de Abraão. Tire a experiência de Abraão, e a promessa de Deus se torna uma idéia abstrata. O Senhor Jesus é o Cordeiro de Deus que redime o mundo, mas no Antigo Testamento os homens ofereciam touros e ovelhas para o sacrifício, desde a primeira oferta de Abel até as muitas ofertas de Levítico. Esses tipos nos mostram como o Senhor Jesus, como Cordeiro de Deus, faz a propiciação pelos nossos pecados.

Novamente, vemos no Antigo Testamento um homem chamado Davi – como ele triunfou nas batalhas, como obedeceu a Deus e se tornou um homem segundo o coração de Deus, e como estocou materiais de ouro, prata e pedras preciosas em abundância para que seu filho Salomão construísse o Templo em Jerusalém. Vemos Davi e vemos Salomão. Esses exemplos nos iluminam sobre como o Senhor luta e conquista a vitória e como Ele subiu ao céu para ser coroado Rei. Retire os registros sobre Davi e Salomão e mal reconheceríamos o Senhor Jesus. Ele é maior do que Davi e maior do que Salomão, mas apesar disso precisou ser precedido pelos dois; de outra forma as pessoas não poderiam entendê-lo.

Vejamos outro exemplo. A Bíblia registra em detalhes como Moisés liderou os israelitas para fora do Egito e através do deserto, como Josué os guiou e como eles venceram 31 reis em Canaã. Remova esses registros, e muito pouco será deixado nos livros de Êxodo, Números e Josué. Sem o livro de Josué seria difícil entendermos a Carta aos Efésios. Tudo isso nos indica o significado do elemento humano na Palavra de Deus.

O aspecto distintivo da Palavra de Deus é que ela inclui muitos, muitos elementos humanos. A mensagem divina não é proferida de forma abstrata; pelo contrário, é transmitida por meio de homens. Por isso é simples, fácil de ser ouvida e compreendida. Sempre que Deus fala, os homens são capazes de ouvir, pois a Palavra de Deus não é somente falada por Deus, mas é também compreensível aos homens. Ela é sobrenatural e natural, divina e humana. Por meio da vida de vários homens podemos ver as mensagens de Deus e compreender o que Ele está dizendo.

No livro de Atos encontramos pouquíssimas pregações. Sua narrativa está predominantemente interessada nas obras que os apóstolos realizavam sob a direção do Espírito Santo. Contemplamos o comportamento de Pedro, e isso é a Palavra de Deus. Vemos também o que Paulo fez, e novamente isso é a Palavra de Deus. Notamos o início da Igreja em Jerusalém, em Samaria e também em Antioquia; essas narrativas não são somente históricas, mas são também a Palavra de Deus. Os homens praticaram a Palavra de Deus na História; também falaram a Palavra de Deus na História. Na História, o Espírito Santo revela a Palavra de Deus por meio da vida de homens. A Palavra de Deus está repleta de elementos humanos. Este é o aspecto peculiar da Bíblia. Ela não é uma coletânea de artigos devocionais; ela é homens praticando ou vivendo a Palavra de Deus.

O princípio dominante da Bíblia é a Palavra se tornando carne. Para aqueles que não conhecem o significado da encarnação, é extremamente difícil compreender o que é a Palavra de Deus. Ela não é abstrata nem espiritual a ponto de eliminar o sabor humano. Ela não é tão elevada que esteja fora da visão ou do alcance dos homens. No princípio era o Verbo, e o Verbo estava com Deus – é assim que João inicia seu Evangelho; no entanto, ele prossegue e acrescenta que o Verbo se fez carne e habitou entre nós, cheio de graça e de verdade (Jo 1.14). Esta é a Palavra de Deus. A Palavra passa a habitar entre os homens. O princípio básico que controla o ministério da Palavra é o princípio da Palavra tornando-se carne. Conseqüentemente, embora ela seja celestial ao extremo, não está no céu, mas na Terra. Embora seja intensamente celestial, ela definitivamente se manifesta por meio de homens. É celestial, embora possa ser vista e tocada pelos homens. Este é o testemunho do apóstolo em 1 João, onde declara: O que era desde o princípio, o que temos ouvido, o que temos visto com os nossos próprios olhos, o que contemplamos, e as nossas mãos apalparam, com respeito ao Verbo da vida (v. 1).

Usando outro exemplo: houve uma época em que nós não sabíamos o que era santidade. Atualmente, porém, santidade não é mais algo abstrato, pois na vida de Jesus Cristo nós vimos a santidade, como ela viveu e andou entre os homens. Ao vermos o Senhor Jesus, nós conhecemos a santidade. A santidade tornou-se carne. Semelhantemente, nós não conhecemos paciência, mas na pessoa do Senhor Jesus nós a contemplamos. Deus é amor, embora nós fôssemos ignorantes quanto ao Seu amor por nós. Agora nós contemplamos esse amor em Jesus de Nazaré. Nós não entendíamos a espiritualidade, achando que uma pessoa espiritual não devia jamais rir ou chorar, tendo de ser totalmente desprovida de qualquer sentimento; agora, na pessoa de Jesus de Nazaré, nós compreendemos o que é de fato ser espiritual.

Nós não conhecemos a santidade de Deus, mas podemos compreender a santidade de Jesus Cristo. O mesmo acontece com o amor de Deus, a paciência, glória ou a Sua natureza espiritual. Tudo o que precisa ser entendido está presente em Jesus Cristo. Esse é o significado da Palavra tornando-se carne. Santidade, amor, paciência, glória ou espiritualidade – tudo deve se tornar carne. Quando nós tocamos essa carne, nós tocamos o próprio Deus. O amor de Jesus Cristo é o amor de Deus, a glória de Jesus é a glória de Deus, e assim por diante. Se algo estiver meramente em Deus, não somos capazes de compreender, mas compreendemos quando olhamos para Jesus.

Por isso a Palavra tornando-se carne é o princípio básico. Ela governa todo o trato de Deus com os homens e regula a comunhão entre os dois. Embora no Antigo Testamento a Palavra ainda não tivesse se tornado carne, Deus já estava encaminhando as coisas nesta direção. Hoje a Palavra encarnada já subiu novamente ao céu, embora Deus continue operando dentro desse mesmo princípio. Neste presente momento Deus não é uma idéia abstrata, um Deus intangível e oculto. De maneira alguma; Ele se tornou carne; Ele veio à Terra. É com alegria que nós proclamamos ao mundo que Deus já veio. No Antigo Testamento parece que estava ainda por vir, pois "das trevas fez um manto em que se ocultou; escuridade de águas e espessas nuvens dos céus eram o seu pavilhão" (Sl 18.11). Nos nossos dias, porém, Deus se colocou na luz; Ele se revela na luz para que possamos vê-lo. Quando Ele se oculta nas trevas, ninguém pode vê-lo; mas nesses últimos dias Ele é visto na luz. Deus já veio. Ele veio na pessoa de Seu Filho, Jesus Cristo.

A Transmissão da Palavra

Uma vez que a Palavra de Deus é repleta de elementos humanos, sua transmissão deve ser feita por meio de seres humanos. Deus não emprega gravadores gigantes, trovões e relâmpagos ou anjos para proclamar Sua Palavra; pelo contrário, Ele emprega homens – e não como máquinas, mas como parte integral da própria Palavra. Ele não pede aos homens que meramente transmitam Seus recados, pois Sua Palavra deve passar pelo espírito humano, pelo pensamento, sentimentos e entendimento, até que ela se torna palavra da própria pessoa. Só então ela pode ser transmitida. Esse processo é chamado de ministério da Palavra. O processo de receber com uma mão e transmitir com a outra não pode ser considerado como ministério da Palavra. Se assim fosse, seria como um aparelho de som. Não. Deus não deseja que anunciemos Sua Palavra mecanicamente. Ele coloca Sua Palavra em nós a fim de que meditemos nela e ela toque nossos sentimentos, sejamos afligidos ou nos alegremos nela, antes de podermos transmiti-la.

"No último dia, o grande dia da festa, levantou-se Jesus e exclamou: Se alguém tem sede, venha a mim e beba" (Jo 7.17). Se eu tiver sede, posso ir a Jesus Cristo e beber. No entanto, Jesus prosseguiu: "Quem crer em mim, como diz a Escritura, do seu interior fluirão rios de água viva" (v. 38). Quando eu tenho sede posso ir ao Senhor Jesus e beber Dele. No entanto, quando encontro outros em necessidade, eu simplesmente estendo a eles um copo cheio? Não, o Senhor indica que todo aquele que beber Dele encontrará água na parte mais íntima do seu ser, e dessas profundezas a água viva fluirá. É isso que constitui o ministério da Palavra. A Palavra de Deus primeiro penetra na pessoa, então de seu interior ela flui para outros. Essa transição torna-se o ministério da Palavra. Não depende de quantos versículos bíblicos conseguimos recitar para os outros, nem de quantos sermões conseguimos pregar; é a água viva fluindo do nosso interior que importa. Tal processo exige um preço muito alto. Às vezes a água viva não flui para fora, depois de ter fluído para dentro; em outros momentos ela cessa de ser viva depois de entrar em nosso interior; outras vezes ela tem de primeiro limpar muitas impurezas no nosso coração. Sob todas essas circunstâncias o ministério da Palavra é afetado.

Assim o ministério da Palavra não é a mera transmissão de sermões que memorizamos. Temos de permitir que a Palavra venha até nós, que ela nos molde e nos afie, até que possa fluir de nós – sim, com nossos elementos pessoais – sem ser maculada ou corrompida no processo. O Senhor deseja nos usar como canais de água viva. O mais íntimo do nosso ser é o canal. Para que a água viva flua livremente de dentro de nós temos de estar limpos diante de Deus, senão obstruiremos Sua Palavra. A verdadeira pregação nunca se baseia em inteligência ou eloqüência. O fator determinante é se aperfeiçoamos ou corrompemos a Palavra de Deus quando ela passa por nós e se mistura aos nossos aspectos pessoais. O grande problema é que muita água deixa de ser água viva depois que flui através dos homens! Portanto, a disciplina de Deus é extremamente necessária em nossas vidas. Quando o indivíduo não percebe a necessidade de ser tratado por Deus, fracassa em ver como seus hábitos, temperamento, etc. precisam ser refinados e deixa de ter utilidade para a Palavra de Deus.

Não poderíamos estar mais distantes da verdade quando reconhecemos a eloqüência ou a inteligência humana como os principais requisitos para um ministro da Palavra! A Palavra de Deus vem sobre você. Você fica satisfeito enquanto ela passa através de você, embora ao mesmo tempo você esteja sendo provado, moldado e tratado pela mesma Palavra. Você suporta muitas aflições, paga um preço altíssimo, até que gradualmente começa a se tornar límpido em relação à Palavra. Dessa maneira a Palavra de Deus vai crescendo em você. Palavra por palavra, linha por linha, ela vai sendo tecida em seu caráter. Até que chega o tempo de sua transmissão. Ela é pronunciada não somente por meio de palavras, mas também de atitude. A água continua pura, sendo totalmente divina. Em vez de diminuir a perfeição da Palavra, suas palavras humanas a aumentam. Você não diminui, mas, pelo contrário, aumenta a santidade da Palavra. Você, como uma pessoa, está sendo tratado; assim também a água viva. É você quem fala, mas Deus também fala. E isso é o ministério da Palavra.

No ministério da Palavra parece que fluem duas correntes em vez de apenas uma – elas fluem juntas. Este é o resultado da obra do Espírito Santo dentro de nós, bem como de Sua disciplina e Seu tratamento por meio das circunstâncias que nos cercam. Nós nos tornamos canais de água viva somente depois que o Espírito Santo termina Sua obra de quebrantamento em nós. Nosso homem exterior precisa desse quebrantamento diante de Deus. Ele precisa de tratamento drástico e profundo. Daí em diante nosso espírito pode começar a respirar livremente – o Espírito Santo sendo liberado dentro de nós – e a Palavra de Deus pode começar a fluir de nós. A Palavra e nossa vida são como duas fontes brotando e fluindo juntas.

Jamais esqueça o que é o ministério da Palavra. É o derramamento do Espírito de Deus sobre o indivíduo, bem como sobre a Palavra. Uma parte dele consiste na Palavra de Deus e a outra parte é o ministério humano. A Palavra de Deus vem ao indivíduo, que a inclui em seu ministério pessoal, e então os dois fluem juntos. A Palavra de Deus não é pronunciada sendo apenas a Palavra, sem o ministério humano.

Algumas pessoas acham que podem pregar a Palavra se aprenderem a falar bem. Poderíamos argumentar que não é tão simples. O ministério da Palavra é um fluir convergente, e não isolado. Deus não costuma fluir sozinho, pois isso seria uma contradição do princípio básico do ministério da Palavra. Sem o ser humano, a Palavra de Deus não pode ser pronunciada. Deus precisa do homem. No entanto, por causa do nosso temperamento peculiar, dureza de coração, impureza da mente ou atitude rebelde, não seria correto afirmarmos que seria mais conveniente para Deus usar uma mula do que nós? Apesar disso tudo, Deus continua desejando usar os homens. Ele decidiu ter o elemento humano no conteúdo e na transmissão da Sua Palavra.

Ele escolhe o homem para proclamar a Palavra. Portanto, segue-se que se há um ministério hoje, deve haver uma palavra; de outra forma, não haveria revelação. Se Deus puder encontrar um ministro, Ele falará; de outra forma, Ele não falará. Não podemos esperar que Deus fale se não houver ministros preparados à Sua disposição. A maneira de Deus é confiar Suas palavras ao ministro, o qual já foi tratado pelo Espírito Santo.

Todos nós sabemos que o Espírito de Deus permanece na Palavra, mas ele também habita em nós. Em outras palavras, o Espírito Santo está no ministro e também está na Palavra. Ele começa a operar quando Sua presença na Palavra e Sua habitação na vida do ministro são reunidas. Os sete filhos de Ceva tentaram expulsar um demônio no nome do Jesus que Paulo pregava. Além de não conseguirem expulsar o espírito maligno, dois deles foram subjugados e agredidos (At 19). A Palavra estava lá, mas mesmo assim o Espírito Santo não agiu. A Palavra sozinha é fútil; deve haver também um ministro. Quando o Espírito de Deus une o ministro e a Palavra, a água viva flui.

Todos os problemas hoje em dia estão sobre os ombros dos ministros. Nem a visão é infreqüente nem a palavra é rara, mas é o ministro da Palavra que é difícil de ser encontrado nesta Terra. Quão freqüentemente a luz de Deus desaparece quando é transmitida pela *nossa* boca. Alguns ministros podem falar do Espírito Santo, contudo as pessoas tocam a carne e não o Espírito Santo. Alguns podem falar da santidade de Deus, mas o que a audiência toca não é a santidade, mas uma leveza de espírito. Podem falar sobre a cruz, mas onde estão as marcas da cruz em suas vidas? Eles são pessoas indisciplinadas. E outros podem pregar sobre o amor do Senhor, mas a impressão transmitida aos seus ouvintes não é de seu amor, mas sim de seu temperamento.

Tudo isso sugere que os problemas estão nos ministros. Se todas as mensagens e pregações que ouvimos hoje fossem realmente ministério da Palavra, a Igreja seria riquíssima! Infelizmente, porém, há muita pregação e pouco ministério da Palavra. Esta é uma das maiores dificuldades que a Igreja enfrenta hoje. Uma vez que não há ministros, não pode haver revelação. Muitas mensagens estão longe de ser revelação. Deus não deseja falar sozinho, mas apesar disso os homens não estão em condições de serem usados – este é o âmago do problema.

Se Deus não deseja falar sozinho e se os ministros não têm competência para serem usados, qual deve ser a condição das igrejas? Toda a esterilidade, pobreza e corrupção que encontramos nelas se devem ao elemento humano inadequado na Palavra de Deus. Que Deus possa encontrar aqueles que são quebrantados e humilhados para que Sua Palavra flua por meio deles. Nós estamos sempre tentando encontrar a Palavra de Deus, mas Deus está continuamente buscando aqueles que Ele possa usar. Nós buscamos a Palavra de Deus, mas Deus busca Seus ministros.

O Auge do Ministério da Palavra

Quando não somos disciplinados, não podemos realizar a obra do Senhor. Não pensemos que não importa se fomos ou não tratados. Não imaginemos que podemos pregar as mensagens assim que as ouvimos. Se não estivermos em condições, a Palavra de Deus é bloqueada. O Espírito Santo não opera só na Palavra; Ele também opera no homem quebrantado e que tem as marcas da Cruz. Um espírito humano humilde e quebrantado é um espírito útil. Se o Espírito Santo não está sendo liberado, é porque nosso homem exterior está atrapalhando. Nossas emoções, temperamento e nossa vontade podem (cada um individualmente) obstruir a proclamação da Palavra. Podemos falar bem, mas nossa mensagem na verdade será apenas palavra, doutrina ou ensino – e não a Palavra de Deus. A Palavra de Deus precisa entrar em nosso ser, em nossos sentimentos, entendimento, coração e espírito. Ela precisa entrar, fazer a volta e fluir novamente para fora. Então podemos dizer que a Palavra está intimamente arraigada em nós, fazendo parte do nosso ser. No entanto, se houver qualquer distúrbio em suas emoções, pensamento, entendimento, coração ou espírito, a Palavra de Deus sofrerá prejuízo. Não somente suas palavras poderão levar outros ao erro, mas toda a igreja poderá ser afetada negativamente. Você arruinou a Palavra de Deus e causou dano à Igreja de Deus. Temos de aprender a permitir que a Palavra divina passe pelo nosso ser sem nenhum impedimento. Se Deus tiver misericórdia de nós, poderemos ver a luz.

Capítulo 3

A Carreira e o Ministério de Paulo

Nós já vimos a natureza da Palavra de Deus, a qual inclui o toque humano de muitas pessoas, mas mesmo assim não é em nada despojada. Ela continua sendo eterna, transcendente, divina, santa e pura. Vimos o ministério da Palavra como a transmissão dessa Palavra contendo elementos humanos por meio de homens – quer dizer, por meio de elementos humanos como memória, entendimento, pensamento, coração e espírito. No início nós enfatizamos o fato de que o ministro da Palavra deve estar limpo diante de Deus, a fim de que a Palavra seja proclamada, pois qualquer condição inadequada na sua vida automaticamente corromperá a Palavra de Deus.

Uma Carreira a Cumprir

"Completei a carreira", disse Paulo (2 Tm 4.7). A carreira que ele terminara tinha sido bem planejada e realizada. Deus dá a todos aqueles a quem deseja usar uma carreira a cumprir, uma corrida cuidadosamente calculada, tanto em termos de distância como do terreno. Paulo recebeu misericórdia da parte de Deus e por isso foi capaz de terminar sua carreira antes de sua morte. Ele pôde dizer: "Completei a carreira".

Cremos que Deus colocou essa carreira diante de Paulo no primeiro dia em que ele entregou sua vida ao Senhor. É claro que sabemos que Deus estava operando em sua vida muito tempo antes de sua conversão. Ele próprio escreveu aos gálatas: "Quando, porém, ao que me separou antes de eu nascer e me chamou pela sua graça, aprouve revelar seu Filho em mim, para que eu o pregasse entre os gentios, sem detença, não consultei carne e sangue" (Gl 1.15-16). Em primeiro lugar ele mencionou "aquele que me separou antes de eu nascer e me chamou pela sua graça", para realmente mostrar que foi separado ainda no ventre de sua mãe; a seguir ele prosseguiu e contou como se tornou ministro da Palavra. Mesmo antes de nascer, Deus já o tinha separado e lhe preparado uma carreira. No momento em que ele se converteu, começou sua corrida. Assim, vemos que a preparação e o início do ministro são determinados por Deus quando ele ainda está no ventre de sua mãe.

Daí, concluímos que tudo o que acontece conosco antes de nossa conversão tem um significado definido. Quaisquer que sejam suas características individuais, temperamento, inclinações e qualidades, tudo está sendo arranjado e preparado por Deus. Nada acontece por acaso, pois tudo está debaixo da providência divina. Nada acontece por acidente. Mesmo as habilidades naturais do indivíduo e suas experiências são arranjadas visando seu futuro serviço. Deus separou Paulo antes do seu nascimento e ordenou sua carreira com antecedência; mesmo a profissão que ele escolheu antes da conversão foi pré-arranjada.

A Carreira e o Ministério de Paulo

Quando foi chamado, Pedro estava pescando[1]. Por isso foi chamado para levar pessoas a Cristo. As "chaves do Reino dos céus" foram dadas a ele a fim de que abrisse as portas para as pessoas. Ele abriu as portas do Reino no Dia de Pentecostes e fez isso novamente na casa de Cornélio. Portanto, o propósito de um pescador é trazer as pessoas para o Reino.

João também era pescador, mas quando foi chamado pelo Senhor ele não estava pescando, mas remendando as redes[2]. O Evangelho de João é o último dos quatro; ele diz às pessoas o que é a vida eterna. Se só houvesse três Evangelhos, se o "remendo" de João fosse deixado fora, as pessoas não saberiam o que é vida eterna. João escreveu suas epístolas algumas décadas depois que Pedro e Paulo tinham escrito as deles. Durante aquele período os gnósticos tentaram incluir filosofias humanas no evangelho puro de Jesus Cristo. Por isso João chamou as pessoas de volta para uma revisão da vida eterna. Ele escreveu sobre as condições e as manifestações dos nascidos de Deus. No início da apostasia ele foi chamado para remendar as redes enfatizando novamente a vida eterna. João também escreveu o livro de Apocalipse, o último dos 66 livros da Bíblia. Se esse volume não estivesse lá, a Bíblia seria incompleta, pois muitas coisas permaneceriam sem uma finalização. João remendou novamente, agora por meio do Apocalipse. Deus nos mostra que o ministério de João era consertar as coisas.

---

[1] "Caminhando junto ao mar da Galiléia, viu [Jesus] dois irmãos, Simão, chamado Pedro, e André, que lançavam as redes ao mar, porque eram pescadores. E disse-lhes: Vinde após mim, e eu vos farei pescadores de homens. Então, eles deixaram imediatamente as redes e o seguiram" (Mt 4.18-20). (N.E.).

[2] "Passando adiante, viu outros dois irmãos, Tiago, filho de Zebedeu, e João, seu irmão, que estavam no barco em companhia de seu pai, consertando as redes; e chamou-os. Mateus 4:22 Então, eles, no mesmo instante, deixando o barco e seu pai, o seguiram" (Mt 4.20-21). (N.E.).

Agora, voltemos ao exemplo de Paulo. Sua carreira foi determinada por Deus; mesmo o seu trabalho secular foi divinamente arranjado. Ele era fabricante de tendas, e não tecelão. Ele usava materiais disponíveis, cortava e costurava os tecidos, transformando-os numa tenda habitável, uma casa portátil. Aqui vemos um ministério que segue a obra do Senhor Jesus e o trabalho de Pedro. Ele se coloca entre a obra de Pedro e o Reino vindouro. Os dias do Reino estão ainda por vir, mas as pessoas já estão sendo salvas, de modo que precisam ser edificadas como Igreja. O ministério de Paulo é como fabricar tendas, reunindo os materiais e construindo uma residência habitável. Seu trabalho não era tecer grandes quantidades de tecido, mas fazer uma habitação. Esta profissão também foi pré-arranjada por Deus.

Tendo sido separados por Deus desde o ventre materno para sermos ministros da Palavra, nenhum de nós pode ser tolo diante de Deus. Todos nós precisamos entender o que Deus já providenciou. O ambiente, a família, profissão – cada uma dessas questões humanas tem a mão de Deus por detrás. Deus nunca tenciona destruir esses aspectos humanos. Ele não deseja que sejamos despojados – que sejamos fingidos e desprovidos de naturalidade. Ele deseja que sejamos pessoas genuínas, mas ao mesmo tempo Ele trabalhará para quebrar nosso homem exterior. Há algo em você que consiste nos elementos humanos estabelecidos pelo Espírito de Deus; no entanto, você como pessoa, quer dizer, suas habilidades naturais, sua vida natural com suas formas de pensamento, vontade e emoções, certamente devem ser quebrantadas diante de Deus. O quebrantamento do homem exterior não significa de forma alguma que Deus rejeita nossos aspectos humanos.

O grande problema é: nós não sabemos por onde começar e onde terminar; quer dizer, não sabemos que elementos em nossa vida deverão ser retidos e quais serão quebrados por Deus. No entanto, aqueles que foram ensinados diante Dele podem discernir rapidamente se um ministério é puro ou impuro. É claro que o processo não é tão simplista quanto imaginamos. Todos nós precisamos nos submeter à disciplina de Deus, sob a Cruz. Ela já separou tudo aquilo que Deus condena e odeia; ela quebrou tudo o que Ele deseja que seja quebrado. Temos de aprender a nos submeter e orar: "Ó Senhor, eu tenho muitos problemas que não sei como resolver. Peço que a tua luz me ilumine, me quebrante e trate comigo, a fim de que eu possa ser colocado num nível em que meus aspectos pessoais não atrapalhem tua obra, mas sejam usados para liberá-la". A vida de Paulo, do início até o final, foi arranjada por Deus. Sua experiência de conversão foi exemplar: a luz divina o lançou por terra. Trata-se de uma experiência tremenda. Depois que foi restaurado, a Palavra de Deus veio continuamente sobre ele. Ele escreveu muitos dos livros do Novo Testamento. A Palavra de Deus continuou vindo sobre ele. De fato, Paulo foi um ministro grandemente usado por Deus.

O Ministério da Palavra Baseia-se na Condição do Homem Diante de Deus

Vamos ler especificamente a primeira Carta aos Coríntios para descobrir que tipo de ministério da Palavra Paulo tinha. Alguns comentaristas afirmam que nas Cartas aos Coríntios, principalmente no capítulo 7 da primeira carta, a Bíblia atinge o seu auge no que diz respeito à experiência humana. É verdade. A experiência de Paulo leva a esta conclusão. Note as seguintes passagens:

"Isto vos digo como concessão e não por mandamento" (v. 6). Claramente, era o próprio Paulo quem estava falando.

"Gostaria que todos os homens fossem como eu sou" (v. 7). Era um desejo do próprio Paulo. O v. 6 mostrou palavras do próprio apóstolo; o v. 7 revela seu desejo. Ele não disse que Deus ordenara ou que Deus decidira. Posteriormente ele até mencionou: "Cada um tem de Deus o seu próprio dom; um, na verdade, de um modo; outro, de outro" (v. 7). Deus operava de forma diferente em pessoas diferentes, no entanto, na minha opinião, Paulo argumentava que gostaria que todos fossem como ele.

"Aos solteiros e viúvos digo que lhes seria bom se permanecessem no estado em que também eu vivo" (v. 8). Novamente, Paulo estava falando.

"Ora, aos casados, ordeno, não eu, mas o Senhor, que a mulher não se separe do marido" (v. 10). Primeiro ele disse "eu vos digo"; logo em seguida ele diz: "Ordeno não eu, mas o Senhor...". Em toda a Bíblia, somente em 1 Coríntios 7 nós vemos essa forma de falar. Paulo estava dando instruções, e mesmo assim insistiu que não era ele, mas o Senhor que estava falando.

"Aos outros, digo eu, não o Senhor" (v. 12) – novamente era Paulo falando. Do v. 12 até o v. 24 era Paulo quem falava, e não o Senhor. Como ele ousou dizer aquelas coisas? Ele era ousado! Com que autoridade ele dava tais instruções? Nos versículos seguintes ele fala sobre isso aos seus leitores.

"Com respeito às virgens, não tenho mandamento do Senhor" (v. 25 a). Ele não mentiu, mas honestamente admitiu que não tinha nenhuma instrução específica do Senhor. "Porém dou minha opinião, como tendo recebido do Senhor a misericórdia de ser fiel" (v. 25 b). Era a opinião de um homem que recebeu a misericórdia do Senhor e recebera poder de

Deus por ser fiel. O Senhor tinha feito uma obra profunda em sua vida, a fim de torná-lo uma pessoa confiável. Paulo estava dizendo: "Desde que Deus, em Sua misericórdia, me tornou uma pessoa confiável, hoje posso dar minha opinião. Não há um mandamento do Senhor, trata-se apenas de minha opinião – é a forma como eu encaro essa situação".

"Considero, por causa da angustiosa situação presente...". (v. 26). Aqui Paulo estava dando sua opinião.

"Eu quisera poupar-vos..." (v. 28). Novamente é a opinião pessoal do apóstolo.

"Isto, porém, vos digo, irmãos..." (v. 29). Foi Paulo quem disse essas palavras.

"O que realmente eu quero é que estejais livres de preocupações..." (v. 32). Novamente são palavras de Paulo.

"[Eu] vos digo isto" (v. 35). Ainda é Paulo falando.

"Todavia... segundo a minha opinião" (v. 40). Aqui é a avaliação pessoal de Paulo.

Finalmente, retornemos ao v. 17: "É assim que ordeno em todas as igrejas". Paulo tinha em vista todas as igrejas (e não somente a igreja em Corinto) quando deu as instruções.

Tudo isso pode parecer estranho para nós. Não é o contrário do que geralmente entendemos? Jesus disse: "Nada faço por mim mesmo; mas falo como o Pai me ensinou" (Jo 8.28; veja também 12.50). Se esta era a diretriz fundamental na vida de Jesus Cristo, então como Paulo ousou dizer "eu desejo...", "em minha opinião...", ou até "eu ordeno a todas as igrejas"? Neste ponto nós alcançamos o auge mais elevado ou mais profundo da experiência espiritual. Graças a Deus estamos no ponto mais elevado, pois 1 Coríntios 7 é único na Bíblia. Depois que disse essas palavras, Paulo terminou com a seguinte nota: "Penso que também eu tenho o Espírito de Deus" (v. 40). Ele via claramente que não tinha um mandamento do Senhor. Sabia que o Senhor não tinha falado, porque ele próprio estava falando de acordo com a misericórdia que recebera de Deus. Sua única base para falar era a misericórdia e a graça que recebera de Deus. Portanto, ele concluiu dizendo: "Creio que também tenho o Espírito de Deus".

Essa questão que estamos discutindo é uma clara ilustração de como os elementos humanos são empregados na Palavra de Deus. Ali estava um homem que tinha sido tão disciplinado, controlado e tratado pelo Senhor que podia falar com a certeza de que suas palavras eram dirigidas pelo Espírito Santo, mesmo sabendo que não fora o Senhor que falara. Paulo disse "eu desejo", "em minha opinião", mas no fim o fato era que o Espírito de Deus também desejava e julgava da mesma forma. Paulo estava completamente sujeito ao Espírito do Senhor e permitia que Ele operasse tão completamente em sua vida que as palavras que proferia se tornavam as palavras do Espírito Santo.

O episódio envolvendo a mula de Balaão foi justamente o oposto! A mula só falou quando as palavras de Deus foram colocadas em sua boca. Quando Deus retirou Suas palavras, não sobrou mais nada, apenas uma mula. Paulo, porém, seguia ao Senhor por tantos anos e tinha recebido misericórdia, tornando-se confiável. Quando ele falava, o Espírito Santo falava. Paulo confessou que era sua opinião, mas o Espírito Santo reconheceu suas palavras como a opinião de Deus. Deus tinha operado tanto na vida de Paulo que ele podia falar em nome de Deus mesmo sem receber uma palavra especial de Deus. O que é isso? É o ministério da Palavra.

Muitos servos do Senhor só podem falar quando a mensagem é colocada em seus lábios; Paulo, porém, alcançou um nível no qual sempre tinha uma mensagem do Senhor, mesmo quando não recebia uma revelação específica. Tinha crescido tanto que se tornou totalmente confiável aos olhos do Senhor. É para isso que buscamos a misericórdia de Deus hoje. Não devemos falar como uma mula, capazes de dizer algo somente quando a palavra é colocada em nossos lábios. Quando começaremos a estabelecer um relacionamento mais íntimo com a Palavra de Deus?

Paulo é um exemplo de alguém que tinha tamanha intimidade com a Palavra de Deus que seus pensamentos tornaram-se os pensamentos de Deus. Ele tinha uma unidade profunda e perfeita com o Espírito de Deus! Quando ele falava, falava em nome de Deus. Sem dúvida Paulo alcançou os mais elevados níveis de espiritualidade. Conseqüentemente, só podemos concluir que um ministro da Palavra não é alguém que simplesmente proclama a Palavra de Deus, mas sim alguém que se relaciona profundamente com ela. É aquele que pensa os pensamentos de Deus e tem as idéias de Deus. O que ele deseja representa os desejos de Deus. Assim, não é o mesmo que fazer a vontade de Deus depois de conhecê-la. Significa que Deus disciplinou um indivíduo em tal medida que pode considerar as idéias e pensamentos do indivíduo como Seus.

Isso que acabamos de afirmar é o que enfatizamos durante todos esses anos de "incorporar a obra do Espírito Santo". Deus está incorporado[3] em nós. Assim como as lâmpadas de ouro eram obra batida, assim Deus nos bate. Lembremos que Deus nos dá com uma mão e nos modela com a outra. Depois que fomos repetidamente martelados, deixamos de

---

[3] No sentido puro e espiritual da palavra: Deus passar para o plano físico, de ingressar em nós, sem, necessariamente, se materializar (N.E.).

ser uma pepita de ouro sem forma e assumimos a forma de um castiçal. A obra do Espírito Santo inclui nos dar a forma desejada por Deus, bem como colocar em nossa boca a Sua Palavra. O problema que enfrentamos aqui é mais profundo do que ter a Palavra de Deus nos lábios, porque envolve a modelagem do nosso ser até o ponto de sermos confiáveis para Deus. Paulo tinha Deus tão maravilhosamente incorporado nele que suas opiniões e pensamentos se tornaram dignos de confiança, como expressão da vontade divina. Quando a Palavra de Deus é colocada em homens desse tipo, ela não sofre nenhuma perda.

Assim, o ministro da Palavra é alguém em quem Deus pode confiar. Tal ministério exige não somente a Palavra, mas também um indivíduo adequado em quem a mensagem divina não seja corrompida nem seja mal compreendida. Ele já recebeu tal tratamento que suas opiniões, pensamentos e necessidades se tornaram confiáveis para Deus. Seus elementos humanos podem se mesclar à Palavra de Deus sem produzir nenhum efeito adverso. Será que estamos nos contradizendo ao fazer esta afirmação? Anteriormente nós dissemos que não devemos misturar elementos humanos à obra de Deus. Agora afirmamos que a Palavra de Deus contém elementos humanos. Não estamos sugerindo que podemos misturar qualquer elemento humano à Palavra. A verdade é que somente os elementos humanos das pessoas que foram tratadas por Deus podem ser combinados à Sua Palavra.

Voltemos às palavras de Paulo. Ele afirmou que pela misericórdia de Deus tinha se tornado digno de confiança. A misericórdia veio de Deus; a fidelidade foi o resultado da misericórdia, sendo a incorporação de Deus nele. Deus tinha operado em sua vida de tal forma que ele se tornara quase como a Palavra de Deus; assim, posteriormente ele foi capaz de pronunciar as mensagens divinas em tantos locais. Como Paulo podia dizer "eu desejo", "eu digo", "eu ordeno a todas as igrejas"? Porque como homem ele tivera um encontro com Deus e O conhecia; portanto, quando ele falava, Deus falava. Lembremos que a Palavra de Deus não é transmitida de forma sobrenatural; ela emerge do homem e traz consigo os elementos humanos. Se o indivíduo estiver errado, não pode ser bem sucedido como ministro da Palavra, pois ela não será liberada por seu intermédio. Nem por um momento imaginemos que alguém pode pronunciar uma mensagem simplesmente porque conseguiu memorizá-la. A Palavra de Deus deve "fervilhar" dentro do indivíduo. No caso de o indivíduo não estar preparado, a Palavra de Deus sofre prejuízo ao passar pelo seu interior. Ela é corrompida quando a frivolidade e a carnalidade do indivíduo são acrescentadas. Por isso o indivíduo deve ser levado a um nível onde o caráter de Cristo é incorporado nele; então a Palavra do Senhor não sofrerá nenhum prejuízo quando passa por ele.

Em 1 Coríntios 7 a Palavra de Deus não sofreu nenhum prejuízo em Paulo, porque ele era uma pessoa madura. Sabemos que ele estava certo quando disse "em minha opinião", "eu digo", "minha ordem para todas as igrejas", porque a Palavra do Senhor se manifestava por seu intermédio quando ele dava suas instruções. Não era ele falando sozinho. Ele era confiável diante de Deus. Um ministro da Palavra precisa se elevar bem alto diante de Deus; somente então a mensagem divina vem por meio dele. A pureza da mensagem transmitida dependerá da quantidade de disciplina recebida. Quanto mais o homem for quebrantado, mais pura será sua mensagem; quanto menos ele tiver aprendido diante de Deus, mais corrompidos serão seus pronunciamentos. O ministério da Palavra baseia-se na condição do homem diante de Deus.

Tratando-se de Profetas...

Tratando-se de profetas, falem apenas dois ou três, e os outros julguem. Se, porém, vier revelação a outrem que esteja assentado, cale-se o primeiro. Porque todos podereis profetizar, um após outro, para todos aprenderem e serem consolados. Os espíritos dos profetas estão sujeitos aos próprios profetas.
(1 Co 14.29-32)

A profecia é o mais elevado dentre todos os ministérios relacionados à Palavra de Deus. O Espírito Santo dá uma mensagem ao profeta. O Espírito está sobre ele, e o espírito do próprio profeta também participa, a fim de que ele pronuncie as palavras de Deus. No entanto, há certas observações que precisam ser feitas. O indivíduo que fala primeiro deve notar se outra pessoa recebe uma revelação. Se assim for, ele deve ceder lugar ao próximo. Além disso, mesmo que quatro ou cinco pessoas tenham recebido uma revelação, somente duas ou três devem falar. As demais devem permanecer em silêncio, pois o espírito do profeta está sujeito a ele.

Aqui há uma regra fundamental concernente à Palavra de Deus: o Espírito Santo determina o que dizer, mas o profeta decide como e quando dizer. Se numa reunião duas ou três pessoas já tiverem compartilhado uma revelação, a quarta (ou a quinta) que também recebeu revelação deve se calar. Embora tenha recebido uma palavra do Espírito Santo, ela própria deve decidir quando falar. O profeta não deve ser descuidado. Mesmo quando estiver falando, deve estar pronto para parar e permitir que outro – que acabou de receber uma revelação – fale. Tudo isso indica que a Palavra é dada pelo Espírito Santo, mas o momento e a forma de falar são deixados por conta do profeta. O espírito dos profetas está sujeito aos profetas.

Assim, é extremamente séria a responsabilidade de um ministro da Palavra de Deus. Muitas obrigações recaem sobre seus ombros e não sobre Deus. Se ele for incompetente, se a sua atitude não for correta ou se estiver falando fora de hora, a mensagem sofrerá prejuízo. Da mesma forma, se o ministro for indigno de confiança, a Palavra não poderá ser liberada por seu intermédio. Seria mais fácil se ele falasse apenas quando a Palavra do Senhor vier a ele e ficar quieto quando isso não ocorrer. No entanto, o Senhor deixa a cargo do profeta a decisão sobre como e quando falar. A menos que o indivíduo já tenha sido tratado pelo Senhor e tenha a obra do Espírito Santo incorporada em sua vida, certamente corromperá a Palavra de Deus. Jamais devemos ignorar tamanha responsabilidade.

Deus jamais tencionou que Sua Palavra fosse divulgada por meio de uma fita cassete. Ela é confiada a homens, e eles consideram como e quando falar. O espírito do profeta está sujeito ao profeta. A vontade de Deus é que o espírito do profeta obedeça ao próprio profeta. A decisão de quando falar e como falar é responsabilidade dele e não do seu espírito. Se o profeta não tiver sido disciplinado, seu espírito causará problemas durante o processo. A questão hoje é mais em torno das características do verdadeiro profeta; que tipo de pessoa é usada como profeta? A distinção não é entre profetas e cristãos comuns, mas entre profetas e profetas, como entre Jeremias e Balaão. Temos de aprender este princípio fundamental diante do Senhor. Atualmente há grande necessidade não somente da Palavra, mas também de seus ministros. Se não houver Palavra, não pode haver ministério da Palavra; se não houver pessoas capacitadas, também não haverá tal ministério.

O Ministério da Palavra

O principal problema na Igreja hoje é a falta de ministros da Palavra. Não é a raridade da Palavra de Deus ou a falta de freqüência das visões[4], mas sim a escassez daqueles indivíduos que podem ser usados pelo Senhor. Deus deseja que o espírito dos profetas esteja sujeito a eles. Que tipo de profeta consegue dominar seu próprio espírito? Será que o espírito de um profeta indisciplinado, ganancioso, libertino, instável emocionalmente estaria sujeito a ele? Aquele que não tem as marcas da Cruz em seu espírito e permanece rebelde e orgulhoso mesmo depois do severo tratamento de Deus não está qualificado. As visões não são freqüentes? A luz está difusa? Ou a palavra é rara? Nada disso! O triste fato é que os profetas confiáveis é que são raros.

O aspecto distintivo de Paulo é que ele era capacitado e confiável. Como Deus pode confiar Sua Palavra àqueles que não são capacitados? Como você transmitiria a mensagem de Deus, se ela fosse confiada a você? Você falaria por si mesmo? O que aconteceria se seus pensamentos não fossem corretos, suas emoções fossem descontroladas, suas intenções fossem impuras ou suas opiniões não fossem corretas? Você sabe que se o seu espírito não estiver correto, aquilo que você falar também não estará correto, mesmo que você diga as palavras certas. Por isso a Palavra de Deus tem sofrido muito nas mãos dos homens!

Quanto mais tratamento nós recebemos, mais nós nos aproximamos da revelação. Quando o Espírito Santo vê que é possível colocar a Palavra na boca de um indivíduo porque suas emoções, pensamentos, vontade e espírito estão sob o

---

[4] "O jovem Samuel servia ao SENHOR, perante Eli. Naqueles dias, a palavra do SENHOR era mui rara; as visões não eram freqüentes" (1 Sm 3:1). (N.E.).

Seu controle, então há revelação. A revelação mencionada na Bíblia aponta para esse ministério da Palavra no qual todos os elementos do ser humano estão sob o controle do Espírito Santo. Portanto, cada área de nossa vida deve ser tratada por Deus. Lembremos sempre que ser um ministro da Palavra não é coisa simples e fácil. Jamais pense, nem por um momento, que pode ser assim. Será que um indivíduo esperto pode ser ministro da Palavra? De maneira alguma. Não imaginemos que a sabedoria humana, o conhecimento e a eloqüência podem ajudar no ministério da Palavra. Precisamos ser tratados, prensados e quebrantados diante de Deus. Todos aqueles que conhecem ao Senhor podem ver que Sua mão pesa sobre aqueles que Ele deseja usar – porque precisa levá-los a uma condição de utilidade.

Conhecemos alguns irmãos que foram tratados por Deus durante muitos anos, talvez até vinte ou trinta anos. A mão do Senhor sempre foi pesada sobre eles. Ele tratava, tratava e tratava com eles. Será que somos inúteis? Será que somos aqueles que cochilam? Realmente precisamos nos prostrar diante de Deus e dizer: "Sou uma pessoa inadequada. Preciso ser tratado e quebrantado por Ti, a fim de me tornar útil. Senão, como posso servir aos Teus propósitos?".

Concluindo. O que o Espírito Santo faz é colocar a Palavra de Deus em você, a fim de que você saiba o que dizer, mas Ele delega a você a decisão de como e quando falar. Deus confia em você e ordena que seu espírito esteja sob controle, como um profeta. Como é grande a responsabilidade do profeta! A forma do ministério da Palavra baseia-se na liberação da mensagem divina por meio da mente e das palavras dos homens. No entanto, o que acontece quando misturamos com ela coisas impróprias? Essas coisas mudarão a natureza da Palavra de Deus. Seria muito simples se Deus falasse do céu; também seria fácil se Ele falasse por intermédio dos anjos; no entanto, Deus escolheu homens como você e eu. É triste quando a Palavra encontra obstáculos em nós a cada momento. Muitas vezes não estamos preparados. Busquemos a misericórdia de Deus, a fim de que Ele possa encontrar Seus ministros. Sem misericórdia nós simplesmente não crescemos, e a Palavra de Deus fica bloqueada em nós.

Atualmente toda a responsabilidade está sobre nós. Podemos afirmar que pregamos há dez ou vinte anos, mas quantas vezes realmente proclamamos a Palavra de Deus? O princípio básico do ministério da Palavra é encontrado na Palavra tornando-se carne. A Palavra não pode apenas passar pela carne. Há uma Palavra quando há um ministro; não há ministério da Palavra quando nenhum ministro pode ser encontrado. Por isso a responsabilidade do ministro é séria diante de Deus. Se você é ministro da Palavra, saiba que a responsabilidade é sua.

Hoje Deus não fala diretamente, nem o céu se abre, nem os anjos elevam suas vozes. Se os homens deixarem de anunciar, o mundo deixará de ouvir a Palavra de Deus. Durante os últimos dois mil anos, o Senhor fala sempre que encontra pessoas úteis. Se Ele puder encontrar ministros fiéis nos nossos dias, Sua Palavra será proclamada abundantemente. Precisamos alcançar o nível de Paulo: quando estivermos falando, o Senhor também estará falando. Então veremos a abundância da Palavra de Deus. Que o Senhor seja misericordioso para conosco, dando-nos Sua Palavra. Que Ele também levante muitos ministros.

Capítulo 4

O *Auge do Ministério da Palavra*

O Desejo de Deus é Usar Pessoas

Além do Senhor Jesus, sendo Ele próprio a Palavra encarnada, há dois outros tipos de ministério da Palavra: os ministros do Antigo Testamento e os ministros do Novo Testamento. A princípio, o ministério do Antigo Testamento era totalmente objetivo, quer dizer, os ministros não tinham nenhuma experiência subjetiva. Embora profetas como Jeremias e Isaías de fato tivessem muitas experiências subjetivas, tratava-se apenas de suas experiências pessoais, não podendo ser consideradas como afetando o princípio do ministério do Antigo Testamento. Dentro desse princípio, Deus colocava Sua mensagem na boca de um homem para que ele a anunciasse, constituindo-se assim como agente de propagação da Palavra de Deus. O homem recebia a mensagem numa mão e a transmitia com a outra. Até mesmo Saul e Balaão foram contados entre os profetas. Assim, no princípio do ministério do Antigo Testamento, nós não encontramos muita relação entre a Palavra de Deus e o seu porta-voz. Neste caso o homem é como um encanamento por meio do qual a água flui. Desde que a Palavra fosse transmitida, a revelação de Deus era preservada sem qualquer complicação.

No ministério do Novo Testamento, porém, a história é bem diferente. Quando o propósito de Deus é plenamente realizado, esse ministério torna-se muito mais glorioso do que o ministério do Antigo Testamento; no entanto, quando o propósito divino deixa de ser alcançado, os perigos também excedem os do Antigo Testamento. No Novo Testamento Deus confia a Palavra a um homem para que este exercite seu próprio pensamento, sentimentos, entendimento, memória, e sua maneira de falar na transmissão. Se ele for capaz de transmitir a mensagem divina em toda a sua pureza, sua glória é muitíssimo maior do que a dos ministros do Antigo Testamento. Embora os elementos humanos tenham sido mesclados à mensagem divina, o resultado final continua sendo a Palavra de Deus. A mensagem não foi alterada nem prejudicada. Esse processo é claramente mais glorioso. Ao contrário, quando há qualquer impureza no mensageiro – por menor que seja – a mensagem divina imediatamente sofre uma perda.

Talvez algumas pessoas se perguntem por que Deus emprega um meio tão problemático para proclamar Sua Palavra. Perguntas desse tipo pertencem à mesma categoria das perguntas feitas pelos não-cristãos, tais como: por que Deus não destruiu a árvore do conhecimento do bem e do mal? Por que Ele não criou um ser humano incapaz de pecar? Assim o homem não evitaria o pecado e Deus não evitaria o dilema da expiação? A mesma resposta dada a esse tipo de inquirição pode ser dada à pergunta concernente aos ministros da Palavra. Deus não deseja que o homem que Ele criou seja como uma máquina, sem liberdade de escolher, mas tendo apenas de obedecer. Seria fácil para Ele criar uma máquina perfeita. Não haveria problemas com o homem, mas Deus também não seria glorificado. Tal obediência e bondade não teriam valor espiritual. Não haveria erro nem pecado, mas também não haveria santidade, pois a obediência seria passiva. Deus rejeita tal coisa.

O que Deus deseja ter é o tipo de ser humano que sabe distinguir a mão direita da esquerda. Assim, Ele criou uma humanidade capaz de escolher entre o mal e o bem, entre o certo e o errado. Se o homem criado por Deus fosse capaz de escolher somente a obediência, a glória tributada a Deus não seria maior do que a glória que uma máquina é capaz de tributar. Deus deu ao homem livre-arbítrio, capacidade de escolher o bem ou o mal. Em tal circunstância, quando o homem escolhe o bem, está fazendo algo glorioso. Embora a possibilidade de fazer o mal seja um grande perigo, o ato de fazer o bem é uma glória imensurável. Isso explica por que Deus não criou um homem que funcionasse como uma máquina, que só pudesse fazer o bem e obedece-Lo, e por que, em vez disso, Ele criou o homem com liberdade para escolher o bem ou o mal. Deus decretou que seria uma questão de glória o homem escolher o bem e escolher obedecer por iniciativa própria.

Agora Deus aplica o mesmo princípio à ordem do Novo Testamento. Em termos de dificuldade, certamente falar por meio dos homens dá muito mais problemas para Deus. Ele não teria problemas, porém, se falasse diretamente e também não teria dificuldades se usasse os anjos para comunicar Suas mensagens. Até mesmo o ato de falar por meio de uma mula é menos problemático do que falar por meio de uma pessoa, já que a mula é muito menos complicada e, portanto, coloca menos obstáculos nas áreas da mente, entendimento, memória, intenção, etc. Apesar disso, falar por meio de uma mula é um caso excepcional. Deus usou a mula somente depois que o profeta fracassou. Ele jamais tencionou transformar a mula num profeta, porque Ele sempre chama homens para essa finalidade.

O desejo de Deus é usar pessoas. O homem foi criado para realizar os propósitos específicos de Deus. Assim como Ele não criou uma máquina obediente na época da criação, assim também hoje Ele evita usar uma máquina de pregação. Deus não quer autômatos; Ele quer homens com liberdade de escolha. Quando escolhe homens como ministros da Palavra, Deus assume um risco calculado. Apesar disso, a despeito da complexidade humana e seus muitos problemas tais como o pecado, a impureza, as fraquezas do homem exterior e nossa resistência natural, Deus ainda confia Sua Palavra aos homens. Assumindo riscos enormes, Deus obtém Sua glória mais elevada.

A Profecia e o Ministério da Palavra no Novo Testamento

O texto de 1 Coríntios 7 mostra-nos a perfeição da escolha de Paulo como ministro da Palavra de Deus. Seu ministério era escatológico e preciso como uma carta. Suas palavras não somente continham a Palavra de Deus, mas cada uma delas era a palavra do próprio Deus. Como Paulo chegou a tal ministério? Sendo tratado por Deus. Paulo foi levado pelo Senhor a um nível no qual todo o seu pensamento, decisões e opiniões eram corretos aos olhos divinos. Não se trata da precisão de uma máquina, mas a precisão de um homem. Deus não coloca Sua

Palavra na boca de uma pessoa para que ela a repita como um gravador. Ele coloca Sua Palavra num homem para que este a examine com sua mente. Deus lhe dá iluminação para que ele compreenda a Palavra e reflita sobre ela. Deus coloca um peso no coração do indivíduo para que ele encontre as palavras apropriadas para expressar tal carga. É o homem que pensa, examina e fala; mesmo assim, Deus é capaz de reconhecer que na verdade trata-se da Sua própria Palavra.

O ministério do Novo Testamento não se opera quando Deus recita Sua Palavra para um indivíduo a fim de que ele a repita para outros. No Novo Testamento a Palavra de Deus é proclamada por meio do seguinte processo: primeiro Deus derrama luz sobre o espírito do ministro, trazendo uma carga. A luz brilha em forma de flashes; isso exige que o indivíduo fixe seus pensamentos na luz, para que ela não se extinga. Depois que o pensamento consegue se concentrar na luz, o ministro precisa buscar uma palavra do Senhor – talvez apenas algumas palavras – que ajude a interpretar a luz que recebeu. Enquanto medita, ele pode pensar em algumas coisas e anotá-las. Ou pode sentir algo que tenha necessidade de transmitir. Então ele proclama a decisão ou a conclusão a que chegou sobre certo assunto. Quando expressa seus sentimentos íntimos, decisões ou opiniões, o ministro sente que o peso que sentia em seu espírito começa a diminuir. Quanto mais ele fala, mais a luz em seu espírito (que foi abordada pelo seu pensamento) é liberada. Ele continua falando até que a carga se desfaz completamente. Ele fala com suas próprias palavras, expressando sentimentos, decisões ou opiniões pessoais; no entanto, ao terminar de falar Deus reconhece tudo o que foi dito como Suas palavras.

Você vê a diferença entre esse processo e o conceito humano de recitar profissões de fé? O ministro fala, escreve ou pensa, mas Deus aceita como Sua Palavra porque o indivíduo já foi totalmente tratado por Ele. Este é o ministério da Palavra. Você apenas recebe luz e carga em você; a conclusão, decisão e sentimento são os seus. Quando você pensa, sente e decide, Deus lhe dá algumas palavras que o capacitam a expressar seus pensamentos. No entanto, enquanto você fala, Ele pode reconhecer as palavras como Suas. Assim, vemos que é imperativo que os homens sejam tratados e cresçam para se tornarem ministros. Qualquer desvio no pensamento ou nos sentimentos pode desqualificar um indivíduo para ser ministro da Palavra. Se você, individualmente, não foi tratado e refinado por Deus, suas opiniões ainda não são confiáveis. Qualquer desvio pode prejudicar a transmissão da Palavra.

Que confiança Deus tem em Seus ministros! Ele lhes dá luz e uma carga, e depois permite que meditem na Palavra e se emocionem, permitindo até que formem suas opiniões. Ele confia neles. Assim, Ele opera na vida dos ministros a fim de que suas opiniões, pensamentos e sentimentos sejam como os Seus. Assim é a profecia no Novo Testamento e o ministério da Palavra no Novo Testamento.

Nossos Sentimentos Devem ser Úteis para Deus

Vamos rever a condição de Paulo em 1 Coríntios 7: "Isto vos digo como concessão e não por mandamento" (v. 6). Ele conhecia o processo em seu interior. Ele meramente permitiu; não ordenou nada. Seu processo interior era distintivo e delicado. Paulo tinha clareza não somente em relação ao assunto, mas também de que estava permitindo, e não comandando, o que lhe havia sido proposto. "Penso que também eu tenho o Espírito de Deus" (v. 40). Aqui o Espírito Santo concordou com o que Paulo tinha consentido. Paulo sentiu que aquilo podia ser feito, e o Espírito Santo reconheceu o sentimento de Paulo como Seu. Deus estava usando a sensibilidade do apóstolo. O mesmo pode ocorrer com todos nós quando, no que diz respeito à autoridade de Deus, fazemos afirmações no nome de Jesus Cristo. Isso é extremamente importante.

Semelhantemente, é importante para Deus quando Ele confia Sua Palavra a nós. Por exemplo, se as pessoas têm alguma dificuldade e buscam ajuda, você pode mandar um irmão mais jovem até elas com a seguinte instrução: "Vá lá e converse com aquela pessoa". Quando o jovem replica dizendo "eu não sei o que dizer", você pode dizer simplesmente: "Qualquer coisa que você disser será como se eu estivesse falando; representará a minha opinião". Imagine a seriedade de tal compromisso! Imagine o desastre que pode ser criado se o jovem não tiver condições de ser usado. É assim que Deus confia em Seus ministros hoje. Ele não predetermina cada palavra, pedindo ao ministro que as repita. Se fosse assim, não haveria muita dificuldade, pois o ministro cumpriria sua obrigação limitando-se a repetir as palavras. Não, Deus não deseja proclamar Sua Palavra dessa forma. Ele coloca Sua Palavra em nós como água viva, que precisa primeiro ser tomada antes de fluir para fora. Ele nos dá luz, carga e algumas palavras distintas, a fim de que nos levantemos diante dos homens e as proclamemos. É como se, ao nos enviar do céu à Terra para falar aos homens, Deus permitisse que falássemos o que sentíssemos desejo de falar. Aqueles que conhecem a Deus não ousam ser descuidados.

A responsabilidade de um ministro da palavra é grande, já que deve falar em nome de Deus de acordo com seus sentimentos interiores, pensamento, opinião e julgamento. O que acontece se seus sentimentos, pensamentos, opiniões ou julgamento estiverem errados ou forem duvidosos? Tudo o que ele disser será errado ou duvidoso. Como, então, ele poderia ser ministro da Palavra de Deus? Portanto, o problema básico é levar o indivíduo a um nível no qual seus sentimentos mais íntimos representem plenamente os sentimentos de Deus – é algo independente e pessoal, embora ao mesmo tempo seja dependente e procedente de Deus. Inquestionavelmente, a forma como Paulo falou em 1 Coríntios 7 é uma questão importante.

No v. 7 desse capítulo, Paulo disse "eu desejo" e essas palavras são repetidas no v. 32: "O que realmente eu quero...". Isso nos indica que Paulo tinha um sentimento definido – desejava que todos fossem como ele. Esse sentimento foi endossado no v. 40, como aquele que o Espírito Santo queria. Assim, o desejo de Paulo era também o desejo de Deus. Imagine o cuidado que Paulo tinha de ter ao afirmar "eu quero". Se houvesse algum desvio, por menor que fosse, a Palavra de Deus seria totalmente confusa. Esse "querer" é uma questão espiritual extremamente delicada. Não pode haver nenhum desvio. O próprio Deus controlava os sentimentos de Paulo, de modo que ele podia sentir o que o Espírito Santo desejava fazer. Esse sentimento era útil, e o Senhor confiava nele.

Irmãos, nossos sentimentos são úteis para Deus? O Senhor pode confiar em nós? Realmente, precisamos ser quebrantados, ou o Senhor não poderá confiar em nossos sentimentos. Os sentimentos de Paulo eram úteis e confiáveis. Aos outros, digo eu, não o Senhor... (v. 12). Ele não teve um senso distinto de que o Senhor estava falando, por isso reconheceu que era ele quem falava e não o Senhor. No entanto, espere até o final. Finalmente ele concluiu com a frase: Penso que também eu tenho o Espírito de Deus. É maravilhoso que um homem como Paulo tenha alcançado tal posição!

O Auge do Ministério da Palavra

No versículo 25 Paulo revelou sua própria situação diante de Deus ao declarar: Com respeito às virgens, não tenho mandamento do Senhor; porém dou minha opinião, como tendo recebido do Senhor a misericórdia de ser fiel. Trata-se de um homem que tinha seguido o Senhor durante tantos anos e tinha recebido misericórdia, tornando-se confiável. Em que aspectos ele era digno de confiança? Seu ministério era confiável. Ele era um servo de Cristo e despenseiro dos mistérios de Deus. O Senhor lhe confiara Seus mistérios e Sua Palavra.

O mais importante para um ministro da Palavra é que ele seja digno de confiança. Paulo queria dizer que uma vez que o Senhor tinha sido misericordioso para com ele transformando-o num servo fiel, ele gostaria de comunicar suas opiniões aos coríntios. O Senhor não tinha dado nenhum mandamento, de modo que era simplesmente o desejo dele, Paulo. Embora ele não ousasse dizer nada, pois Deus não tinha lhe dado nenhum mandamento específico, mesmo assim ele compartilharia sua opinião concernente a certos assuntos com base no fato de que muitas vezes no passado tinha proclamado os mistérios de Deus. Era como se ele estivesse dizendo que tendo estado constantemente em contato com as coisas espirituais por meio da misericórdia de Deus e tendo assim aprendido diante de Deus, agora ele gostaria de comunicar o que tinha visto e aprendido através dos anos, a despeito do fato de que não recebera um mandamento novo do Senhor. Ele não ousava presumir que se tratasse de mandamento do Senhor; ele apenas se dispôs a compartilhar sua própria opinião. Mesmo assim, Deus endossou suas opiniões. Que endosso glorioso! Louvamos a Deus por tal homem, o qual, pela misericórdia divina, se tornou confiável e cujas opiniões eram endossadas pelo Senhor.

A obra do Espírito Santo em nosso interior

Neste ponto temos de notar uma questão: qual é o aspecto da obra que o Espírito Santo opera em nosso interior? Nós sabemos que o Espírito de Deus não somente habita no homem como também opera uma obra de modelar e formar Cristo nele. Aquilo que o Espírito incorpora em nós não pode ser tirado. O Espírito Santo habita no homem e se torna um com ele; Ele jamais cessa de moldar o indivíduo de acordo com a imagem de Cristo. Como alguém poderia tratar o Espírito do Senhor como um convidado, quando Ele mora na casa durante dez ou vinte anos? É Ele que molda, edifica e organiza a vida humana até que o caráter do Senhor gradualmente se estabiliza nela.

Depois que uma casa é ocupada pela mesma pessoa durante um período longo de tempo, ela começa a revelar o caráter da pessoa. Embora o dom espiritual não possa transformar uma pessoa, a habitação do Espírito a capacitará a produzir o fruto do Espírito, manifestando assim um caráter celestial. O fruto do Espírito Santo no ser humano é a transformação do seu caráter, pois Deus constrói nele um novo caráter, mediante a ação do Espírito. O Espírito de Deus opera em seus pensamentos e efetua uma mudança ali; o mesmo ocorre em seus sentimentos, opiniões e capacidade de julgamento. A obra modeladora e transformadora do Espírito visa a transformação do caráter do indivíduo.

O Espírito Santo não somente pôde falar por meio de Paulo como ministro de Sua Palavra, mas também pôde usar o seu caráter. Ele havia realizado uma obra na edificação do caráter de Paulo. Esse é o fruto da ação da Trindade. O Espírito opera dia após dia, formando e modelando o homem até que um novo caráter se desenvolve. O caráter é do indivíduo;

no entanto, é construído nele pelo Espírito Santo. O caráter é totalmente pessoal, embora seja produzido pelo Espírito Santo. Enquanto o Espírito trabalha e edifica, o indivíduo é transformado de glória em glória.

Precisamos ver que transformação é uma doutrina básica e uma experiência fundamental na Bíblia. O terceiro capítulo de Filipenses e o terceiro capítulo de 2 Coríntios referem-se a experiências básicas. Por um lado nós reconhecemos a imutabilidade da carne, embora por outro lado creiamos na obra transformadora do Senhor e Sua obra de edificação em nosso caráter. O Espírito de Deus não somente habita em nós, como também é a nossa vida. Na verdade o que seria de estranhar seria um indivíduo ter o Espírito habitando nele durante dez ou vinte anos e não apresentar nenhuma transformação. Devido ao fato de que o Espírito habita em você como fonte de vida, seus pensamentos, sentimentos, julgamentos e opiniões, seu coração e seu espírito são transformados. Antigamente, você era totalmente controlado pela carne; agora, há uma nova incorporação, há um novo fruto em seus sentimentos, pensamentos, julgamento, coração e espírito. Foi por meio da Cruz que sua carne foi vencida. Qual, então, é a tarefa interior do Espírito? É aquilo que Deus idealizou e realizou no ser humano – e não pode jamais ser perdido.

Paulo tornou-se um homem digno de confiança por meio da obra misericordiosa do Senhor. Essa confiabilidade aponta para o seu ministério. Ele confessou que não tinha um mandamento de Deus, mas daria sua opinião. Essa opinião individual procedia da obra interior do Espírito Santo. O que ele disse não foi uma revelação comum, mas demonstrava a presença de Deus nele, o que, como veremos, é igual a revelação. Trata-se de um fato maravilhoso. Quando o indivíduo está sob revelação do Espírito Santo, ele sabe que o que está recebendo são palavras de Deus; no entanto, quando ele está sob a obra interior do Espírito Santo, não sente que é Deus quem está falando. Pelo contrário, parece que está dando uma opinião pessoal, mas apesar disso o que diz é reconhecido como procedente do Espírito Santo por causa da obra divina em seu interior. Daí Paulo concluiu dizendo: "Penso que também eu tenho o Espírito de Deus." Precisamos da obra interior do Espírito Santo. Precisamos que Ele opere em nós e nos modele de modo que todas as nossas opiniões, palavras, pensamentos e sentimentos não contradigam a Palavra de Deus. Assim nos tornamos verdadeiros ministros da Palavra.

O caráter incorporado pelo Espírito Santo no indivíduo varia de uma pessoa para outra. Assim, a pregação de Paulo tinha suas marcas distintas. As cartas de Pedro tinham um estilo diferente das de Paulo; assim também os escritos de João eram diferentes. Cada escritor tinha seu próprio estilo (e estilo é algo totalmente pessoal). Ao experimentar a ação interior do Espírito Santo, o estilo do indivíduo também pode ser usado por Deus. Se todos os 66 livros da Bíblia tivessem sido escritos num único estilo, seriam muito enfadonhos. Atualmente a glória de Deus é manifestada ao permitir que cada ser humano tenha seu próprio estilo, de modo que, não importa o que seja dito, se trata do resultado da ação interior do Espírito Santo.

Cada característica pessoal do indivíduo é usada quando ele se submete ao Espírito Santo. Considere as árvores que Deus criou; não há dois ramos iguais. Embora todos pertençam à mesma árvore, cada galho é diferente do outro; veja as incontáveis estrelas: cada uma tem o seu próprio brilho; há milhões de seres humanos vivendo no mundo, mas não existem dois exatamente iguais. Semelhantemente, a obra interior de Cristo em você é diferente da minha. Paulo estava cheio do amor do Espírito Santo, assim como João; apesar disso, todo aquele que conhece um pouco a Palavra sabe que cada um deles exibia aspectos diferentes do amor no Espírito Santo. Deus não tem necessidade de uniformidade. Todo aquele que tem a obra interior do Espírito mantém suas características peculiares.

Não interprete erroneamente o que foi dito, achando que todos nós podemos imitar a forma como Paulo falou em 1 Coríntios 7. Trata-se de uma situação única em toda a Bíblia; representa o ponto mais elevado que alguém pode alcançar. Se falarmos sem a sanção de Deus, podemos cometer erros graves. O texto de 1 Coríntios 7 mostra-nos que tipo de pessoa Paulo era, a fim de que possamos compreender melhor escritos como Efésios, Colossenses, Romanos e Gálatas. Ele apresenta Paulo como um ser humano como nós, a fim de que possamos conhecer a pessoa por trás das cartas. Por isso esse capítulo é extremamente precioso. Encontramos nele um homem cujos sentimentos, pensamentos, opiniões e palavras eram confiáveis diante de Deus. Quando a Palavra de Deus foi colocada nele, ela se tornou a mais elevada revelação e não sofreu nenhuma perda. Sem esse capítulo nós só veríamos o que o Espírito Santo fazia por meio de Paulo, e não o que o Espírito Santo fazia nele. Seus sentimentos pessoais, pensamentos e palavras eram tão confiáveis que a Palavra de Deus não encontrava dificuldades nele.

Deus não pode confiar Suas revelações a pessoas que não são dependentes Dele. Deus não pode levantar certos indivíduos como ministros da Palavra porque seus pensamentos, sentimentos, opiniões e palavras não são confiáveis. Nas cartas de Paulo, tais como Romanos, Gálatas, Colossenses e Efésios, contemplamos grandes revelações, mas em 1 Coríntios vemos o tipo de homem a quem Deus confia tais revelações. O tipo de pessoa determina a profundidade da revelação.

Se tivéssemos todas as outras cartas, exceto 1 Coríntios 7, jamais conheceríamos o tipo de homem que Paulo era. Ele era tão confiável que, além de a revelação não sofrer nenhum prejuízo nele, a Palavra de Deus era ainda mais glorificada – no estilo, personalidade e peculiaridades desse homem. É glorioso como um homem pode ser usado por Deus de tal forma que seus elementos pessoais mesclam-se com a Palavra sem lhe causar nenhum dano e em vez disso glorificando-a, enriquecendo-a e aperfeiçoando-a.

Que Deus seja misericordioso para conosco, de modo que possamos ser usados na proclamação de Sua Palavra. Hoje em dia, dificilmente há uma necessidade maior do que a Palavra de Deus. Que cada cristão reconheça o caminho dos ministros da Palavra de Deus. Devemos pedir a Deus que nos dê luz interior e Palavra, e o tipo de tratamento profundo e drástico, moldando-nos e aperfeiçoando a fim de que os nossos sentimentos mais profundos sejam confiáveis. Então, quando expressarmos nossos sentimentos, serão os sentimentos do Senhor; quando mostrarmos nossas inclinações, elas serão o resultado do Espírito Santo operando em nós; e quando exibirmos amor e paciência, será o fruto do Espírito Santo. Devido à ação profunda e completa do Espírito Santo em nosso interior, seremos capazes de exibir esses frutos. Por causa da presença do Espírito em nós, podemos nos tornar essas pessoas. Dar frutos é um processo natural: a conseqüência de uma obra interior.

Depois que Deus, mediante o Espírito, tiver realizado Sua boa obra em sua vida, você naturalmente sentirá o que o Espírito Santo sente, pensará o que o Espírito Santo pensa e desejará o que Ele deseja. Quando Deus colocar Sua Palavra em você e o enviar a pregar, você será capaz de dar grande glória a Ele fazendo com que as pessoas ouçam a Palavra.

O Auge do Ministério da Palavra

Assim, a questão fundamental hoje é: o Senhor pode confiar em nós? Nós veremos que a dificuldade não está na Palavra de Deus, mas sim nos ministros. Sem ministros não pode haver proclamação da Palavra. Deus fala em nossos dias como sempre falou. Ele não tem intenção de tirar o ministério dos profetas da Igreja, assim como jamais tencionou remover o ministério de ensino e de evangelização. No entanto, há uma escassez de ministros em nossos dias. Depende de nós se haverá mais ministros e mais ministério da Palavra. A pobreza e escuridão que a Igreja experimenta é por causa dessa condição. Que nós possamos orar solenemente: "Ó Senhor, quebra-nos a fim de que Tua Palavra possa fluir por nosso intermédio". Que Deus seja gracioso para conosco.

PARTE DOIS:
A Palavra de Deus

A Base da Palavra de Deus
A Necessidade da Interpretação do Espírito Santo
A Necessidade da Revelação do Espírito Santo
A Palavra de Deus em Cristo
Conhecendo a Palavra de Deus por meio de Cristo

Capítulo 5

A Base da Palavra de Deus

Como já vimos, ser um ministro da Palavra de Deus não é tão simples como geralmente nós imaginamos. A Palavra de Deus não pode ser comunicada por qualquer um. Uma questão fundamental é o próprio ministro. Agora, vamos nos voltar para outro assunto: a própria Palavra de Deus.

A Harmonia e Autoridade das Escrituras

Quando falamos anteriormente sobre o ministério da Palavra, não afirmamos que pode haver Palavra de Deus fora da Bíblia. Assim como negamos categoricamente que ninguém pode escrever um 67º livro além dos 66 livros que compõem a Bíblia, rejeitamos igualmente a noção de que hoje os homens podem receber revelação não encontrada na Bíblia ou que podem possuir um ministério adicional àquilo que a Bíblia permite. Nós cremos firmemente que a Palavra de Deus consiste no Antigo e no Novo Testamento; não tencionamos acrescentar nada à Bíblia. Ainda assim, entendemos também que nem todos aqueles que conhecem a Bíblia podem pregar a Palavra. Portanto, é necessário que todo ministro da Palavra de Deus conheça bem a Palavra de Deus. A falta desse conhecimento impede o indivíduo de ser um ministro efetivo.

A Bíblia é composta de 66 livros, escritos por cerca de 40 pessoas. Cada um dos escritores tinha suas próprias peculiaridades, estilo e fraseologia; cada um possuía sentimentos pessoais, pensamentos e traços particulares. Quando esses escritores receberam a mensagem divina, Deus usou seus elementos humanos pessoais. Alguns foram mais usados, outros menos. No entanto, todos foram usados por Deus, e todos receberam revelação. A Palavra de Deus é como uma sinfonia, e os escritores são como os instrumentos musicais. Há muitos instrumentos numa orquestra, cada um emitindo seu próprio som; no entanto, quando tocam juntos, compõem um todo harmonioso. Podemos distinguir o som de cada instrumento individual (do piano, violino, trompete, clarinete ou flauta). No entanto, o que ouvimos não é uma confusão de sons desconexos, mas uma sinfonia uniforme. Cada instrumento possui características peculiares, mas todos tocam a mesma peça musical. Se cada um tivesse tocando uma música independente, então o som seria desconexo e insuportável. O mesmo é verdade em relação aos ministros da Palavra. Cada um tem as suas características pessoais; apesar disso, todos falam a mesma Palavra de Deus.

Desde o início até o final, a Bíblia mantém uma unidade harmoniosa. Não é um conjunto caótico. Embora cada ministro fale um pouco, todos se reúnem numa unidade orgânica.

A Base da Palavra de Deus

Muitos são os que falam (cerca de quarenta escritores), mas a Palavra, a Bíblia, é uma só. Não há absolutamente nenhuma confusão, e o conjunto não é um emaranhado de fragmentos irreconciliáveis. Muitos instrumentos, mas uma só música. Se algo mais fosse adicionado, isso feriria os ouvidos de quem ouve e deixaria um sentimento de que há algo errado. A Palavra de Deus é uma só. Pode haver diferentes vozes, mas nenhuma nota desafinada. Não é só porque o indivíduo sabe produzir alguns sons que ele pode se levantar e proclamar a Palavra de Deus. A Palavra é uma unidade orgânica. O seu ministério no tempo presente é um com o seu ministério no passado. Nada estranho pode ser acrescentado. A Palavra de Deus é o próprio Senhor Jesus; ela é viva e orgânica. Ninguém pode misturar mais nada a ela; qualquer adição resultaria em confusão, distúrbio e prejuízo à sua proclamação.

O Antigo Testamento é composto de 39 livros. Em termos cronológicos, o livro de Jó pode ter sido o primeiro a ser escrito, mas os cinco livros de Moisés estão bem no início da composição. Aqui há um ponto muito significativo: todos aqueles que escreveram depois de Moisés não fizeram isso de modo independente, mas escreveram de acordo com o que já tinha sido feito antes. Moisés escreveu o Pentateuco de modo independente, embora Josué tenha escrito seu livro tendo como base o Pentateuco. Em outras palavras, o ministério da Palavra de Josué não era independente; ele se tornou um ministro de acordo com o que conhecia dos cinco livros de Moisés. O mesmo ocorreu com o livro de Samuel; seu escritor também baseou seu ministério no Pentateuco. Portanto, quer dizer que à exceção de Moisés – o qual foi chamado por Deus para escrever de modo independente – todos aqueles que vieram depois se tornaram ministros da Palavra de acordo com a Palavra que já fora dada. Cada livro do Antigo Testamento foi composto dessa forma. Foram vários escritores, embora todos tenham escrito com base nos escritos anteriores. Todo ministro da Palavra que veio depois de Moisés fala de acordo com a palavra que já foi pronunciada. A Palavra de Deus é uma; ninguém pode falar o que bem quiser; aqueles que seguem devem falar de acordo com a mensagem dada aos seus predecessores.

Então nós chegamos ao Novo Testamento. Exceto pelo mistério dos gentios e judeus formando um único corpo, como é mostrado na Carta aos Efésios, não há nada novo; tudo o mais pode ser encontrado no Antigo Testamento. Qualquer revelação da verdade pode ser relacionada ao Antigo Testamento, mesmo aquela relacionada ao novo céu e nova Terra. Há certa edição da Bíblia que destaca todas as citações do Antigo Testamento no Novo Testamento. Ela deixa muito claro que muitas palavras usadas no Novo Testamento já tinham sido empregadas no Antigo Testamento. Muitas são citações diretas e muitas simplesmente repetem o ensino do Antigo Testamento. No Novo Testamento há mais de 1.500 textos que são citações do Antigo Testamento. Lembremos que o ministério da Palavra no Novo Testamento baseia-se na Palavra de Deus do Antigo Testamento; os livros não foram escritos de forma independente. Por isso, se nos nossos dias alguém se levanta e alega ter recebido uma revelação independente, saberíamos com certeza que é impossível.

Hoje ninguém pode receber uma Palavra de Deus que vá além da Bíblia; até mesmo o Novo Testamento não pode existir sozinho; o mesmo ocorre com as obras de Paulo. Não podemos excluir o Antigo Testamento e preservar parte do Novo Testamento. Também não podemos cortar os Evangelhos e manter as cartas paulinas. Temos de reconhecer que todas as palavras escritas depois seguem as que foram pronunciadas anteriormente. As palavras proclamadas depois surgiram à luz das primeiras; não foram faladas isoladamente. Se alguma outra palavra for pronunciada de modo independente, trata-se de heresia e não provém de Deus. Todos os ministérios na Bíblia são interdependentes; nenhum personagem bíblico teve uma revelação totalmente desconectada das demais e sem relação com elas. Mesmo os 27 livros do Novo Testamento são baseados nos livros do Antigo Testamento. Os ministros subseqüentes receberam o que lhes foi dado pelos seus predecessores.

Falando Somente o que Deus já Falou

Devemos entender que, basicamente, qualquer revelação ou ministério independente está errado. *"Nenhuma profecia da Escritura provém de particular elucidação"* (2 Pe 1.20). A palavra "particular" aponta não para o indivíduo, mas para a profecia. Quer dizer que nenhuma profecia nas Escrituras tem uma interpretação desvinculada do restante. Por exemplo: Mateus 24 não pode ser explicado por si mesmo, mas deve ser explicado levando-se em conta outros textos bíblicos que falam sobre o mesmo assunto. Nenhuma profecia é auto-interpretada. Daniel 2 não pode ser explicado somente por Daniel 2; da mesma forma, Daniel 9 não pode ser explicado considerando-se exclusivamente o seu próprio conteúdo. Ao tentar fazer isso, nós cairíamos no erro da interpretação particular. Temos de lembrar sempre que a Palavra de Deus é uma. Não pode ter interpretações particulares, quer dizer, textos interpretados de acordo com o seu próprio conteúdo; todo texto deve ser interpretado colocando-o ao lado de muitas outras passagens. Hoje Deus já nos deu Sua Palavra, a Bíblia;

por isso não temos permissão de falar independentemente e não pronunciar nenhuma mensagem que não esteja de acordo com toda palavra que já foi pronunciada pelo Senhor. Seria heresia, um engano do maligno.Os primeiros ministros da Palavra falaram de forma independente porque não tiveram predecessores. O segundo grupo, porém, já falou de acordo com o que o primeiro grupo tinha dito. Eles repetiram e ampliaram as palavras proferidas anteriormente. O terceiro grupo de ministros falou com base no primeiro e no segundo grupo. Ninguém falou independentemente; eles podiam expandir a luz recebida dos grupos anteriores. Sem dúvida Deus deu a eles um novo entendimento e uma nova revelação; mesmo assim, tudo isso estava fundamentado no que Ele já tinha falado antes. A nobreza dos judeus de Beréia foi revelada na disposição de examinar as Escrituras diariamente para ver se as coisas que ouviam estavam corretas (At 17.10-11). Deus não diz uma coisa hoje e diz outra coisa amanhã. Sua Palavra é uma só; não há alteração, desde o início até o final. Ele vai acrescentando uma palavra após outra, pois Seu propósito é estabelecer Sua obra. Aqueles que foram usados por Deus para ampliar a luz, no Antigo Testamento e no Novo Testamento, não tiveram revelações independentes; todos basearam suas ampliações nas revelações anteriores. A luz continuou a fluir desde a revelação inicial. Ela foi brilhando mais plena e intensamente até que tivemos diante de nós todo o Antigo e o Novo Testamento.

Portanto, todo aquele que deseja falar em nome de Deus hoje deve receber Sua palavra do Antigo e do Novo Testamento, não pode obter nada fora da Bíblia. Trata-se de um axioma extremamente importante: assim como os ministros antigos não eram independentes, os ministros da Palavra de hoje também não são. Cada um deve depender do que Deus já falou. Ninguém está autorizado a extrair qualquer revelação fora da esfera bíblica e transmiti-la como Palavra de Deus.

Alguns dos filhos de Deus têm uma grande falta de entendimento em relação ao Antigo e ao Novo Testamento. Pensam que os dois são contraditórios; encaram lei e graça como opostos. Será que realmente são? A simples leitura de Romanos e Gálatas revela de forma especial a unidade entre Antigo e Novo Testamento. Muitas pessoas pensam erroneamente que Deus tem uma forma diferente de tratar as pessoas no Antigo e no Novo Testamento, que há uma diferença no trato divino sob a lei e sob a graça. O que eles não percebem é que o Novo Testamento é uma progressão do Antigo Testamento – e não uma oposição; o mesmo pode-se dizer da graça em relação à lei. O Novo Testamento é uma continuação bem como uma expansão do Antigo Testamento. De forma alguma há contradição entre ambos.

Paulo nos lembra que a graça não começou no Novo Testamento. Ao lermos Gálatas aprendemos que quando Deus chamou Abraão, a "promessa" já estava presente. Em outras palavras, Deus pregou a Abraão o Evangelho que, por meio do advento de Jesus Cristo, abençoaria toda a Terra. Não havia nenhum traço da Lei. Gálatas indica claramente que o que Deus deu a Abraão não foi a lei, mas a promessa do Evangelho (3.8). De acordo com esta epístola paulina, o Evangelho de hoje baseia-se no Evangelho anunciado a Abraão; nossa bênção está fundamentada na bênção de Abraão; a promessa que temos hoje pode ser rastreada até a promessa de Deus a Abraão. Paulo demonstra que o Antigo e o Novo Testamento seguem a mesma linha.

Por que, então, podemos perguntar, a lei foi dada? *"[Ela] foi adicionada por causa das transgressões"* (Gl 3.19). Primeiro Deus deu ao homem a graça e o Evangelho. No entanto, depois da Queda, o pecado ainda não tinha sido revelado e por isso o ser humano não podia receber a graça e o Evangelho. Então a lei foi acrescentada para condenar o pecado a fim de que o homem pudesse ser feito participante do Evangelho divino e das promessas. Esta era a questão-chave dos gálatas. Vamos colocar de outra forma: Deus não nos deu graça num momento e em outro momento nos deu lei; Ele tampouco nos deu promessas e depois de um tempo nos deu uma lista de obrigações a serem cumpridas. Desde o início até o fim, a obra de Deus nunca muda. A Epístola aos Gálatas conseqüentemente nos mostra que a graça que recebemos hoje não é algo novo, mas é a mesma graça que Abraão recebeu. Nós nos tornamos filhos de Abraão, de modo que atualmente herdamos a graça e as promessas que Deus lhe deu. Assim, primeiro vem a graça, depois a lei e finalmente a obra completa de Cristo – tudo seguindo na mesma linha. A Palavra de Deus é uma, não duas, e tem uma natureza progressiva.

Deus primeiro prometeu a Abraão e a seguir deu a lei aos israelitas. Há alguma contradição? De maneira nenhuma. Na verdade há uma progressão. Hoje Deus nos deu a graça. Há alguma discrepância? Não. Há uma progressão. Os propósitos de Deus para com os homens vão se tornando cada vez mais claros. A promessa que o Senhor deu a Abraão não foi anulada pela lei dada 400 anos mais tarde. A lei posterior não anula a promessa; pelo contrário, ela a cumpre, pois os homens podem aceitar a promessa somente depois que conhecem seus pecados. Agora, porém, Deus mantém todos nós sob a custódia da lei a fim de que aceitemos a graça que procede do Filho enviado por Ele. Assim como o Antigo Testamento é progressivo, o Novo Testamento não se opõe a ele. A Palavra de Deus é uma só. O ministério posterior serve apenas para expandir a revelação divina do passado.

A Base da Palavra de Deus

Os ministros da Palavra de hoje devem conhecer o que Deus disse no Antigo e no Novo Testamento. É evidente que os ministros que escreveram o Novo Testamento estavam familiarizados com o conteúdo do Antigo Testamento. Os ministros de hoje devem estar bem familiarizados com os dois Testamentos. Conhecendo as palavras dos nossos predecessores, somos capazes de pronunciar aquilo que se harmoniza com elas. Não proclamaremos nenhuma mensagem independente. Deus não colocará uma mensagem adicional em nossos lábios; Ele apenas nos dá nova luz sobre o que já falou no Antigo e no Novo Testamento, a fim de que nos levantemos diante dos homens e preguemos Sua mensagem.

Sempre que começamos a pregar, devemos já estar de posse de muitas das palavras do Antigo e do Novo Testamento. Quando o primeiro grupo de ministros do Antigo Testamento se levantou para falar, ele não tinha uma palavra anterior de Deus. Quando o segundo grupo se posicionou, porém, ele podia citar o que o primeiro grupo já tinha dito – mas nada além disso. Uma geração após outra, um grupo após outro continua se levantando para ministrar a Palavra de Deus. O que cada grupo pode citar para apoiar suas próprias palavras aumenta em quantidade porque muitos pronunciamentos têm vindo da parte de Deus. Podemos afirmar que nos nossos dias temos o mais rico depósito da Palavra de Deus. No entanto, para ser um ministro da Palavra devemos pelo menos estar familiarizados com a Bíblia e colocá-la em prática. Se o indivíduo não estiver familiarizado com as Escrituras e não viu uma nova luz nela, a mensagem que pronuncia não tem base. Se ele disser algo errado, não terá consciência disso. Por isso temos de conhecer bem a Bíblia, senão será difícil sermos ministros da Palavra.

Enfatizamos que um ministro da Palavra precisa estar familiarizado com a Bíblia. Se não ouvirmos o que Deus falou no passado não teremos como obter revelação. A revelação brota das revelações anteriores e jamais é dada isoladamente. Primeiro Deus coloca Sua revelação na mensagem pronunciada anteriormente e a seguir Seu Espírito ilumina aquela mensagem e a expande em outra revelação. E assim o processo continua. É assim que se opera a revelação. Não se trata de uma luz isolada, mas uma luz que procede da Palavra e aumenta de intensidade com o passar do tempo. Isso é revelação divina. Sem uma revelação passada, a luz divina não tem uma base sobre a qual operar. A revelação de Deus hoje não pode ser dada da mesma forma que no princípio. Quando Se revelou ao primeiro homem, Deus falou sem que houvesse nenhuma base prévia da parte do homem. Na Palavra que é ministrada hoje, porém, Ele só fala com base no que já falou. Todas as Suas revelações subseqüentes se derivam das primeiras.

A Luz de Deus Depositada no Antigo Testamento

O Salmo 68.18 é uma passagem do Antigo Testamento que fala sobre os dons que seriam derramados sobre os homens na ascensão de Jesus Cristo. Quando escreveu os capítulos 1 e 4 da Epístola aos Efésios, Paulo baseou sua mensagem nessa passagem do Antigo Testamento. Em Efésios 1 ele fala de Cristo subindo ao céu e assentando-se à direita do Deus Pai (vv. 20 e 21). Em Efésios 4 ele descreveu como, em Sua ascensão, Cristo levou vários cativos e deu dons aos homens (v. 8). Ao olharmos mais para trás, descobrimos que no Dia de Pentecostes Pedro disse a mesma palavra: *"Exaltado, pois, à destra de Deus, tendo recebido do Pai a promessa do Espírito Santo, derramou isto que vedes e ouvis"* (At 2.33). Assim, tanto o derramamento mencionado por Pedro no Pentecostes como os dons para a edificação da Igreja resultantes da ascensão dos quais Paulo falou procedem do entendimento da luz no Salmo 68. Deus não deu a luz diretamente a Pulo; pelo contrário, Ele lhe deu a luz que tinha armazenado no Salmo 68. Para que a luz possa brilhar, o indivíduo deve conhecer o Salmo.

O livro de Hebreus explica habilmente muitas ofertas e nos mostra que o Senhor Jesus é *a* oferta. Se o indivíduo não estiver familiarizado com o sistema de sacrifícios do Antigo Testamento, como poderá entender a Cristo como *o* sacrifício? A luz de Deus está escondida no sistema de ofertas do Antigo Testamento. O escritor de Hebreus conhecia a revelação do Antigo Testamento; de outra forma, ele seria incapaz de escrever seu livro. A luz de Deus está depositada no Antigo Testamento; quer dizer que está depositada em Abraão, Isaque, Jacó, José, Moisés, Josué, Samuel, Davi e em Salomão. Se deixarmos de estudar esses homens, não conseguiremos enxergar toda a luz. Por exemplo, a luz está na lamparina. Sem a lamparina, como poderia haver luz? A luz é revelada por meio da lamparina e do seu conteúdo – e sem esses dois elementos não poderia haver iluminação. Precisamos ver que o Antigo e o Novo Testamento são os locais onde Deus deposita a Sua luz. Não seremos capazes de suprir as necessidades da sociedade de hoje se não formos capazes de conhecer a Palavra nesses locais. Repetindo, a Palavra de Deus é uma só; nela Deus coloca Sua luz e ela brilha incessantemente.

"[Abraão] creu no Senhor, e isso lhe foi imputado para justiça." Essas palavras encontram-se em Gênesis 15.6. Essa mesma frase é usada três vezes no Novo Testamento: em Romanos 4, Gálatas 3 e Tiago 2. A Palavra uma vez falada no Antigo

Testamento é repetida três vezes no Novo Testamento. Há três palavras-chave nessa afirmação: crer, imputar e justiça. Primeiro Deus dá Sua Palavra no Antigo Testamento; nesta Palavra Sua luz está escondida. Quando escreveu a Carta aos Romanos, Paulo enfatizou o termo "imputar"; todo aquele que crê é reconhecido como justo por Deus. Ao escrever aos gálatas, ele novamente citou a mesma afirmação, mas sua ênfase desta vez foi diferente, pois ele salientou o termo "crer" – crer para a justiça. Quando, porém, Tiago estava falando, ele não destacou os termos imputar nem crer; em vez disso, ele destacou o termo "justiça": uma pessoa fica incompleta sem justiça. Assim, a luz de Deus brilha em três direções diferentes. Ela é emitida a partir de três pontos distintos. Se Paulo nunca tivesse lido Gênesis 15, se tivesse esquecido o que leu ou se tivesse lido sem receber qualquer revelação, então certamente a mensagem estaria perdida. Se o indivíduo é descuidado com a Palavra de Deus, não poderá se qualificar como seu ministro.

O ministro deve ser capaz de descobrir muitos fatos na Bíblia, e quanto mais, melhor. Deve procurar a verdade e a luz nas partes mais profundas na Palavra. Obtemos a luz divina primeiro entrando nos fatos de Deus – sem os fatos da Bíblia não há como obtermos a luz. Sem a lamparina, como pode haver luz? Se a lamparina não estiver acesa, como a luz pode se manifestar? Nós precisamos da Palavra de Deus pronunciada anteriormente na Bíblia para nos ajudar a transmitir a nossa mensagem hoje.

Outro exemplo é Habacuque 2.4: "*O justo viverá pela sua fé*". Essa passagem também é citada três vezes no Novo Testamento: em Romanos 1, Gálatas 3 e Hebreus 10. Também tem três palavras-chave: o justo, fé e viver. Romanos 1 enfatiza "o justo" – o justo viverá pela fé. Gálatas 3 enfatiza a "fé" – somente pela fé o homem pode viver. Hebreus 10 destaca o "viver" – é pela fé que o justo vive. Novamente Deus deposita Sua luz no Antigo Testamento, mas a libera no Novo Testamento. A luz é liberada uma, duas, três vezes na Bíblia. Portanto, é estabelecido além de qualquer dúvida que a revelação é emitida mediante a luz das palavras que Deus falou no passado. Ela nunca é independente, mas sempre tem esse fundamento.

A Mensagem de Deus Atualmente Está Oculta no Novo Testamento

Como já mencionamos, o Novo Testamento não inclui nada novo, exceto aquilo que pertence ao mistério do Corpo – composto por judeus e gentios – conforme descrito em Efésios. O que o Novo Testamento apresenta é apenas uma ampliação da idéia do Antigo Testamento. A regra em vigor aqui é: Deus deposita Sua luz em Sua Palavra. Portanto, nós temos de aprender a conhecer mais a Palavra de Deus já dada e registrada nas Escrituras. Embora aqueles que estão bem familiarizados com a Bíblia não sejam necessariamente seus ministros, nós, como verdadeiros ministros, seremos desqualificados se não conhecermos profundamente a Palavra. Precisamos buscar o entendimento espiritual; conhecer apenas a letra não é suficiente. Temos de ler as mensagens dadas anteriormente por Deus antes do advento do Senhor, pedindo luz. Que a Palavra que já foi falada brilhe novamente em nós. Onde poderemos encontrar a luz divina, a não ser nas mensagens que já foram transmitidas, encontradas na Bíblia? Atualmente a mensagem de Deus está oculta no Novo Testamento, assim como as mensagens do Novo Testamento estavam escondidas no Antigo Testamento. Assim como as palavras dos apóstolos eram baseadas em Moisés e nos profetas, assim a nossa mensagem procede dos apóstolos. Precisamos aprender a extrair nossas mensagens das palavras dos apóstolos.

Todas as revelações hoje são apenas luz nova sendo derramada sobre as antigas mensagens. No princípio Deus deu Sua Palavra; daí em diante é Palavra gerando Palavra. O princípio fundamental para os nossos dias é que busquemos obter uma mensagem partindo do que já foi falado e que não tentemos falar algo mais. Se formos incapazes de extrair uma mensagem daquilo que já foi falado, então não podemos ser ministros da Palavra. Temos de abordar a Palavra de Deus como os apóstolos fizeram, e não como os escribas e fariseus. Temos de ver a luz nas mensagens do passado e a Palavra deve gerar Palavra. O primeiro grão de trigo foi criado por Deus; desse grão inicial todos os outros grãos foram gerados. O primeiro grão produziu muitos grãos – do singular para o plural. E o processo segue adiante. O primeiro veio de Deus; foi criado, pois jamais existiu antes.

O mesmo princípio pode ser aplicado à Palavra de Deus. A primeira palavra foi criada por Deus, pois não tinha precedente. Então essa Palavra gerou muitas outras Palavras subseqüentes e continua a gerar. As gerações foram passando e a Palavra foi se tornando cada vez mais clara. Ela cresceu tremendamente. Assim como não podemos esperar que hoje Deus crie um novo grão para plantarmos, assim também não podemos esperar que Ele crie uma outra Palavra. Nós obtemos nossas mensagens daquilo que Deus já disse; obtemos luz a partir da luz que já foi dada; recebemos revelação a partir da revelação que já foi dada. Assim é o ministério da Palavra de hoje. Todo aquele que viola esse princípio incorre em heresia.

A Base da Palavra de Deus

Amado, não aceite indiscriminadamente aqueles que se apresentam como apóstolos ou profetas. Sabemos que qualquer um que vai além do que diz a Palavra de Deus é herege e diabólico.[1] Erros graves podem ser cometidos quando falamos sem tomar cuidado. A luz de hoje está incluída na luz que já foi dada. A Palavra de hoje está escondida nas palavras que já foram pronunciadas previamente. Da mesma forma, a revelação de hoje está implícita na revelação que já foi dada. Todos os assuntos extraídos da Bíblia estão corretos; aquilo que não procede da Bíblia, mas de outras fontes, está errado. Atualmente a Palavra deve proceder das mensagens prévias. Este não é o dia da criação. O princípio para hoje é reproduzir. Revelação gera revelação, luz gera luz e palavra gera palavra. Estamos aprendendo passo a passo, na esperança de que podemos começar a ser verdadeiros ministros da Palavra.

---

[1] "Estas coisas, irmãos, apliquei-as figuradamente a mim mesmo e a Apolo, por vossa causa, para que por nosso exemplo aprendais isto: não ultrapasseis o que está escrito; a fim de que ninguém se ensoberbeça a favor de um em detrimento de outro" (1 Co 4:6). (N.E.).

Capítulo Seis

A Necessidade da Interpretação do Espírito Santo

Nós já observamos que os ministros da Palavra de Deus de hoje não devem transmitir mensagens independentes, fora do escopo da Bíblia. Todos os pronunciamentos divinos dos últimos dias são baseados nas revelações anteriores. As mensagens do Novo Testamento derivam-se das mensagens do Antigo Testamento, enquanto as mensagens de hoje baseiam-se no Antigo e no Novo Testamento. A Palavra de Deus é viva e orgânica. Se um indivíduo, não estando familiarizado com os dois Testamentos, não consegue formar uma unidade orgânica com essas mensagens divinas do passado e tenta falar independentemente, sem dúvida está propondo uma heresia, uma doutrina do diabo. Apesar disso, Deus continua levantando ministros da Palavra nos nossos dias; alguns, porém, falam de forma descuidada e sem um fundamento apropriado.

Agora queremos ir mais adiante e ver que as palavras dos ministros não somente devem estar enraizadas nas mensagens anteriores, como também são interpretadas pelo próprio Deus. O ministério da Palavra exige a interpretação de Deus bem como a palavra escrita por Ele. Somente Suas palavras anteriores não são suficientes. Aquele que está preso (ou tem estado preso) somente às palavras que Deus pronunciou no passado não está necessariamente qualificado para compartilhar a Palavra de Deus. Aquele que conhece o Antigo Testamento não está automaticamente qualificado para escrever o Novo Testamento; tampouco aquele que é versado no Novo Testamento está automaticamente qualificado para ser ministro da Palavra hoje. Sobre a base da Palavra registrada de Deus, é necessário que haja a interpretação divina. Deus tem de explicar Sua própria mensagem do passado ao Seu ministro; caso contrário, não pode haver ministério.

Assim como devemos deixar de lado toda palavra que não tenha fundamento, assim também não podemos aceitar nada que não venha da interpretação de Deus. Somente Deus é capaz de explicar o que disse antes. Não devemos depender de nossa boa memória, de nossa lucidez nem do estudo diligente da Bíblia. Não é aquele que consegue recitar de memória os 150 salmos que está qualificado para falar sobre os salmos, nem é aquele que conhece Cantares de memória que está preparado para dar uma aula sobre o assunto. Uma pessoa pode lembrar de todas as profecias de Isaías, ou ter uma lembrança vívida do livro de Daniel, depois de gastar cinco ou dez anos estudando-o a fundo; no entanto, tais indivíduos não se tornam automaticamente expositores qualificados de nenhum desses escritos. Devemos não somente saber que ninguém pode pregar a Palavra de Deus se tal pregação não for baseada nos pronunciamentos passados do Senhor, mas também devemos reconhecer que nem todo aquele que tem fundamento bíblico é necessariamente ministro da Palavra de Deus. Aquele que não fala segundo os pronunciamentos anteriores de Deus é rejeitado sem apelação, mas aquele que fala dessa forma também pode não ser aceito. Nos primórdios muitos escribas e fariseus eram bem versados nos escritos do Antigo Testamento, mas nenhum deles foi escolhido como ministro da Palavra. Hoje é possível estarmos bem familiarizados com a Bíblia e mesmo assim fracassarmos como ministros dela. O ministro é aquele que tem a interpretação de Deus, bem como a Sua Palavra. Ele deve ter, em seu discurso, o fundamento e a interpretação.

Como Deus interpreta a Bíblia? Como Ele explica as palavras do Antigo Testamento aos ministros do Novo Testamento? Há pelo menos três formas distintas de interpretação no Novo Testamento: (1) Interpretação Profética; (2) Interpretação Histórica e (3) Interpretação Abrangente. Quando os ministros do Novo Testamento estudam as palavras do Antigo Testamento, eles abordam as Escrituras desses três ângulos diferentes: eles olham para o Espírito Santo para interpretar as palavras proféticas, os registros históricos ou as mensagens abrangentes.

O que Está Envolvido na Interpretação Profética

Vamos ilustrar esse método olhando como Mateus escreveu seu Evangelho.

O Espírito Santo inspirou Mateus em sua narrativa da história de Jesus Cristo. No primeiro capítulo, ele citou Isaías 7: *Eis que a virgem conceberá e dará à luz um filho e lhe chamará*

Emanuel. No momento em que escrevia seu Evangelho, Mateus foi iluminado pelo Espírito Santo com essas palavras do Antigo Testamento. Ele não perdeu tempo tentando chegar a alguma interpretação do texto. Como publicano, Mateus não devia ler muito os textos sagrados, mas depois que se converteu deve ter lido muito. Foi o Espírito Santo que trouxe à sua memória as palavras de Isaías. No entanto, o que essas palavras queriam dizer? Era necessário que o Espírito Santo as interpretasse apontando para o nascimento do Senhor Jesus. Dali em diante Deus estaria conosco. No passado, Deus não estava conosco; agora, porém, por meio do advento de Jesus Cristo, Deus está conosco. Esta foi a interpretação do Espírito Santo. Somente o Espírito pode determinar o significado da Palavra de Deus.

Em 2.15, Mateus fez uma referência a Oséias 11.1. Uma leitura superficial de Oséias pode não nos dar a impressão de que aponta para o Senhor Jesus, mas o Espírito Santo explicou a Mateus que era assim.

Novamente, em 2.18, há uma citação das palavras de Jeremias 31.15: *Ouviu-se um clamor em Ramá, pranto e grande lamento; era Raquel chorando por seus filhos e inconsolável por causa deles, porque já não existem*. Nós não saberíamos que Jeremias estava profetizando sobre a decisão de Herodes de matar Jesus se o Espírito Santo não tivesse dado esta interpretação.

O capítulo 3 de Mateus cita Isaías 40.3: *Voz do que clama no deserto: Preparai o caminho do Senhor; endireitai no ermo vereda a nosso Deus*. Como saberíamos que esta palavra se referia a João Batista se o Espírito Santo não nos expusesse isso em Mateus?

Ao registrar a jornada do Senhor Jesus a Cafarnaum, perto do Mar da Galiléia, no território de Zebulom e Naftali

A Necessidade da Interpretação do Espírito Santo

(4.13-16), Mateus usou uma palavra de Isaías 9:1: *Para que se cumprisse o que fora dito por intermédio do profeta Isaías: Terra de Zebulom, terra de Naftali, caminho do mar, além do Jordão, Galiléia dos gentios! O povo que jazia em trevas viu grande luz, e aos que viviam na região e sombra da morte resplandeceu-lhes a luz.* Quem teria pensado em Isaías 9 referindo-se ao Senhor Jesus? O Espírito Santo, porém, interpretou dessa forma e por meio dessa interpretação nós reconhecemos que a citação de Isaías refere-se a Jesus Cristo. Assim, nós vemos que o ministro da Palavra de Deus precisa da interpretação do Espírito Santo e também das mensagens dadas por Deus no passado. Sem a interpretação do Espírito a Bíblia é um livro selado; não serve de base para outros pronunciamentos.

No capítulo 8 de Mateus nós observamos que Jesus curou muitos enfermos e expulsou demônios. Mateus pegou as palavras de Isaías 53.4 afirmando: *Para que se cumprisse o que fora dito por intermédio do profeta Isaías: Ele mesmo tomou as nossas enfermidades e carregou com as nossas doenças* (v. 17). As palavras de Isaías estavam abertas para Mateus e serviram de base para os seus escritos. Somente a Escritura aberta nos oferece o verdadeiro ministério da Palavra.

Em Mateus 12.10-16 Jesus é descrito novamente curando enfermos. Num sábado, Ele viu um homem com a mão ressecada e ordenou que ele esticasse o braço. O homem obedeceu, e sua mão foi curada, ficando igual à outra. O Senhor afastou-se e curou todas as pessoas que O seguiram. No entanto, ordenou-lhes que não divulgassem quem Ele era. Imediatamente o escritor do Evangelho citou as palavras de Isaías 42.1-4, como segue:

> *Eis aqui o meu servo, que escolhi, o meu amado, em quem a minha alma se compraz. Farei repousar sobre ele o meu*

Espírito, e ele anunciará juízo aos gentios. Não contenderá, nem gritará, nem alguém ouvirá nas praças a sua voz. Não esmagará a cana quebrada, nem apagará a torcida que fumega, até que faça vencedor o juízo. E, no seu nome, esperarão os gentios (vv. 18-21).

É a interpretação do Espírito Santo que une as duas passagens de Isaías 42 e Mateus 12. O Espírito de Deus deu a explicação, e Mateus tornou-se ministro da Palavra.

Conseqüentemente, no ministério da Palavra é imperativo ter a interpretação do Espírito Santo – uma interpretação que pessoas comuns não enxergam e que os fariseus e escribas não conseguiam compreender. O próprio Deus dá a interpretação e torna o indivíduo ministro de Sua Palavra. Como ministro da Palavra, Mateus não falou arbitrariamente. Ele baseou suas palavras no Antigo Testamento. Como? Antes de poder usar as palavras do Antigo Testamento como base de seus escritos, ele primeiro teve de se familiarizar profundamente com elas e a seguir receber a interpretação, a revelação do Espírito. Portanto, o ministério da Palavra baseia-se nas mensagens de Deus na Bíblia conforme interpretadas pelo Espírito Santo. No Evangelho de Mateus há muitas citações do Antigo Testamento, algumas delas feitas pelo próprio Senhor Jesus. No entanto, as passagens às quais nos referimos anteriormente foram todas citadas exclusivamente por Mateus. Muitas vezes ele escrevia que tais e tais acontecimentos estavam cumprindo as profecias de Isaías ou de algum outro profeta. É maravilhoso notar que um homem treinado para ser cobrador de impostos pudesse citar tantas passagens do Antigo Testamento. Embora não tivesse treinamento de escriba, nem fosse discípulo dos fariseus como Paulo era, mesmo assim Mateus tinha o ministério da Palavra.

A Necessidade da Interpretação do Espírito Santo

No capítulo 27, Mateus fez outra citação. O Senhor Jesus estava para partir deste mundo; Judas tinha se enforcado; os principais sacerdotes estavam deliberando para comprar o campo do oleiro com o dinheiro da traição. Mateus escreveu: *Por isso, aquele campo tem sido chamado, até ao dia de hoje, Campo de Sangue* (v. 8). Notemos que se trata de uma conclusão do próprio Mateus. Logo depois, porém, ele disse o seguinte: *Então, se cumpriu o que foi dito por intermédio do profeta Jeremias: Tomaram as trinta moedas de prata, preço em que foi estimado aquele a quem alguns dos filhos de Israel avaliaram; e as deram pelo campo do oleiro, assim como me ordenou o Senhor* (vv. 9-10). Ele declarou esse incidente como cumprimento das palavras de Jeremias. Dificilmente chegaríamos a tal conclusão, mas apesar disso Deus deu a Mateus esta interpretação e assim ele foi capaz de fazer o seu julgamento. Mateus tinha o ministério da Palavra.

O que Está Envolvido na Interpretação Histórica

O texto de 1 Timóteo 2.13-14 menciona a história de Adão e Eva: *Primeiro, foi formado Adão, depois, Eva. E Adão não foi iludido, mas a mulher, sendo enganada, caiu em transgressão.* Satanás não tentou Adão diretamente, mas fez isso por meio de Eva. Satanás tentou Eva, e ela por sua vez tentou Adão. O Antigo Testamento limita-se a narrar este fato, mas no Novo Testamento o Espírito Santo explica-o, mostrando que a mulher não deve ter domínio ou autoridade sobre seu marido. O incidente é apresentado com um princípio básico envolvido. O pecado entrou no mundo por meio de uma mulher tentando exercer domínio. Isso de fato faz parte da história humana, mas a revelação de um fato histórico cria a base para o ministério da Palavra.

Ao narrar a história de Abraão em Romanos 9, Paulo cita as palavras de Gênesis 21: *Em Isaque será chamada a tua descendência.... Por esse tempo, virei, e Sara terá um filho* (Rm 9.7, 9). Trata-se de eventos históricos registrados no Antigo Testamento. O Espírito Santo, porém, revelou a Paulo que nem todos os israelitas eram filhos de Abraão, apesar de serem seus descendentes biológicos. Somente aqueles que tinham nascido por meio de Sara eram seus descendentes de fato. Isaque nasceu mediante uma promessa e por isso somente ele foi considerado (em termos espirituais) como semente de Abraão. O mesmo ocorre com aqueles que crêem no Senhor Jesus. Desde que nascem mediante uma promessa divina, somente eles são considerados filhos de Deus. Assim, o Espírito Santo abriu a história de como Abraão gerou Isaque, e Paulo recebeu o ministério da Palavra. Se Paulo tivesse apenas lido a história de Abraão e Sara, sem a interpretação do Espírito Santo, as palavras teriam continuado sendo apenas uma história, e Paulo não teria exercido o ministério da Palavra por meio delas.

A narrativa de Isaque foi explicada de forma ainda mais clara na Epístola aos Gálatas. *Se sois de Cristo, também sois descendentes de Abraão e herdeiros segundo a promessa* (3.29). *Vós, porém, irmãos, sois filhos da promessa, como Isaque* (4.28). Estas foram palavras de Paulo, proferidas por alguém que tinha o ministério da Palavra. Suas palavras derivaram-se de um episódio do Antigo Testamento. O Espírito Santo interpretou essa passagem em especial a Paulo, revelando-lhe o segredo da "promessa". Onde estava esse segredo? Em Gênesis 18.10: *Disse um deles: Certamente voltarei a ti, daqui a um ano [na primavera]; e Sara, tua mulher, dará à luz um filho.* Esta foi a

A Necessidade da Interpretação do Espírito Santo

promessa divina: não hoje, mas no ano que vem. Assim como Isaque nasceu como resultado de uma promessa, nós também, como ele, nascemos de uma promessa. Esta questão é clara como cristal. Paulo pôde nos suprir com a Palavra de Deus porque ele próprio recebeu uma explicação do Espírito Santo. Não é só a profecia que precisa de interpretação divina, mas a história também. Todas as histórias do Antigo Testamento necessitam de alguns comentários.

Outra questão é explicada de forma clara em Gálatas 3: *Irmãos, falo como homem. Ainda que uma aliança seja meramente humana, uma vez ratificada, ninguém a revoga ou lhe acrescenta alguma coisa* (v. 15). Paulo queria dizer que nas questões humanas (e não somente nas questões divinas) um testamento, depois de ratificado, não pode ser anulado e também nada mais pode ser acrescentado. *Ora, as promessas foram feitas a Abraão e ao seu descendente. Não diz: E aos descendentes, como se falando de muitos, porém como de um só: E ao teu descendente, que é Cristo* (v. 16). Notemos como Paulo era um homem cuidadoso. Em Gênesis Deus disse a Abraão que ele abençoaria todas as nações da Terra por meio de sua descendência. Em Gálatas, Deus deu uma explicação ainda mais exata a Paulo. Em hebraico, o termo "descendência" ou "semente" é singular. A reflexão sobre esta única palavra abriu o entendimento de Paulo. Deus não iria abençoar as nações por meio dos muitos descendentes de Abraão. Se este fosse o significado, então a graça divina seria apenas para os judeus e somente eles poderiam espalhar a bênção por toda a Terra. O que é dito aqui é semente ou descendente no singular, ou seja, Cristo, pois somente por meio dele a bênção divina vem sobre toda a Terra. O fato é bem simples: apenas no singular e no plural há uma diferença; apesar disso, esse fato simples ocultava uma verdade extremamente importante. Foi o

Espírito Santo quem expôs um fato tão simples a Paulo e isso o tornou ministro da Palavra.

Vamos mencionar outro exemplo. Abraão creu em Deus e isso lhe foi imputado como justiça. Essas palavras estão registradas em Gênesis 15. Paulo então demonstra que Deus não imputa a *justiça do homem* como justiça, mas imputa a *fé do homem* como sua justiça. Este é o ministério de Paulo. Ele nos mostra hoje que a forma como Abraão foi justificado é a forma como todos os seus descendentes serão justificados. Assim como Abraão foi justificado pela fé, assim todos os que são igualmente justificados são filhos de Abraão. O registro de Gênesis 15 é mais do que um fato histórico; ele também inclui o princípio da justificação pela fé.

Temos de entender que os livros históricos do Antigo Testamento são tão valiosos quanto os livros proféticos. Alguém pode pensar sobre as profecias bíblicas, leis e ensinos como altamente valiosos, considerando as histórias incluídas como meras histórias. Temos de lembrar, porém, que as histórias narradas nas Escrituras são igualmente a Palavra de Deus. Se a Bíblia é confiada a um não crente, ele pode escolher Provérbios e descartar Gênesis. Nós, contudo, sabemos que as profecias, ensinos, leis e histórias registrados no Antigo Testamento são tudo Palavra de Deus. Sua Palavra é uma só e o princípio fundamental também é um só. Aquilo que é falado por meio da história é a Palavra de Deus tanto quanto a mensagem profética. Ambas exigem a interpretação do Espírito. Muitas verdades e revelações do Novo Testamento são extraídas das histórias do Antigo Testamento. No ministério de Paulo nós descobrimos que às vezes o Espírito Santo lhe revelava profecias do Antigo Testamento, e outras vezes, histórias.

A Necessidade da Interpretação do Espírito Santo

O que Está Envolvido na Interpretação Abrangente

A interpretação abrangente é especialmente usada por Deus no ministério da Sua Palavra. Vejamos como Pedro ministrou a Palavra no dia de Pentecostes. Algo maravilhoso aconteceu naquele dia – o derramamento do Espírito e a distribuição dos dons. Homens falaram em línguas e muitas línguas diferentes foram faladas. As 120 pessoas reunidas receberam algo que os israelitas jamais tinham recebido antes. Antigamente o Espírito Santo se manifestava sobre um ou dois profetas, ou até sobre um grupo. No entanto, no Pentecostes todas as 120 pessoas ficaram cheias do Espírito como se tivessem tomado vinho novo. Naquele momento Deus distintamente colocou as chaves do céu nas mãos de Pedro. Dentre os doze, ele claramente assumiu a liderança do grupo e aproveitou a oportunidade para evangelizar. Ele se levantou e disse aos judeus o que tinha acontecido. Explicou os acontecimentos do dia e exortou seus ouvintes a receber o mesmo. Naquele dia Pedro se levantou como ministro da Palavra. Ele recebeu a Palavra de Deus – não palavra de apenas uma passagem das Escrituras, mas palavras de três partes combinadas. Ao agrupar as três partes, a luz começou a brilhar. Não foi uma análise, mas uma síntese. Deus não explicou simplesmente uma coisa para ele; pelo contrário, por meio das três partes reunidas, o Senhor revelou Sua vontade.

Naquele dia de Pentecostes, Pedro baseou sua mensagem em Joel 2, Salmo 16 e Salmo 110. O Espírito Santo combinou essas três passagens e as expôs a Pedro, dando assim luz aos homens. Isso indica que quando alguém está ministrando, não precisa se limitar a apenas uma passagem.

Muitas vezes Deus explica várias passagens juntas. No ministério de hoje, essa interpretação abrangente desempenha um papel importantíssimo.

Vejamos um exemplo. No Antigo Testamento havia quatro objetos que o povo de Israel adorava vicariamente: o bezerro de ouro, a serpente de bronze, a estola de Gideão e a imagem de Mica. Se você for apresentar uma mensagem sobre adoração ilegítima, pode reunir esses quatro exemplos do Antigo Testamento e comentar sobre eles. Muitas questões são solucionadas dessa forma.

Pedro adotou essa linha abrangente no Pentecostes. Ele empregou o texto de Joel 2 para falar sobre o derramamento do Espírito Santo. Usou o Salmo 16 sobre a ressurreição de Jesus Cristo e o Salmo 110 para falar sobre Sua Ascensão. Ele reuniu as três passagens dizendo que o Senhor Jesus tinha ressuscitado, tinha subido ao céu depois da ressurreição e que o derramamento do Espírito Santo que seus ouvintes estavam presenciando era o resultado da Ascensão. Depois de ressuscitar dentre os mortos, o Senhor tinha de subir aos céus. A morte não teve poder de detê-lo, mas Ele subiu ao Pai, aguardando que Seus inimigos fossem colocados debaixo dos Seus pés. O Pai celestial glorificou-O, e o derramamento do Espírito naquele dia era a evidência dessa glorificação. Depois que essas três passagens lhe foram reveladas pelo Espírito, Pedro pôde falar com autoridade.

Podemos encontrar algumas passagens no livro de Atos cujo conteúdo tem uma natureza abrangente. Embora pouquíssimas palavras da mensagem sejam registradas no capítulo 3, mesmo assim elas reúnem Deuteronômio e Gênesis. No capítulo 7 Estêvão teve um ministério muito especial da Palavra. Ele falou com grande poder, embora sem dar muitas explicações. Ele apenas relatou alguns fatos históricos do

A Necessidade da Interpretação do Espírito Santo

Antigo Testamento, começando com o chamado de Abraão em Gênesis 12, depois abordando o período de Moisés no Egito e finalizando com a rebelião dos israelitas no deserto. Ele falou com base em Gênesis, Êxodo e Deuteronômio, citando palavras de Amós e Isaías. Estevão deu poucas interpretações e mesmo assim sua mensagem suscitou a ira dos ouvintes e eles o apedrejaram até a morte. Isso nos mostra que um ministério especial da Palavra não exige grandes explicações; tudo o que é necessário é apresentar os fatos, um após o outro. A mensagem de Estevão vinha do seu espírito e por isso era irresistível. Conforme registrado no capítulo 13, enquanto pregava em Antioquia da Pisídia, Paulo citou palavras de 1 Samuel 13, Salmo 89, Salmo 2, Isaías 55, Salmo 16 e concluiu com uma palavra de Habacuque. Com base nessas palavras abrangentes, ele tirou a conclusão para seus ouvintes: eles tinham de receber a Jesus de Nazaré como Salvador pessoal.

Agora, dentre os três métodos de interpretação que mencionamos, colocaríamos uma ênfase especial sobre a forma abrangente. O livro de Hebreus foi escrito dessa forma, bem como Romanos e Gálatas. Quando dirigia um apóstolo para certo assunto, o Espírito Santo selecionava numerosos textos bíblicos e os explicava. Esse princípio ainda governa o ministério da Palavra em nossos dias. Assim como Pedro, Paulo, Mateus e muitos outros apóstolos ministravam as palavras que recebiam do Espírito extraídas do Antigo Testamento, atualmente nós baseamos nosso ministério da Palavra naquilo que o Espírito Santo nos instrui no Novo e no Antigo Testamento. Os apóstolos nunca falavam de forma descuidada, porque sempre falavam de acordo com a interpretação que recebiam do Espírito Santo concernente às palavras anteriores de Deus. Os ministros de hoje devem observar a mesma regra.

O MINISTÉRIO DA PALAVRA

Nós falamos o que Deus deseja que falemos com base nos dois Testamentos e com a interpretação dada pelo Espírito. Esse processo constitui o ministério da Palavra.

Nem todos, porém, que liam e conheciam o Antigo Testamento podiam falar como Pedro, Paulo ou Mateus. O ministério da Palavra veio somente depois das interpretações do Espírito Santo – era Ele quem iluminava os apóstolos, expondo-lhes o significado de uma palavra em particular, mostrando os fatos por detrás das palavras e apontando as aplicações.

Assim como os ministros do Novo Testamento tinham o ministério da Palavra, nós também devemos buscar o mesmo ministério. Se realmente desejamos ser ministros da Palavra de Deus, devemos ler diligentemente as palavras registradas por Deus, não somente com a mente, mas buscando o Espírito de Deus a fim de que nos revele o que caracteriza a mensagem extraída dos fatos e possamos receber a interpretação. Quando um ministro da Palavra fala, deve falar com base. Jamais deve falar sem um fundamento, nem considerar que a familiaridade com as mensagens passadas de Deus seja suficiente. Deve sempre buscar a interpretação do Espírito Santo.

Lembremos que o ministério da Palavra nos nossos dias deve ser mais rico do que o ministério daqueles que escreveram o Novo Testamento. Não quer dizer que hoje vemos mais profundamente do que eles. A Bíblia foi completada quando o livro de Apocalipse foi escrito. Todas as verdades de Deus tinham sido liberadas, as mais básicas e também as mais elevadas. Como, então, nós dizemos que o ministério da Palavra de hoje deve ser mais rico? Porque Paulo tinha em sua mão somente o Antigo Testamento como base de suas mensagens, enquanto nós temos em nossas mãos os escritos

A Necessidade da Interpretação do Espírito Santo

do próprio Paulo, de Pedro e outros além do Antigo Testamento. Paulo tinha somente 39 livros nas mãos, enquanto nós temos 66 livros. Por isso nosso ministério deve ser mais rico. Nós temos mais material à disposição do Espírito de Deus e mais oportunidades para que Ele nos explique. Portanto, nosso ministério não deve ser mais pobre, mas mais rico.

Precisamos estudar a Bíblia com cuidado; também precisamos que o Espírito Santo interprete-a para nós. No passado muitas pessoas gastaram tempo estudando a Bíblia, e o Espírito Santo lhes deu muita luz. Alguns notaram pequenas diferenças entre palavras, como a diferença entre "Cristo" e "o Cristo", "lei" e "a lei", "fé" e "a fé". Outros descobriram que antes de sua ressurreição o Senhor Jesus é "Jesus Cristo", mas depois Ele é "Cristo Jesus". Em nenhum lugar em toda a Bíblia vemos a frase "em Jesus", mas sempre "em Cristo".

Devemos permitir que o Espírito do Senhor fale conosco e nos mostre o quanto a Bíblia é exata. Ninguém pode ser descuidado e modificar uma palavra, nem mesmo um pronome. Cada vez que o sangue é mencionado, é em relação à redenção; no entanto, cada vez que a cruz é mencionada, é em referência ao trato com o ser humano. "Pregado na cruz" fala sobre o trato com a velha natureza; "carregar a cruz" fala sobre a disciplina do homem natural. Jamais deve haver confusão. Na verdade nós somos a fonte de confusão e não a Palavra de Deus. Quanto às obras do Espírito Santo, Sua atuação e Sua formação são interiores, enquanto os dons são exteriores. Tudo isso prova a exatidão da Bíblia. Assim como os escritores do Novo Testamento viram a exatidão do Antigo Testamento quando as palavras lhes eram explicadas, assim também nós veremos exatidão no Antigo e no Novo Testamento quando o Espírito do Senhor interpretar as palavras registradas neles para nós.

O Ministério da Palavra

Ser ministro da Palavra não é receber uma grande revelação independente, que nunca foi mostrada antes, mas sim ver uma nova luz sobre as palavras que já foram faladas por Deus. Alguns ministros vieram antes de Paulo, e Paulo e os outros apóstolos vieram antes de nós. Os 66 livros da Bíblia são a Palavra de Deus já revelada. A revelação de hoje deve coincidir com a revelação daqueles que nos precederam. A luz de hoje deve ser uma só com a luz dada antes. A Palavra de hoje deve estar unida com a Palavra proferida pelos nossos predecessores. Se Paulo tornou-se ministro por meio da interpretação do Espírito Santo, assim também nós devemos buscar a mesma interpretação a fim de sermos verdadeiros ministros da Palavra. A Palavra de Deus passa de uma geração para outra; Sua palavra gera novas mensagens. Ninguém fala independentemente. Aqueles que chegam depois enxergam mais do que aqueles que vieram antes. Deus fez algo independente com o primeiro homem, mas o segundo homem segue o primeiro e vai mais adiante, enquanto o terceiro segue o segundo e vai um pouco mais além. A Palavra de Deus vai sendo revelada incessantemente; Sua Palavra gera novas mensagens até que haja muitas palavras. Hoje nós temos muito mais revelações.

Se Deus for gracioso e misericordioso para conosco, entenderemos Suas palavras anteriores e seremos ministros sobre esta base. Os ministros são muitos, mas a Palavra é uma só. Os ministros são levantados em cada geração, mas mesmo assim todos os ministérios procedem da mesma Palavra. Assim, aqueles que chegam depois devem pedir a Deus que interprete as mensagens dos seus predecessores a fim de que a Palavra possa ser unida na maior de todas as fontes – a Bíblia – e que os próprios ministros possam se unir a muitos, muitos outros. A verdade fundamental é: há muitos ministros, mas uma só Palavra.

Capítulo Sete

A Necessidade da Revelação do Espírito Santo

Nós já vimos como o ministro da Palavra de Deus deve falar de acordo com as mensagens anteriores de Deus e mediante a interpretação do Espírito Santo. Agora vamos dar um passo adiante: o ministro da Palavra deve preencher outro requisito fundamental: deve ter revelação. Sem o espírito de revelação, ninguém pode ser ministro da Palavra. Para ser um autêntico ministro, o indivíduo deve ter revelação e a unção do Espírito Santo.

Deus Falando por Meio de Homens

A Bíblia é um livro maravilhoso. Sua característica mais especial é que ela fala com palavras humanas, embora seja verdadeiramente Palavra de Deus. Embora tenha sido escrita por mãos humanas, ela é reconhecida por ter sido escrita também pela mão de Deus. Seus muitos termos, frases e afirmações são todos inspirados por Deus. O termo original para "inspirado por Deus" (2 Tm 3.16) é "soprado por Deus". A Bíblia foi soprada por Deus, quando *homens santos falaram da parte de Deus, movidos pelo Espírito Santo* (2 Pe 1.21). Quando Deus estava criando o céu e a Terra, Ele formou o homem do pó; no entanto, o homem só se tornou um ser vivo depois que Deus lhe deu o sopro da vida. Embora a Bíblia tenha sido escrita por mãos humanas e falada pela boca de homens, mesmo assim Deus soprou nela e ela se tornou um livro vivo. Ela se tornou a Palavra viva proferida pelo Deus vivo. Este é o significado da inspiração da Bíblia.

Há elementos humanos e palavras humanas na Bíblia. Muitas pessoas, ao lê-la, deparam-se com esses elementos, mas muitas vezes deixam de enxergar o que Deus tenciona dizer. A marca distinta desse Livro é seu aspecto duplo: por um lado a Bíblia tem uma "casca externa" – sua parte física – similar à parte do homem que é feita de barro; por outro lado ela tem uma parte espiritual, a qual foi soprada por Deus por meio do Espírito Santo. A "casca externa" é aquilo que procede da memória humana (por isso pode ser memorizada por outros homens), da boca de homens (por isso pode ser ouvida por ouvidos humanos), é escrita em linguagem humana (pode ser assimilada pelo entendimento humano) e também foi proferida por homens como doutrina ou ensino (assim pode ser lembrada, entendida e propagada por outras pessoas). Esses elementos, porém, são a "casca externa" da Bíblia, aquilo que é meramente físico. Mesmo as doutrinas e ensinos estão incluídos nesta esfera, porque são a parte física do Livro, que pode ser memorizada e compreendida pelos sábios. A Bíblia, porém, tem uma outra parte. *As palavras que eu vos tenho dito são espírito e são vida* (Jo 6.63). Este é o lado do espírito e da vida. É Deus falando por meio de homens. Os sábios e os entendidos não podem conhecer isso. Sua compreensão exige um outro órgão além de olhos, ouvidos ou cérebro.

Um ministro da Palavra não deve servir a igreja com a parte física da Bíblia. Ele deve ministrar a parte espiritual. Aquele que serve somente com a parte física não é ministro da Palavra. Se a Bíblia não tivesse uma parte física, a questão sobre quem é ministro da Palavra e quem não é seria facilmente resolvida. No entanto, visto que a Bíblia tem uma parte física composta de elementos humanos, e visto que ela pode ser compreendida e aceita pelos homens, surge um grande perigo e uma grande dificuldade. O homem pode usar esses elementos humanos para propagar aquilo que na Bíblia corresponde a ele, considerando isso como ministério da Palavra. Ele se limita a selecionar os elementos humanos da Bíblia e os apresenta à igreja. Uma vez que o conteúdo da pregação inegavelmente é bíblico, ortodoxo e fundamental, o pregador considera a si próprio como servindo a igreja com a Palavra de Deus. Precisamos saber, porém, que tais aspectos humanos não pertencem à parte espiritual da Bíblia e, portanto, constituem as coisas que estão numa esfera muito diferente.

Alguns jovens acham que certamente compreenderão a Palavra de Deus bastando para isso que estudem grego, etc. Eles não percebem que muitos eruditos compreendem muito pouco ou até nada da verdadeira Palavra. Nem todos aqueles que têm profunda noção de hebraico compreendem de fato o Antigo Testamento; da mesma forma, para compreender a fundo o livro de Daniel não basta ter conhecimentos de aramaico. Há uma palavra na Bíblia que vai muito além do grego, hebraico ou aramaico. Trata-se da palavra que todo ministro deve se esforçar para conhecer. Trata-se da Palavra de Deus. Conhecer línguas é uma coisa, mas conhecer a Palavra de Deus é algo totalmente diferente. Ninguém deve se enganar achando que pode ministrar a Palavra de Deus só porque lê bastante a Bíblia. A questão não é se o indivíduo lê a Bíblia. A questão é: *como* ele lê a Bíblia? A Palavra de Deus precisa ser compreendida diante de Sua presença; é preciso reconhecer Sua voz. Somente aquele que tem experimentado essas coisas pode realmente ser ministro da Palavra.

Nós fomos chamados para pregar o Evangelho, e não para apresentar um panorama histórico do Evangelho. Nós servimos as pessoas com o Evangelho, e não com argumentos sobre o Evangelho. A Bíblia de fato oferece os aspectos históricos do Evangelho, como base dos pronunciamentos divinos. De fato, Deus falou na Bíblia. Hoje, porém, Ele precisa soprar novamente sobre a Palavra escrita para trazê-la à vida. O Espírito de Deus deve soprar e despertá-la. Somente por meio da revelação a Bíblia torna-se viva. As palavras na Bíblia e as palavras da Bíblia vivificadas hoje são elementos bem distintos. O que é a Palavra de Deus? É aquilo que Deus está falando hoje, e não o que Ele já falou. Deus já falou anteriormente, por isso nós temos a Sua Palavra do passado. Agora, porém, precisamos que Ele coloque um sopro novo sobre a Sua antiga Palavra. A Palavra de Deus é mais do que aquilo que Ele pronunciou no passado; é também a adição daquilo que Ele está falando hoje.

Lembremos que a Palavra de Deus cobre duas esferas separadas. Uma inclui as letras e as palavras, com a doutrina, o conhecimento, ensino, tipos e várias verdades bíblicas. As coisas nesta esfera podem ser ouvidas por ouvidos humanos e armazenadas na mente, sendo depois transmitidas pela boca. Esta é a esfera física. Por exemplo, você pode ter ouvido que a fé de Abraão foi-lhe imputada para justiça. Deus imputa a

A Necessidade da Revelação do Espírito Santo

fé para a justiça. É possível que você endosse essa doutrina e se o seu poder de memorização e de compreensão for forte, pode até transmitir a outros essa verdade. Você estará apenas falando do elemento externo da Palavra, mas isso não pode ser considerado como ministério da Palavra de Deus.

Notemos que a Bíblia é o que Deus já falou, aquilo que o Espírito soprou no passado. Quando as palavras da Bíblia são liberadas, algumas pessoas captarão a Palavra de Deus, enquanto outras pessoas não perceberão nada. Na Carta de Paulo aos Romanos nós encontramos duas coisas. Uma é o aspecto físico da carta, o qual pode ser lido externamente, escrito talvez com tinta sobre um pergaminho feito de pele de ovelha. Quando os cristãos romanos receberam a carta, podem ter lido apenas as letras e as palavras. O que teriam, então, seria apenas uma carta de um irmão querido (de Paulo), e não a Palavra de Deus. No entanto, se o sopro de Deus soprasse uma vez mais sobre a Epístola na hora de sua leitura – soprando sobre cada palavra –, então eles veriam como eram pecadores e como podiam ser justificados pela fé. Eles creriam na Palavra de Deus e a aceitariam como tal. *Isso* constitui o ministério da Palavra. Ao lerem, eles encontrariam outra palavra, aquela que Paulo estava tentando incluir em sua epístola. É possível que pessoas esclarecidas e com boa memória tornem-se tão familiarizadas com a epístola que possam recitá-la na íntegra; mesmo assim, porém, podem ignorar totalmente o que é de fato justificação pela fé. Podem até conhecer o ensino concernente à justificação pela fé sem, contudo, captar seu real significado. Sim, os homens podem tocar a parte física da Bíblia sem alcançar sua contrapartida espiritual. Eles tocam meramente a doutrina da Bíblia sem tocar no seu conteúdo espiritual. Podem conhecer apenas a aparência da Palavra de Deus sem conhecer sua vida.

Inspiração e Revelação

O que é inspiração? O que é revelação? Inspiração significa que Deus uma vez soprou sobre os livros da Bíblia. Sem inspiração, algo não podia ser escrito a ponto de se tornar uma parte da Bíblia. Conseqüentemente, a inspiração é o fundamento da Bíblia. Deus inspirou Paulo para escrever a Carta aos Romanos; quer dizer, Deus soprou sobre ele a fim de que escrevesse a carta.

O que, então, é revelação? Revelação significa que Deus novamente sopra sobre Sua Palavra quando eu leio Romanos dois mil anos depois, a fim de que eu possa conhecê-la como a Palavra de Deus. A inspiração é dada somente uma vez; a revelação é dada repetidamente. Por revelação queremos dizer que hoje Deus novamente sopra sobre Sua Palavra, o Espírito Santo derrama luz sobre ela para mim; a unção do Espírito Santo está sobre a Palavra de modo que novamente eu vejo o mesmo que Paulo viu. Deus faz algo hoje para reviver a inspiração de ontem. É algo tremendo! É um ato extremamente glorioso!

Então, o que é revelação? A revelação ocorre quando Deus reativa Sua Palavra mediante o Seu Espírito, a fim de que ela seja viva e cheia de vida como na época em que foi escrita. Como aconteceu quando Paulo, cheio de vida, foi usado por Deus para escrever e assim a palavra tornou-se viva, assim também hoje o Espírito Santo mais uma vez a unge para que ela tenha o mesmo poder, luz e vida que teve no início. Isso é revelação. É inútil apenas ler, pois uma pessoa pode ler a Bíblia toda sem ouvir Deus falar com ela nenhuma vez. A Bíblia é a Palavra de Deus: Deus de fato falou essas palavras. No entanto, para torná-la viva, a pessoa deve pedir a Deus que fale algo novo. Quando Deus fala novamente, as coisas

A Necessidade da Revelação do Espírito Santo

acontecem – a Palavra de Deus, luz e vida se manifestam. Se não houver essa revelação fresca, a Bíblia continua sendo um livro selado.

Suponha que uma centena de irmãos e irmãs esteja reunida num certo local e haja alguém pregando a Palavra. Deus está falando. Nem todos os presentes, porém, podem ouvir Sua Palavra. Todos ouvem o som e as frases, embora alguns ouçam a Palavra de Deus enquanto outros não ouvem. Algumas pessoas captam as coisas nas duas esferas; outras captam as coisas em apenas uma esfera. Alguns ouvem as explicações, a verdade ou os argumentos pela voz humana; eles entendem e, se tiverem uma boa memória, podem transmitir para outras pessoas mais tarde; mesmo assim, pode ser que não ouçam a Palavra de Deus. Ouvir a Palavra de Deus é algo bem diferente. A Palavra de Deus não é simplesmente doutrina ou ensino. Precisamos ouvir algo além do que ouvimos fisicamente. Essa audição extra é quando Deus fala conosco. Nós ouvimos e aceitamos; podemos agradecer a Ele por nos permitir ouvir a Sua voz. Assim, podemos saber sem sombra de dúvida que recebemos algo espiritual.

Eis aqui outra ilustração. Cem pessoas podem estar ouvindo a pregação do evangelho. Noventa e nove podem entender o significado, a doutrina, o ensino e a verdade do que é dito; podem até concordar e demonstrar aprovação; no entanto, talvez apenas uma pessoa consiga captar as palavras que estão além do que é apresentado. Esta pessoa, tendo ouvido a voz de Deus, curva sua cabeça e ora: "Eu sou um pecador; ó Deus, salva-me!". Somente este homem ouviu a voz de Deus; os outros 99 tocaram apenas no lado humano e físico da Palavra. Basicamente, é assim que as duas esferas funcionam.

O mesmo é verdade em relação à Bíblia. Ela é de fato a Palavra de Deus. No passado Deus falou por meio de Paulo, de Pedro e de João. Quando, porém, alguém lê os escritos deles hoje, pode entender todas as palavras, frases, doutrinas, verdades e ensinamentos; apesar disso, Deus não falou com o indivíduo. Ele pode ler a Bíblia durante dez anos sem jamais ouvir Deus falar uma única palavra. Você já ouviu pessoas confessarem: "Eu li a Bíblia durante vinte anos, mas hoje tenho de admitir que não sei absolutamente nada sobre ela". Ou já ouviu alguém dizer: "Eu li a Bíblia durante cinco (ou dez) anos. Pensei que sabia tudo. Um dia, porém, recebi a misericórdia de Deus; Ele falou comigo; então me dei conta de que antes daquilo eu não sabia nada". Todos que já tiveram esse tipo de experiência reconhecem essa diferença.

No ministério da Palavra deve haver a Palavra de Deus além da palavra do homem; em adição ao ato do homem abrir sua boca e falar, Deus também deve falar. Se Deus não falar, não haverá nenhum efeito espiritual. São dois mundos paralelos. Um é o mundo da doutrina, da verdade, do ensino, das letras, da linguagem e da fraseologia; aqueles que são diligentes, inteligentes, sábios e possuem uma boa memória podem compreender este mundo. O outro mundo, porém, é totalmente diferente, embora Deus fale novamente o que já tinha falado antes. Será que agora vemos a diferença? A Bíblia registra sem qualquer erro o que Deus prometeu no passado, mas a Palavra de Deus hoje é Ele falando novamente conosco o que já falou antes. Na Palavra de Deus há a necessidade de Deus falar novamente conosco; na luz de Deus há necessidade de outra iluminação Dele; na revelação divina há uma revelação fresca aguardando para mostrar aquilo que já foi revelado. Esse é o fundamento do ministério da Palavra de Deus.

A Necessidade da Revelação do Espírito Santo

Para ajudar aqueles que ainda não enxergam claramente o relacionamento entre as palavras da Bíblia e a palavra de revelação atual, vamos usar a seguinte ilustração: suponha que você teve a experiência de sentir que o Senhor falou por seu intermédio. Embora a proclamação não tenha sido muito forte, pelo menos você teve o sentimento de que o Senhor deu-lhe algumas palavras especiais. Você sentiu a unção do Espírito Santo. Dois meses depois você se vê no mesmo tipo de situação, encarando o mesmo tipo de pessoas com o mesmo tipo de necessidade. Você tem confiança de que é capaz de ajudar aquelas pessoas agora, pois falou a elas "com sucesso" há apenas dois meses. Hoje, porém, ao terminar de falar, você se sente derrotado e sem poder. Onde está o problema? O problema é que você presumiu que se pregasse a mesma palavra que pregou antes, o Espírito Santo iria ungir novamente o que já tinha ungido. No entanto, para sua surpresa, isso não ocorreu. Não há garantia de que a palavra ungida anteriormente pelo Espírito Santo será ungida novamente cada vez que for pregada. Lembremos que a palavra da revelação que recebemos antes não é garantia de que sempre teremos uma palavra quando quisermos. A palavra permanece, mas a revelação não. Você pode repetir a palavra, mas não pode repetir a revelação ou a unção. Revelação e unção estão nas mãos de Deus. Você pode apenas repetir as palavras, mas não pode repetir a revelação. Hoje você prega para um pecador a mensagem de João 3.16 e ele pode se converter. Mais tarde você se encontra com outra pessoa – talvez até no mesmo local – e cita o mesmo versículo pela segunda vez. Desta vez, porém, o Espírito Santo fica em silêncio, e assim a pessoa continua sem salvação. O texto não mudou. A questão é se houve ou não unção ou revelação.

Todo ministro da Palavra de Deus deve aprender uma lição. Não somos ministros da Palavra porque compreendemos bem as palavras da Bíblia, nem porque captamos algo concernente às suas verdades, nem porque somos capazes de citar passagens bíblicas de memória. De fato nós precisamos ser capazes de entender, enxergar e citar as passagens bíblicas, mas além desses requisitos ainda existe outro mais fundamental. A posse desse requisito ou a falta dele determina se temos ou não o ministério da Palavra. Esse fator determinante é a revelação do Espírito Santo. Não deve haver apenas palavras similares; deve haver também a revelação correspondente. A ausência da revelação correspondente impede a presença do ministério. Essa verdade deve estar no fundo do nosso coração.

Atualmente, para assegurarmos resultados similares ao que Deus fez no passado, Ele tem de falar novamente. A mensagem que pode ser repetida só será efetiva quando recebe uma unção fresca de Deus. Nisso podemos ver o equilíbrio da verdade. Por um lado, Deus usa novamente o que já falou antes. Aquele que prega a Palavra de Deus hoje não deve buscar palavras novas e independentes, mas basear seu ministério nas palavras que Deus já proferiu no passado. Por outro lado, porém, o que ele prega não são mensagens ultrapassadas. É a mesma Palavra e ao mesmo tempo não é exatamente a mesma. É a mesma Palavra, embora Deus não falará se não houver uma base fundamental, pois a Palavra de Deus é uma só. Apesar disso, não é a mesma Palavra porque agora há uma unção fresca e uma nova revelação dadas pelo Espírito Santo. Sem a unção e a revelação atual do Espírito Santo a palavra antiga não produzirá novos resultados. Este equilíbrio – o antigo mais o novo – deve ser cuidadosamente mantido diante de Deus.

Os pregadores têm diante de si uma grande tentação, que é se limitar a repetir as mesmas mensagens. Eles acham que fazendo isso terão o mesmo poder, luz e revelação. Temos de reconhecer, porém, que são dois mundos distintos. Podemos usar as mesmas palavras com as mesmas verdades, testemunho, exemplos e ilustrações – pois esses elementos podem ser repetidos; no entanto, Deus pode não repetir a mesma efetividade. Podemos ser capazes de repetir os elementos externos, mas somos totalmente incapazes de repetir os elementos interiores da Palavra. O mundo de Deus continua sendo Dele, enquanto os elementos humanos pertencem ao homem.

Podemos dar um exemplo que ajuda na compreensão desse ponto. O princípio dos pronunciamentos divinos é o mesmo princípio da ressurreição. O que é ressurreição? Não é dar vida, mas é tirar vida da morte. Quando uma criança nasce, ela não está ressuscitando; somente quando uma pessoa morta volta à vida podemos dizer que houve ressurreição. A filha de Jairo, o filho único da viúva de Naim e Lázaro foram todos ressuscitados porque primeiro tinham morrido e a seguir foram trazidos de volta à vida.

É com base no princípio da ressurreição que ministramos a Palavra de Deus. Uma vez Deus colocou vida sobre Sua Palavra. Hoje essa Palavra precisa receber nova vida. Este é o princípio da ressurreição – bem diferente e distinto do princípio da criação. O primeiro pronunciamento é segundo o princípio da criação, mas o atual ministério da Palavra é diferente. A Palavra de Deus já existe, mas Deus precisa falar novamente. Quando Ele coloca vida na palavra, tornando-a viva nos lábios dos pregadores, isso é ressurreição. Na história de Arão, todas as varas tinham estado vivas, pois eram feitas de madeira. No entanto, naquele momento, porém, estavam mortas. Quando foram colocadas diante da Arca, somente a vara de Arão floresceu e deu frutos. Isso é ressurreição.

A palavra de Deus segue o princípio da ressurreição. Não se trata de cortar uma outra vara, mas sim fazer a vara original florescer. Visto que a Palavra de Deus é uma e apenas uma, ninguém pode pregar a Palavra deixando a Bíblia de lado. Continua sendo a mesma vara, mas a vida entrou nela por meio da ressurreição. A vara deve ser a mesma, a fim de que a vida possa entrar nela pela segunda vez. A Palavra é a mesma, contudo a vida passa através dela repetidamente. A Palavra só é viva porque a cada vez recebe vida, luz e revelação. Todo aquele que deixa a Bíblia de lado é rejeitado por Deus, pois rejeitou Sua Palavra viva. Toda Escritura é inspirada por Deus e, portanto, deve ser respeitada. Sem a Bíblia como fundamento, não pode haver fé genuína nem qualquer revelação de Deus. Apesar disso, mesmo *com* as palavras da Bíblia, o pregador ainda tem de buscar mais revelação e iluminação de Deus.

O princípio é: uma inspiração, mas muitas revelações; uma Palavra, porém pronunciada repetidamente por Deus; uma Bíblia, mas freqüentes unções do Espírito Santo. Assim o ministério da Palavra de Deus é estabelecido. Sempre que há falta de unção, iluminação e revelação (e assim só resta a exposição exterior das Escrituras), o ministério da Palavra é interrompido. Devemos tomar nota disso diante de Deus. Os elementos humanos tais como diligência, memória, capacidade de compreensão e inteligência são muito úteis, embora em si mesmos sejam insuficientes. Para que o ministério seja efetivo, deve haver nova manifestação da misericórdia divina e Deus precisa falar de novo. A realidade é que a menos que Deus esteja disposto a falar, os homens jamais ouvirão a Palavra de Deus. É algo que está acima da capacidade humana. Se o Senhor permanecer em silêncio, os pronunciamentos de todos os ministros serão em vão. Portanto, é extremamente

A Necessidade da Revelação do Espírito Santo

importante que o Senhor fale. Qualquer pessoa que aprendeu a falar em espírito já testemunhou a total inutilidade da competência humana. As palavras podem ser as mesmas, e até o tom de voz e os sentimentos podem corresponder; entretanto, o que é pronunciado pode ser totalmente diferente.

Lembremos sempre que a Palavra de Deus precisa ser pronunciada por Deus. A Bíblia é a Palavra de Deus e requer que Ele fale novamente. A tarefa dos pregadores é permitir que Deus fale por seu intermédio. Eles devem servir a Deus nessa esfera espiritual. Existe um abismo intransponível entre ministrar a Palavra de Deus e ministrar Teologia. Sempre que você ouvir um sermão, não preste atenção somente na correção doutrinária, no ensino ou na verdade. Não menosprezamos essas coisas, mas todos os que já aprenderam diante de Deus e tiveram os olhos abertos buscam algo mais. Talvez o pregador tenha boas idéias, mas talvez simplesmente não tenha a Palavra de Deus. Outro pregador pode não ser tão talentoso, no entanto pode realmente transmitir a Palavra de Deus. A grande marca entre duas pregações é se Deus está de fato falando.

Se os pregadores de hoje aprenderem esta lição, as igrejas deixarão de enfatizar demais os dons; as pessoas pensarão mais no ministério. Nos nossos dias o problema é que muitos jovens não sabem como discernir; como resultado, os dons são altamente enfatizados nas igrejas enquanto o ministério é ignorado. As palavras podem ser exatamente as mesmas, embora as esferas possam ser diametralmente opostas. As pessoas com discernimento perceberão. Certa vez um irmão me disse: "Eu preguei a mesma mensagem que o irmão Fulano!". Esse irmão se achava inteligente, porque conseguira repetir a mesma mensagem do outro irmão; na verdade, porém, ele não sabia em qual esfera tinha falado. Alguns pregadores falam com a mente e outros com o espírito. Esses elementos pertencem a duas esferas distintas.

O que é a Palavra de Deus?

Através da história da Igreja podemos ver que Deus começou uma obra de restauração na época de Martinho Lutero. Ele começou levantando Lutero e seus contemporâneos para restaurar a verdade da justificação pela fé. Mais tarde, especialmente depois do ano de 1828, muitas outras verdades foram recuperadas. Hoje, no coração de todos aqueles que amam ao Senhor, há uma pergunta: o quanto o Senhor avançou nessa obra de restauração?

Falar o que os apóstolos falaram e proclamar as verdades apresentadas na Bíblia não deve ser visto como restauração. A proclamação da verdade do Novo Testamento pode não trazer revelação do Novo Testamento, assim como a pregação das mensagens apostólicas não significa necessariamente trazer a palavra deles. Atualmente muitas pessoas estão pregando sobre batismo sem saber exatamente o que é batismo; outros dão explicações sobre a imposição de mãos sem compreender realmente seu significado; falam sobre a Igreja sem ver o que é Igreja; falam sobre obediência sem reconhecer a autoridade de Deus. Não conclua que o mesmo tópico contém o mesmo conteúdo ou que a mesma palavra oferece a mesma substância. Muitas pregações são feitas na esfera da letra. Isso não é ministério da Palavra.

Para ser ministro do Novo Testamento o indivíduo deve ter revelação do Novo Testamento. Somente quando recebermos a mesma unção dos apóstolos teremos o ministério da Palavra. Cada nova revelação em comum com a revelação dos

A Necessidade da Revelação do Espírito Santo

apóstolos nos oferece uma ocasião de ministério. O simples fato de repetirmos as palavras dos apóstolos não nos garantirá a mesma Palavra de Deus que eles tiveram, pois a Palavra de Deus vai muito além disso. Suponha que em nossos dias houvesse uma igreja que estivesse sendo seduzida a se desviar como aconteceu com os gálatas. Como você os ajudaria? Poderia se limitar a copiar a Epístola de Paulo aos Gálatas e enviar para eles? A Carta aos Gálatas foi escrita por Paulo, mas por meio dela eles receberam a Palavra de Deus. Se você fosse enviar uma cópia dessa carta para essa igreja de hoje, eles poderiam compreender suas palavras copiadas – mas não a Palavra de Deus. É possível as pessoas terem contato com a Bíblia, sem, contudo, receber vida. Isso, na verdade, é uma ocorrência muito comum. As pessoas tocam nas letras que Deus usa, mas não na Palavra. Tocam na Bíblia inspirada por Deus, mas não na revelação dada pelo Espírito Santo.

Por que tantas pessoas lêem a Bíblia em nossos dias, mas aprendem muito pouco, e muitas pessoas pregam a Bíblia, mas raramente pregam a Palavra de Deus? É porque os homens tocam apenas a casca externa da Palavra de Deus. Eles encontram o que Deus falou no passado, mas perdem de vista o novo pronunciamento divino por meio da Palavra registrada.

Temos de reconhecer que a responsabilidade do ministro da Palavra é permitir que Deus fale por meio da Bíblia. Ele deve ser uma pessoa por meio de quem Deus possa falar. Quando o ministro abre a Bíblia e fala, as pessoas devem ouvir mais do que as letras podem dizer; devem ouvir a voz de Deus. Se os ouvintes intencionalmente fecharem o espírito, coração e mente, tornam-se surdos à voz divina; no entanto, se estiverem dispostos a abrir, certamente ouvirão Deus falando. Se as pessoas falharem em ouvir a Palavra de Deus quando expomos as doutrinas da Bíblia, isso indica nosso completo fracasso como ministros da Palavra. Quando um verdadeiro ministro da Palavra prega a Bíblia, Deus está disposto a falar aos homens. Então as pessoas sentirão que Deus falou com elas hoje e se submeterão totalmente.

A debilidade das igrejas nos nossos dias é causada pela precariedade dos ministros. Podemos culpar os outros por não terem mais revelações, mas por que *nós* não lhes damos mais revelações? Esse é o nosso trabalho como pregadores. Podemos acusar as igrejas de pobreza; no entanto, por que nós não lhes damos a abundância necessária? É responsabilidade dos ministros da Palavra tornar as igrejas ricas. A efetividade de um ministro da Palavra é demonstrada por sua capacidade de levar as pessoas a ouvirem a Palavra de Deus e não somente as palavras da Bíblia. Em seus lábios as palavras da Bíblia se tornam a Palavra de Deus. Ela se torna luz e vida e não somente letras. Como alguém pode cometer o grave erro de encarar a habilidade de pregar doutrinas bíblicas como qualificação para o ministério da Palavra? Aquele que prega dessa maneira oferece apenas a casca exterior da Bíblia aos ouvintes. Tal indivíduo não será reconhecido como ministro da Palavra.

Alguns sugerem que a Igreja precisa de revelação; reconhecemos a validade dessa sugestão, mas devemos perguntar quem é que trará revelação à Igreja. Não podemos colocar toda a responsabilidade sobre os membros. O que torna a Igreja pobre é a precariedade dos ministros da Palavra. A falta de profetas e de visões priva o povo de Deus de luz. Uma vez que Deus dá luz à Igreja por meio dos Seus ministros, a responsabilidade desses é enorme.

Jamais devemos supor que porque pregamos as mesmas mensagens bíblicas que os apóstolos pregavam nós somos

A Necessidade da Revelação do Espírito Santo

seus sucessores. Somos verdadeiros sucessores apostólicos somente quando recebemos a mesma revelação e unção que eles receberam. O fator determinante não é pregar a mesma doutrina, mas sim receber a mesma unção. O que pode ser mais sério na Igreja do que a falta de alguém que providencie para o povo de Deus Palavra, revelação e luz? Os ministros da Palavra devem ser responsáveis por suprir a Igreja com a Palavra de Deus. O ministro é aquele sobre quem há luz, revelação e unção do Espírito Santo. Quando ele se levanta e fala sobre a Bíblia, Deus está disposto a falar por meio da Bíblia. É assim que os pregadores suprem a Palavra de Deus para a Igreja.

O problema atual está exatamente aqui: muitos podem pregar sobre a Bíblia, mas Deus não fala. Conhecer as palavras da Bíblia é algo bem diferente de se obter uma palavra de Deus. Você pode ler a Bíblia durante vários dias sem que Deus fale. Então, um dia Deus fala com você. Tudo muda para melhor. Você exclama: "Durante anos eu li de forma tão vaga que praticamente não aprendi nada – mas agora eu sei!". Daí vemos que o fator determinante é se Deus realmente fala conosco quando lemos a Bíblia.

Algumas pessoas jamais têm um *insight*[1] espiritual depois daquele que receberam quando se converteram. Já que Deus não fala muito com elas, obviamente não estão acostumadas às coisas espirituais. Ou então uma pessoa pode ouvir dez vezes a mesma mensagem sem sentir nada de diferente; um dia, porém, ela ouve um pregador dizer as mesmas coisas e,

---

[1] "Discernimento, critério, compreensão clara da natureza íntima de uma coisa, insight" (Dicionário Michaelis). É nessa última acepção que a palavra foi usada. (N.E.).

estranhamente, não consegue suportar. Isso prova que por dez vezes ela ouviu apenas as palavras da Bíblia, enquanto desta vez ela ouviu a Palavra de Deus. Que contraste! O que é a Palavra de Deus? É o próprio Deus se manifestando. Deus deve falar com você e também deve falar por seu intermédio. Se Deus estiver em silêncio, nós não temos como proclamar Sua Palavra. Portanto, um ministro precisa ser alguém que recebe revelação de Deus.

Todos os problemas concernentes à edificação da Igreja, a fim de que o Corpo de Cristo alcance a plenitude da estatura de Cristo e todos sejam unidos na fé, concentram-se nos ministros da Palavra. Deus deseja estabelecer Seus ministros a fim de que eles desempenhem a obra do ministério. O texto de Efésios 4 não nos diz que o pleno crescimento e a unidade da Igreja são alcançados por meio da obra do ministério? A dificuldade hoje é a falta de ministros. É possível que não haja falta de pregações, embora pouquíssimas vezes a Palavra de Deus é realmente ministrada. O fato de que o povo de Deus hoje carece de luz e de revelação é uma responsabilidade que não pode ser lançada sobre os ombros dos pequeninos. O fracasso dos ministros de proclamar a verdadeira palavra é a causa de os pecadores não se converterem e de os santos não serem edificados. Se os ministros forem incompetentes, como podemos esperar que as igrejas sejam competentes?

O âmago da questão é estarmos alinhados e íntimos com as revelações de Deus. Como ministros, nós não recebemos luz e por isso não podemos ajudar os outros a buscar iluminação. A dificuldade está em nós, não neles. Esta questão é extremamente séria. Uma das razões para a atual impotência das igrejas é que o nosso Senhor não encontra um meio de Se revelar. Ele busca ministros da Sua palavra. A Palavra de Deus não é escassa nem a Sua luz diminuiu; a dificuldade

A Necessidade da Revelação do Espírito Santo

encontra-se na falta de obreiros. Sem obreiros capazes Deus não pode se revelar, e Sua luz fica bloqueada.

É um absurdo que muitos que se consideram porta-vozes de Deus não esperam que Deus fale com eles nem antecipam Sua revelação quando pregam a Bíblia. O único interesse deles é apresentar as doutrinas nas quais acreditam. Estão primariamente (ou até unicamente) interessados em suas próprias descobertas e formulações. Uma vez que tenham oportunidade de transmitir suas doutrinas, sentem-se satisfeitos. No entanto, não devemos esquecer que a Palavra de Deus é a manifestação de Deus. Se Ele não se manifestar, as pessoas ouvem apenas as palavras *do* pregador. Quando *Ele* se manifesta, as pessoas começam a receber revelação. Sem Deus, tudo aquilo que é dito apenas passa de uma pessoa para outra, de uma boca para outra, de um cérebro para outro.

Você já viu a diferença entre pregar as palavras da Bíblia e permitir que Deus se revele aos homens? Você já percebeu que, embora suas muitas palavras possam ser um primor de lógica, inteligência e organização, talvez Deus não fale por meio delas? Quando você reconhece isso, pode se prostrar diante de Deus dizendo: "Ó Senhor, não quero pregações desprovidas de revelação; não quero pregações que não compartilhem luz sobre os ouvintes". Não seja um pregador profissional. Uma vez que você se torna profissional, você prega não porque tem algo a dizer da parte de Deus, mas porque tem a obrigação de pregar. A menos que você gaste muito tempo diante de Deus, não pode ser um verdadeiro ministro da Palavra. Deus deseja levantar ministros no nosso meio. Que possamos receber misericórdia divina, para termos revelação em Sua Palavra e que possamos compartilhar com outros. O que mais podemos buscar, exceto a misericórdia de Deus? Se tudo o que tivermos for um livro – mesmo que seja a Bíblia –, nossa pregação será morta. Um ministro da Palavra deve ministrar de acordo com a Bíblia – embora necessite mais do que isto; precisa da revelação do Espírito Santo.

Que possamos aprender a esperar a unção do Espírito Santo. Precisamos orar com freqüência: "Ó Deus, derrama novamente a Tua unção sobre a Tua Palavra!". Quando nos levantarmos para pregar, que possamos dizer ao Senhor: "Ó Senhor, coloca Tua unção sobre a palavra que vou pregar". Hoje é tempo de pedirmos misericórdia. Os ministros têm falhado em levar a Palavra de Deus aos homens! A pobreza deles causa a pobreza da Igreja. Muitos pregadores concentram-se em verdades e conhecimento; poucos buscam revelação. Não é de estranhar que as pessoas não se convertem depois que ouvem o evangelho. A vida de Deus não tem sido liberada por meio das pregações. As palavras são vazias e sem valor. Falhamos porque permitimos que as pessoas nos elogiem e elogiem as doutrinas que pregamos em vez de fazermos com que caiam por terra por causa da tremenda luz e revelação que lançamos sobre elas por meio da Palavra. Hoje precisamos urgentemente deixar de levar as pessoas a admirarem a Palavra de Deus, mas que sejam profundamente tocadas pela luz de Deus. Se os ministros da Palavra falham em produzir esses resultados, algo está errado com eles. Que Deus tenha misericórdia de nós todos.

Capítulo Oito

A Palavra de Deus em Cristo

No princípio era o Verbo, e o Verbo estava com Deus, e o Verbo era Deus.
Ele estava no princípio com Deus (Jo 1.1-2).

Essa passagem indica sem qualquer sombra de dúvida que o Filho de Deus é essa palavra; Cristo é a Palavra. Por isso o ministério da Palavra é a ministração do Filho de Deus. Servir a Igreja com a Palavra de Deus é ministrar o Filho de Deus. Da mesma forma que os sete diáconos em Atos 6 deviam servir às mesas, os ministros da Palavra de Deus deviam servir o povo com a Palavra de Deus. Essa Palavra, porém, é mais do que simples palavras; é uma Pessoa, ou seja, é o próprio Cristo.
Alguns ministros podem servir unicamente com as doutrinas da Bíblia. Eles não têm como ministrar o Senhor Jesus porque vivem na esfera da letra. Seu serviço consiste na transmissão de verdades, doutrinas e ensinamentos. Está

além de sua habilidade ministrar Cristo além das doutrinas. Muitos ministros têm essa dificuldade – não conseguem compartilhar Cristo com outras pessoas. No entanto, a Palavra escrita de Deus é Cristo. A Bíblia é mais do que simplesmente um livro em cujas páginas podemos encontrar certas doutrinas e ensinamentos. Se a Bíblia for divorciada da Pessoa de Cristo, ela se torna um livro morto. Numa esfera ela é apenas um livro; em outra esfera, porém, ela é o próprio Cristo. Os ministros que se movem na primeira esfera, encarando a Bíblia meramente como um livro, não são qualificados para serem verdadeiros ministros da Palavra de Deus. Podem apenas transmitir doutrinas, verdades e ensinamentos; são incapazes de realmente servir a Cristo.

A Bíblia é Mais do Que um Livro

As palavras de Paulo são claras: *Assim que, nós, daqui por diante, a ninguém conhecemos segundo a carne; e, se antes conhecemos Cristo segundo a carne, já agora não o conhecemos deste modo* (2 Co 5.16). Nós não conhecemos mais a Cristo segundo a carne, mas o conhecemos segundo o Espírito Santo. Em outras palavras, nós não o conhecemos meramente como Jesus de Nazaré – o Jesus histórico. Mais do que isso, nós o conhecemos como o Cristo, no Espírito Santo. Devemos lembrar que aqueles que conheceram a Jesus historicamente podem não tê-lo conhecido como o Cristo. Nos Seus dias na Terra, os judeus alegavam conhecê-lo: *Não é este o filho do carpinteiro?*, eles diziam, *não se chama sua mãe Maria, e seus irmãos, Tiago, José, Simão e Judas? Não vivem entre nós todas as suas irmãs?* (Mt 13.55-56). Eles supunham que tendo essas informações eles o conheciam. No entanto, nós sabemos que eles não conheciam verdadeiramente a Jesus.

A Palavra de Deus em Cristo

João Batista foi enviado por Deus. Ele deu testemunho, dizendo: *Após mim vem aquele que é mais poderoso do que eu, do qual não sou digno de, curvando-me, desatar-lhe as correias das sandálias. Eu vos tenho batizado com água; ele, porém, vos batizará com o Espírito Santo* (Mc 1.7-8). Desatar as correias das sandálias de alguém era um trabalho bem humilhante; na época do Império Romano, isso era feito por um escravo; quando o amo chegava a casa, o escravo ajoelhava-se e desatava as correias. João sabia que ele era extremamente inferior Àquele que viria. Entretanto, apesar de ter plena clareza em relação a esse fato, João não percebia quem era o que viria depois dele. Ele não sabia que o Senhor Jesus era "Aquele". Segundo a carne, João era primo do Senhor. Eles deviam se conhecer desde a infância. Mesmo assim João não tinha idéia de que o Senhor Jesus era Aquele que havia de vir. *Eu não o conhecia*, ele admitiu; *aquele, porém, que me enviou a batizar com água me disse: Aquele sobre quem vires descer e pousar o Espírito, esse é o que batiza com o Espírito Santo. Pois eu, de fato, vi e tenho testificado que ele é o Filho de Deus* (Jo 1.33-34). Na época em que o Senhor Jesus foi batizado, o Espírito Santo desceu e pousou sobre Ele; mediante esse sinal João reconheceu que Jesus, seu primo de 30 anos de idade, era o Filho de Deus. Embora tivesse vivido tão próximo de Jesus, João não o conhecia. Somente depois que o Espírito Santo abriu seus olhos, ele reconheceu Jesus como Aquele que havia de vir. Por isso vemos que é possível os homens conviverem com o Senhor Jesus durante trinta anos sem realmente conhecê-lo. Durante trinta anos João esteve em contato constante com o Senhor Jesus; no entanto, tudo o que ele conhecia era seu primo, o Jesus histórico, Aquele que era de Nazaré. Nunca antes ele tinha reconhecido o Jesus de Nazaré como Deus.

O Senhor Jesus *é* Deus, mas quando Ele viajou incógnito pela Terra os homens não O reconheceram como tal. É necessário que haja uma revelação do Espírito Santo para vermos Jesus como o Filho de Deus, como Cristo. Da mesma forma, podemos dizer que a Bíblia é apenas um livro, embora talvez mais especial do que qualquer outro livro que já foi escrito; quando, porém, o Espírito de Deus abre os olhos dos homens, eles reconhecem a Bíblia como a revelação divina – o livro que revela o Filho de Deus. Uma vez que Jesus de Nazaré é o Filho de Deus encarnado, a Bíblia O revela como tal. Se a Bíblia é apenas um livro comum para você, então você não pode reconhecê-la como o Oráculo Divino. Aquele que não conhece o Filho de Deus não conhece a Jesus; e aquele que não conhece o Filho de Deus não conhece de fato a Bíblia. Todo aquele, porém, que conhece Jesus O conhece como Filho de Deus; e todo aquele que conhece a Bíblia também conhece o Filho de Deus revelado nela.

Este livro, a Bíblia, revela o Filho de Deus, o Cristo. Não se trata de um livro como os outros. Enquanto o Senhor Jesus estava vivo sobre a Terra Seus contemporâneos expressaram várias opiniões e críticas sobre Ele. Alguns disseram que Ele era Jeremias; outros disseram que era um dos antigos profetas. Alguns insistiam numa opinião, enquanto outros afirmavam o contrário. Por isso Ele perguntou aos Seus discípulos: *Mas vós, quem dizeis que eu sou?*. Simão Pedro replicou: *Tu és o Cristo, o Filho do Deus vivo.* O que o Senhor Jesus disse a seguir? *Bem-aventurado és, Simão Barjonas, porque não foi carne e sangue que to revelaram, mas meu Pai, que está nos céus. Também eu te digo que tu és Pedro, e sobre esta pedra edificarei a minha igreja* (Mt 16.15-18). É preciso uma revelação celestial, e não inspiração humana, para conhecer o Senhor Jesus: sem tal revelação não haveria Igreja, pois a Igreja é edificada sobre este fundamento.

A Palavra de Deus em Cristo

Reconhecer o Jesus histórico como o Cristo, o Filho de Deus – esse é o fundamento sobre o qual a Igreja é edificada.

Algumas pessoas podem afirmar com pesar: "Que pena! Nasci com dois mil anos de atraso! Se eu tivesse nascido vinte séculos antes, teria ido a Jerusalém ver o Senhor Jesus com meus próprios olhos. Eu teria crido nele, apesar de os judeus não o reconhecerem como o Filho de Deus". Devemos dar a seguinte resposta: mesmo se você tivesse convivido diariamente com Ele, caminhado junto com Ele e trabalhado ao Seu lado, mesmo assim talvez você não O reconhecesse. Certamente você conheceria o homem Jesus, mas não teria reconhecido quem Ele era de fato. Quando o Senhor estava aqui na Terra, os homens tinham muitas idéias a Seu respeito. Todos reconheciam que Ele era diferente das outras pessoas, embora não O compreendessem. É preciso conhecer realmente a Jesus e não criar teorias a respeito dele. No entanto, como alguém pode conhecê-Lo? Em primeiro lugar (e o mais importante), Deus precisa nos iluminar a fim de que possamos ver que Jesus de Nazaré é o Cristo, o Filho de Deus.

Sem a revelação de Deus, nem mesmo ser discípulo de Jesus serve para alguma coisa. Os homens O seguiram até Cesaréia, mas continuavam sem conhecê-lo de fato. As pessoas podem ficar com Ele dia após dia, sem de fato perceber quem Ele é. Para que reconheçamos quem Ele é precisamos de revelação, porque Ele não pode ser conhecido por meio de familiaridade exterior. Revelação, e não familiaridade, é a maneira de conhecermos a Jesus Cristo. Precisamos da revelação de Deus, precisamos que Ele fale conosco, que nos ajude a enxergar, antes de podermos reconhecer o Homem Jesus como o Cristo, o Filho de Deus. O conhecimento humano intelectual não nos proporciona o verdadeiro conhecimento de Jesus Cristo.

O mesmo é verdade em relação à Bíblia, pois a Palavra de Deus não é somente uma pessoa, mas é também um livro. A Palavra de Deus é a Bíblia, bem como Jesus de Nazaré. Se os nossos olhos precisam ser abertos por Deus para vermos Jesus de Nazaré como a Palavra de Deus, o Filho de Deus, assim também precisam ser abertos para que reconheçamos a Bíblia como a Palavra de Deus, aquela que revela o Filho de Deus. Assim como alguém que teve um convívio prolongado com o Senhor Jesus podia não conhecê-Lo de verdade, da mesma forma aqueles que estão familiarizados com a Bíblia, estudando-a e pesquisando durante vários anos, não a conhecem necessariamente. É preciso que haja revelação divina; somente aquilo que é revelado por Deus torna-se vivo.

Na registrada em Marcos 5, sobre a cura da mulher que sofreu durante doze anos com uma hemorragia, vemos que muitas pessoas se acotovelavam em torno de Jesus, mas somente uma pessoa tocou realmente Nele. Aquela mulher enferma se aproximou por trás Dele no meio da multidão e tocou nas Suas vestes. *Se eu apenas lhe tocar as vestes*, ela pensou, *ficarei curada*. Além de fé, aquela mulher tinha também sentimentos, pois sentiu em seu organismo que fora totalmente curada de sua enfermidade. O Senhor imediatamente perguntou: *Quem me tocou nas vestes?*. Os discípulos lhe disseram: *Vês que a multidão te aperta e dizes: Quem me tocou?*. Jesus, porém, sentiu e reconheceu o toque. Não houve mudança nenhuma na multidão que O pressionava. Somente na vida daquela mulher que O tocara ocorreu uma mudança. Portanto, não há utilidade em ficarmos circulando ao redor do Senhor. Não podemos conhecer a Jesus de Nazaré apenas circulando à Sua volta. Aquele que toca Suas vestes com fé consciente sabe quem Ele é. Além de ser o Jesus de Nazaré, Ele é o Filho de Deus. Infelizmente, muitas pessoas circulam ao redor de Jesus, sem realmente tocar o Filho de Deus.

A Palavra de Deus em Cristo

Da mesma forma, muitas pessoas manuseiam a Bíblia, mas poucas pessoas realmente tocam no Filho de Deus. Enquanto esteve aqui na Terra, o Senhor podia ser conhecido em duas esferas diferentes: na esfera na qual os homens o ouviam falar, observavam Seu andar, mas mesmo assim não O conheciam de verdade. Na outra esfera uma única mulher tocou Suas vestes e foi curada. Muitas pessoas O viram, mas somente uma reconheceu que Deus estava em Jesus de Nazaré. Atualmente, os pregadores correm o risco de apresentar às pessoas somente o Jesus de Nazaré, segundo a carne; ao mesmo tempo, corremos o risco de apresentar somente a Bíblia como um livro. Assim como circular em torno de Jesus de Nazaré não traz nenhum alívio, da mesma forma o simples manuseio da Bíblia não produz nenhum efeito duradouro. Algumas pessoas, porém, ao manusear a Bíblia recebem iluminação e assim tocam o Filho de Deus. As palavras que o Senhor pronuncia são espírito e vida. Ao tocar essas palavras, tocamos no ministério da Palavra. A tarefa dos pregadores não é apenas apresentar o conteúdo de um livro aos homens; nossa tarefa é apresentar o Filho de Deus. Quando um ministro da Palavra serve às pessoas com a Palavra de Deus, simultaneamente ele serve com o Filho de Deus. Nós ministramos com Cristo.

O Senhor Jesus aproximou-se de dois discípulos que iam para Emaús e caminhou com eles. Jesus conversou com eles durante algum tempo, e a seguir abriu para eles as Escrituras. Quando se aproximaram de um povoado, insistiram com o Senhor para que ficasse com eles: *Fica conosco, porque é tarde, e o dia já declina* (Lc 24.29). O Senhor permaneceu com eles e foi convidado para participar da refeição da noite. Durante todo o tempo eles não tinham conseguido reconhecer que era o Senhor Jesus. Quando, porém, Ele tomou o pão e o partiu depois de ter dado graças, os olhos dos dois discípulos finalmente foram abertos e eles O reconheceram.

Isso prova que os homens podem andar e falar com Jesus sem conhecê-lo de fato. Quando realmente desejamos conhecer ao Senhor, devemos conhecê-Lo muito mais profundamente do que poderíamos conhecer andando e conversando com Ele. Somente quando Ele abre os nossos olhos nós podemos reconhecê-Lo. Talvez você lamente porque não estava presente quando o Senhor andou aqui na Terra. Temos de entender, porém, que mesmo que estivéssemos presentes, talvez não conseguíssemos conhecê-Lo melhor. Hoje, o menor e o mais fraco dentre os santos pode conhecer Jesus Cristo tanto quanto Pedro O conheceu quando caminhou junto com Ele. Lembre-se: o Senhor Jesus que os apóstolos conheceram no espírito é o mesmo que você conhece hoje em seu espírito.

A questão fundamental é: como podemos realmente conhecer o Senhor Jesus? Ele não pode ser reconhecido externamente. É preciso que a revelação de Deus abra nossos olhos a fim de que possamos vê-Lo e realmente conhecê-Lo. É aqui que reside a responsabilidade dos ministros da Palavra. Um indivíduo pode dedicar tempo examinando as Escrituras, memorizando suas palavras e elaborando doutrinas de tal forma que seja capaz de responder qualquer pergunta; no entanto, tal pessoa pode não ter a mínima idéia sobre quem é o Filho de Deus. Ele ainda espera o dia em que Deus abrirá seus olhos para que veja. Queremos enfatizar o seguinte: é Deus quem abre os nossos olhos para vermos o Seu Filho na Bíblia e na pessoa de Jesus de Nazaré.

Nada disso significa que a obra terrena do Senhor Jesus não foi importante. Todo aquele que crê que Jesus é o Cristo é filho de Deus. Todo aquele que confessa que Jesus é o Filho de Deus é nascido de Deus. Nós devemos não somente ver Jesus como o Cristo, o Filho de Deus; temos de vê-Lo também na Bíblia. Não se pode divorciar o Cristo, o Filho de Deus, de Jesus de Nazaré; também não podemos afirmar que conhecemos a Cristo, o Filho de Deus, e menosprezarmos o Antigo e o Novo Testamento. É por meio da Bíblia que Deus nos capacita a conhecer Seu Filho. Apesar disso, sem revelação, o estudo da Bíblia nos ajudará a entender somente as doutrinas incluídas, e não o Cristo.

O dilema do cristianismo baseia-se nesses dois mundos que fazem profundo contraste entre si. Se o mundo exterior pudesse ser retirado, sobrando somente o mundo interior, tudo seria muito simples. No entanto, aqui estão o mundo exterior da multidão se acotovelando, e o mundo interior de uma pessoa tocando. Alguns se acotovelam, mas outros tocam. Você consegue ver a diferença? Acotovelar-se ao redor pertence a uma esfera, enquanto tocar pertence a outra. Não há nenhuma vantagem em se acotovelar em torno de Jesus; somente no toque as enfermidades são curadas e os problemas são resolvidos. Na primeira esfera pode haver pessoas com grande conhecimento, que alegam conhecer a Bíblia, suas doutrinas e ensinos; na outra esfera, porém, encontramos luz, revelação e a unção do Espírito Santo.

Você tem consciência desses dois mundos? No primeiro mundo estão os escribas que conhecem a letra; no segundo estão os ministros da Palavra de Deus. Aquilo que você prega deve ser aquilo que você verdadeiramente conhece. Você precisa ser levado por Deus a um nível onde possa tocar o mundo interior. No outro mundo, onde a multidão se acotovela, ninguém pode conhecer ao Senhor Jesus nem a Bíblia. Somente o mundo do toque é efetivo, pois só ali está efetivamente a Palavra de Deus. É interessante notar que o Senhor Jesus não somente tinha consciência da multidão que se acotovelava à Sua volta, mas também percebeu quando foi tocado.

Compare dois irmãos. Um é um simples crente. Tendo plena consciência de sua ignorância e inutilidade, ele se aproxima da Bíblia com temor e tremor; e a presença do Senhor está com ele, derramando luz sobre as páginas da Bíblia. O outro irmão vive num mundo totalmente diferente. Ele conhece grego e hebraico. Ele já leu a Bíblia toda várias vezes e conhece muitas passagens de memória; no entanto, ele nunca experimentou qualquer luz derramada por Deus. Por isso, não está qualificado para ser ministro da Palavra de Deus. O máximo que pode fazer é compartilhar seu conhecimento bíblico com outras pessoas; ele é incapaz de servir à Igreja com Cristo. A Bíblia é viva; ela é uma Pessoa, quer dizer, o Filho de Deus. Se você ainda não tocou essa Palavra viva, então seu conhecimento não serve para nada.

Muitas Pessoas Podem Ouvir as Palavras da Bíblia, mas não Ouvem a Palavra de Deus

Enquanto esteve aqui na Terra, o Senhor passou muito tempo ensinando, e muitas pessoas ouviram Seus ensinos. Por exemplo, depois que ensinou aos judeus uma lição sobre perdão, Ele lhes disse: *Conhecereis a verdade, e a verdade vos libertará* (Jo 8.32). Eles responderam que eram descendentes de Abraão e nunca tinham sido escravos de ninguém. Por isso o Senhor lhes replicou: *Em verdade, em verdade vos digo: todo o que comete pecado é escravo do pecado* (v. 34). Os judeus podiam ou não entender essas palavras, mas certamente não podiam negar que tinham ouvido. Não eram surdos, embora o Senhor Jesus tenha dito algo peculiar sobre eles: *Quem é de*

A Palavra de Deus em Cristo

Deus ouve as palavras de Deus; por isso, não me dais ouvidos, porque não sois de Deus (v. 47). Assim, ouvir é mais do que uma questão de captar um som. Alguns ouvem uma pregação, mas captam apenas o som das palavras, enquanto outras pessoas realmente ouvem a Palavra de Deus. Há dois extremos. Se tivéssemos perguntado àqueles judeus se tinham ouvido o que o Senhor Jesus acabara de falar, sem dúvida a resposta seria afirmativa. Apesar disso, o Senhor comentou que eles não tinham ouvido nada porque não eram de Deus.

Toda esta questão é muito séria. A Palavra de Deus não é algo que as pessoas ouvem apenas por estarem presentes no local da pregação. A presença física não garante que alguém ouvirá a Palavra. Os judeus estavam presentes e provavelmente ouviram cada sílaba proferida por Jesus, embora Ele tenha negado categoricamente que tenham ouvido algo. Jesus referia-se a um tipo diferente de audição. Temos dois tipos de audição, referentes a duas esferas diferentes. Alguém pode ouvir as palavras de uma esfera e não conseguir ouvir as palavras da outra. Este é o problema fundamental.

Muitas pessoas podem ouvir as palavras da Bíblia, mas não ouvem a Palavra de Deus. As pessoas com as quais Jesus falava não eram tolas, idiotas ou surdas; eram pessoas inteligentes e dispostas a argumentar com Ele sobre o que tinha sido falado. Não poderiam ter argumentado se não tivessem ouvido ou compreendido. Mesmo assim, o Senhor Jesus insistiu que *quem é de Deus ouve as palavras de Deus; por isso, não me dais ouvidos, porque não sois de Deus*. Muitos podem ouvir a voz de uma esfera, mas não ouvem nenhuma voz de outra esfera. Eles entendem cada palavra dessa esfera, mas falham completamente em assimilar tudo o mais. Por que não ouvem nem compreendem? Porque não são de Deus. Há algo fundamentalmente errado com essas pessoas, e por isso não conseguem ouvir. O Senhor explicou: *Qual a razão por que não compreendeis a minha linguagem? É porque sois incapazes de ouvir a minha palavra* (v. 43). Os ouvidos físicos podem ouvir somente as palavras físicas, que pertencem à esfera física. Para ouvir as mensagens espirituais é preciso um outro tipo de ouvido. Somente aqueles que são de Deus conseguem ouvir.

Muitas pessoas, ao manusear a Bíblia, só conseguem ler as letras das palavras de Jesus; um ministro da Palavra, porém, precisa ouvir as palavras interiores de Deus. Nós negamos terminantemente que alguém que seja capaz de ter contato meramente com a casca exterior da Bíblia possa ser um ministro da Palavra. A Palavra de Deus é proclamada hoje adicionando-se revelação sobre revelação. A revelação em si não é suficiente, pois para começar a Bíblia toda é em si uma revelação. É preciso que haja uma revelação sobre a revelação de Deus.

Vamos entender o que a Palavra de Deus significa. Significa que há uma Palavra por detrás das palavras, uma voz por trás das vozes e uma comunicação por trás das letras. Esse aspecto peculiar baseia-se no fato de que nenhum ouvido natural pode captar a mensagem. Você acha que uma pessoa ouve as palavras do Senhor Jesus porque está naturalmente capacitada com inteligência e entendimento? Por favor, reconheça que esses atributos humanos só capacitam o indivíduo a entrar em contato com a casca exterior da palavra, o lado físico da Bíblia. A Palavra de Deus pertence a outra esfera. Ela é ouvida por aqueles que são de Deus. Por isso a questão restringe-se ao próprio indivíduo. Se meus ouvidos físicos forem surdos, não poderei ouvir as palavras do Senhor no sentido físico; mas se o meu ouvido espiritual não estiver funcionando, serei incapaz de ouvir Sua Palavra no sentido espiritual. Assim como eu pertenço a duas esferas, assim também a Palavra de Deus refere-se a duas esferas – uma física e outra espiritual. As palavras que eu ouço na esfera física dizem respeito somente aos aspectos físicos da Sua Palavra. Eu posso ter ouvido e entendido, mas até aí o Senhor insiste que eu não ouvi nada. Ele não deseja que eu ouça apenas as palavras, mas quer que eu ouça a outra esfera também. Dezenas de milhares de pessoas ouviram as palavras na esfera física, mas pouquíssimas ouviram também na esfera espiritual. Esta é a dificuldade em relação ao manuseio da Bíblia; os homens podem tocar o exterior dela sem tocar o interior (Cristo), da mesma forma que as multidões se acotovelavam em torno de Jesus fisicamente sem de fato tocar no Filho de Deus. Há pouca vantagem em tocarmos a Bíblia somente como um livro.

Nós somos de Deus; aquele que conhece a Deus nos ouve; aquele que não é da parte de Deus não nos ouve. Nisto reconhecemos o espírito da verdade e o espírito do erro (1 Jo 4.6). A palavra "ouve" nesta passagem é o mesmo termo grego usado em João 8.47. João está afirmando que ele e seus companheiros tinham certeza de que eram de Deus e da verdade. Quem conhecesse a Deus os ouviria, mas aqueles que não fossem de Deus não os ouviriam. O apóstolo não poderia ter sido mais claro. Não seria ouvindo a voz física de um homem que alguém ouviria a Deus. Naquela época João já estava bem idoso. Talvez as pessoas já estivessem acostumadas com sua voz. Era bem estranho ele dizer que somente aqueles que conheciam a Deus o ouviam. Isso indica que o que alguém ouve ou deixa de ouvir não depende do ouvido humano. A Palavra de Deus pertence a outra esfera. Nem todos aqueles que esão familiarizados com a Bíblia conhecem a Palavra de Deus; da mesma forma, nem todos aqueles que conseguem compartilhar as verdades bíblicas proclamam a Palavra de Deus; nem todo aquele que aceita a Bíblia recebe a Palavra de Deus. É preciso ter um relacionamento especial com o Senhor para que se possa realmente ouvir Sua Palavra.

Nessa conjuntura, há três versículos bíblicos no Evangelho de João que podem ser lidos juntos. *Deus é espírito; e importa que os seus adoradores o adorem em espírito e em verdade* (4.24). *O que é nascido do Espírito é espírito* (3.6). *As palavras que eu vos tenho dito são espírito e são vida* (6.63). Os três usos do termo "espírito" são significativos. O Espírito Santo é espírito, as palavras do Senhor são espírito e aquele que é nascido do Espírito é espírito. As palavras do Senhor são espírito e por isso é preciso uma pessoa com espírito para captá-las, pois somente aqueles que compartilham da mesma natureza conseguem se entender. A palavra exterior é somente um som, algo que alguém pode ler ou ouvir e entender. A Palavra interior, porém, é espírito e não pode ser ouvida com o ouvido natural nem entendida com a mente natural. As palavras do Senhor são espírito; portanto, estão além do alcance da mente, da inteligência ou da capacidade humana de entender e propagar. Somente aquele que é nascido do Espírito pode ouvi-las. O homem espiritual precisa aprender como ouvir a Palavra de Deus.

Você percebe agora a absoluta necessidade de o homem exterior ser quebrantado? Nenhum indivíduo pode servir como ministro da Palavra a menos que o seu homem exterior seja quebrantado. Esse homem exterior não possui os elementos básicos para o relacionamento com Deus. A inteligência, as emoções, sentimentos, pensamentos e capacidade de entendimento não são de nenhuma valia (mais tarde veremos como esses elementos podem ser úteis, embora nesta questão de fato sejam inúteis). A Palavra de Deus é espírito; assim, ela só é efetiva quando o espírito do homem é exercitado. Temos de reconhecer este princípio: Deus é Espírito e, portanto, deve ser adorado em espírito; semelhantemente, Sua Palavra é espírito e deve ser recebida em espírito.

> *Então, se aproximaram os discípulos e lhe perguntaram: Por que lhes falas por parábolas? Ao que respondeu: Porque a vós outros é dado conhecer os mistérios do reino dos céus, mas àqueles não lhes é isso concedido. Pois ao que tem se lhe dará, e terá em abundância; mas, ao que não tem, até o que tem lhe será tirado. Por isso, lhes falo por parábolas; porque, vendo, não vêem; e, ouvindo, não ouvem, nem entendem. De sorte que neles se cumpre a profecia de Isaías: Ouvireis com os ouvidos e de nenhum modo entendereis; vereis com os olhos e de nenhum modo percebereis. Porque o coração deste povo está endurecido, de mau grado ouviram com os ouvidos e fecharam os olhos; para não suceder que vejam com os olhos, ouçam com os ouvidos, entendam com o coração, se convertam e sejam por mim curados* (Mt 13.10-15)

Os discípulos perguntaram a Jesus por que ele falava às multidões usando parábolas. A resposta foi: *A vós outros é dado conhecer os mistérios do reino dos céus, mas àqueles não lhes é isso concedido.* Por que era assim? Porque algo tinha acontecido no capítulo anterior; o povo tinha blasfemado contra o Espírito Santo. O Senhor expulsara demônios no poder do Espírito Santo, mas pessoas no meio da multidão insistiram que Ele tinha feito isso em nome de Belzebu. Estavam chamando o Espírito Santo de Belzebu, que significa "rei das moscas". Conseqüentemente, no capítulo 13 o Senhor Jesus passou a utilizar parábolas. Em outras palavras, a partir daquele momento, eles ouviriam, mas jamais entenderiam.

Eles ouviram sobre semear, mas não entenderam o que queria dizer. Eles ouviram sobre o joio plantado pelo inimigo, mas não compreenderam o que significava. Ouviram sobre uma rede sendo lançada no mar, mas nem de longe entenderam o que a rede queria dizer. Embora ouvissem sobre uma mulher misturando fermento numa medida de farinha, ficaram intrigados sobre o que o Senhor queria dizer. Eles ouviram todas essas coisas, mas não compreenderam nada. Depois que blasfemaram contra o Espírito Santo, os judeus passaram a ouvir muitas parábolas.

Atualmente nós empregamos parábolas para que as pessoas entendam, mas o Senhor Jesus a princípio empregou parábolas para dificultar o entendimento das pessoas. Ele usou parábolas de propósito para permitir que entendessem as palavras externas sem assimilar os segredos do significado interno. Hoje em dia muitas pessoas lêem a Bíblia da mesma forma que os judeus daquela época ouviram as parábolas. Tudo o que conhecem é sobre semeadura, bom solo, espinhos, solo rochoso, trinta, sessenta e cem por um. Sem dúvida eles captam as palavras, mas não compreendem quase nada. Enxergam os elementos externos, sem realmente ver a realidade interior.

O Ministério se Abre para Aqueles que Tocam Tanto o Interior como o Exterior da Palavra

O que é o ministério da Palavra? Ele toca o que está oculto por trás das parábolas ou das palavras e o que só pode ser visto quando a pessoa é justa diante de Deus. Se o coração das pessoas se endurecer cada vez mais, naturalmente elas

A PALAVRA DE DEUS EM CRISTO

não conseguirão ouvir. Um coração duro produz olhos cegos e ouvidos surdos. A dificuldade atual não procede da escassez da Palavra de Deus, mas sim da falta de entendimento entre os filhos de Deus. Incorretamente, as pessoas encaram as parábolas e as palavras externas como a Palavra de Deus! O homem que toca a Bíblia não toca necessariamente na Palavra de Deus. De fato, para tocar a Palavra de Deus é preciso tocar na Bíblia. No entanto, somente tocar na Bíblia não é suficiente. Devemos pedir ao Senhor: "Ó Deus, permita que eu veja Tua Palavra por trás das palavras; que eu veja Tua luz na luz; e que eu receba revelação em Tua revelação". Se você não conseguir tocar o que está por trás, então suas palavras têm pouco a oferecer às pessoas, pois você não pode comunicar Cristo a elas.

O Senhor não deve ser conhecido meramente mediante o entendimento da verdade da doutrina da Bíblia; Ele é conhecido quando você vê a luz do Seu semblante. Você conhece o Senhor e por isso conhece a Bíblia como a Palavra de Deus. Esta é a única forma de proporcionar Cristo à Igreja. Depois de ver a Cristo, você consegue facilmente encontrar Seus atributos na Bíblia. Por isso as pessoas dizem, com razão, que não há nenhuma página da Bíblia que não fale de Cristo. Sim, quando você O conhece, tudo na Bíblia adquire vida.

Assim, a questão aqui é se você tem ou não tem revelação de Cristo. Se você tiver a revelação de Cristo, o conhecimento bíblico fortalecerá sua compreensão Dele. Sem a revelação, a Bíblia e o Senhor permanecem como duas entidades distintas e separadas. Você pode alimentar a Igreja com a Bíblia, mas não será capaz de proporcionar Cristo à Igreja. Como podemos oferecer Cristo à Igreja? Apresentando atributos Dele que correspondam a cada porção da Bíblia que usamos em nossas pregações. Você não somente emprega palavras e termos bíblicos, mas na realidade está oferecendo Cristo aos ouvintes. O simples estudo e a exposição das Escrituras representam uma enorme futilidade! Lembremos sempre que ajudar as pessoas a conhecer a Bíblia e ajudá-las a conhecer a Cristo são coisas bem diferentes.

    O ministério da Palavra de Deus deve ser extremamente subjetivo, com base nas experiências do indivíduo. A forma objetiva de expor a Bíblia conforme foi escrita não pode ser vista como ministério da Palavra. Todo ministro deve ser uma pessoa com revelação, quer dizer, deve ver algo de forma subjetiva. Depois de receber revelação e ver os elementos interiores, ele pode, com base na Bíblia, apresentar Cristo aos outros. Falar segundo a Bíblia e falar segundo Cristo são coisas distintas. Atualmente muitos pregam com base na Bíblia; alguns pregam de acordo com a letra enquanto outros pregam de acordo com Cristo. Aqueles que conseguem oferecer o Cristo que lhes foi revelado são aqueles que receberam revelação de Deus e encontraram a contrapartida nas Escrituras.

    Nós reconhecemos a utilidade de muitas mensagens expositivas – especialmente para aqueles que têm pouca experiência – porque tais mensagens podem nos livrar dos erros e das dificuldades. No entanto, a força do ministério e a excelência do serviço não podem ser encontradas em exposições desse tipo. Devem ser buscadas nas pessoas que, conhecendo ao Senhor e selecionando a passagem apropriada da Bíblia, oferecem Cristo aos ouvintes.

    Assim, é necessário que o ministro da Palavra tenha um conhecimento básico de Cristo. Muitas vezes você terá de conhecer algo interiormente sobre o Senhor antes de encontrar a base bíblica. Leva tempo para encontrar na Bíblia; no entanto, quando você encontra, sabe que a mensagem será liberada, porque Cristo tornou-se a Palavra. Pode levar alguns dias ou um ano ou dois até que você enxergue a verdade no Livro. Então você dirá: "Foi isso que aprendi do Senhor naquele dia!". Uma passagem após outra começa a vir até você – o Cristo a quem você conheceu na revelação gradualmente se torna a Palavra. Você tem certeza de que o Senhor deseja que você ministre esta palavra e Ele soberanamente arranjará o tempo e a oportunidade. E assim a Palavra que você prega tornar-se-á Cristo diante dos olhos dos outros. Este é o ministério da Palavra em nós.

O Cristo que conhecemos mediante revelação gradualmente se torna a Palavra em nós. Nós o encontramos na Bíblia, talvez em uma, duas, nove ou dez passagens diferentes. Progressivamente nós vemos a realidade de Cristo na Palavra e assim podemos oferecê-Lo às pessoas junto com a Palavra. Pela misericórdia de Deus, as pessoas que recebem tal mensagem sentirão o Espírito Santo operando nelas, transformando a Palavra em Cristo. Podemos chamar isso de provisão de Cristo, quer dizer, Cristo é oferecido por meio das palavras da Bíblia; e as pessoas O recebem quando recebem a Palavra. Isso forma a base de todo o ministério da Palavra.

Você deve reconhecer a disparidade enorme que existe entre a forma interior e a forma exterior do ministério. A Palavra é importante no ministério, mas a Palavra deve ser algo que vemos diante de Deus, algo que encontramos em Cristo. Só então a Bíblia torna-se a Palavra viva. Se tudo o que você consegue ver for a Bíblia, o melhor que tem a fazer é apresentar um sermão expositivo – pois não tem nenhuma mensagem de Deus. Embora tal mensagem possa ajudar algumas pessoas a compreender melhor as coisas de Deus, não será adequada para levar as pessoas a Cristo. Ela pode ser útil na disseminação da verdade, mas não poderá levar os outros ao conhecimento vivo do Senhor.

Conseqüentemente, nós precisamos conhecer a Palavra de Deus, como tocá-la e como ministrá-la. Temos de pagar o preço de não permitir que nosso coração se endureça, que nossos ouvidos fiquem surdos ou que nossos olhos fechem. Temos de realmente ver Deus de modo que possamos ouvir e entender, ver e perceber. Temos de tocar nas duas esferas da Palavra, pois só assim gradualmente nos tornamos instrumentos úteis nas mãos de Deus. Que Deus seja misericordioso para conosco, capacitando-nos a ver que assim como Jesus de Nazaré é o Cristo, a Palavra escrita de Deus é Cristo; assim como o Homem na carne é Cristo, assim também a Bíblia é Cristo. O Filho de Deus encarnado e a Escritura impressa são a Palavra de Deus.

O ministério se abre para aqueles que tocam tanto o interior como o exterior da Palavra. Embora possam receber a Bíblia em si mesmos, memorizando suas palavras, aqueles que não conhecem a Cristo estão desqualificados para ser ministros da Palavra. Por isso temos de nos prostrar diante de Deus e buscar Sua revelação. Somente assim as mensagens que pregamos farão com que as outras pessoas também se prostrem diante Dele. Não é uma questão de nível, mas de qualidade. Muitos pregadores não possuem o tipo certo de ministério. Que Deus seja gracioso para conosco, para que comecemos um novo ministério. Nós tocaremos a Bíblia por meio do conhecimento do Senhor e assim seremos ministros da Sua Palavra.

Capítulo 9

Conhecendo a Palavra de Deus Por Meio de Cristo

O ministro da Palavra é alguém que tem a revelação de Cristo, alguém a quem Deus se agradou de revelar Seu Filho (veja Gl 1.16). É algo que vai além de Deus simplesmente comunicar uma verdade; Ele diz interiormente que Jesus é o Cristo, o Filho do Deus vivo. É possível recitarmos essa afirmação em poucos segundos, mas o Senhor diz: *Não foi carne e sangue que to revelaram, mas meu Pai, que está nos céus.* Conhecer a Cristo é melhor do que conhecer palavras; é ver alguma coisa. Quando alguém tem essa visão do Filho de Deus, tudo o mais se desvanece, seja qual for seu nível de santificação, justiça ou piedade. Em todo o Universo, nada pode se comparar com Cristo; nenhum elemento espiritual pode se equiparar a Ele, pois Ele é tudo e está em tudo.

Fora de Cristo não pode haver vida nem luz, nem santificação nem justiça. Uma vez que um indivíduo é levado por Deus a esta revelação de Cristo, ele começa a perceber que não há nada além de Cristo. Cristo é tudo; Ele é o Filho de Deus, bem como a Palavra de Deus; Ele é amor, santificação, justiça, salvação, redenção, livramento, graça, luz e obras. Ele preenche tudo. Tudo o que vimos no passado, por maior que seja, se desvanece diante Dele. Nada pode permanecer diante dessa grande revelação. Moisés e Elias desapareceram, assim como Pedro, Tiago e João. Somente o Senhor Jesus permanece. Ele preenche tudo e é tudo. Cristo é o centro e também a circunferência. O centro e a periferia de Deus são encontrados em Cristo.

Depois que uma pessoa passa por esta experiência básica de ser levada por Deus ao verdadeiro conhecimento de Seu Filho, começa a conhecer a Palavra de Deus. Assim, torna-se capaz de oferecer Cristo aos outros. Sem essa revelação, ninguém é capaz de apresentar Cristo a outrem. Não podemos oferecer um Cristo que não conhecemos nem podemos ministrar com um conhecimento fragmentado. O ministério não pode se basear num conhecimento precário. Desde os dias de Pedro e Paulo até os nossos dias, todos aqueles que desempenharam o ministério da Palavra diante de Deus tiveram uma visão básica do Senhor Jesus. Para ministrar a Cristo o indivíduo precisa ser levado a um conhecimento face a face com o Filho de Deus. Precisa conhecê-Lo no mais profundo do seu ser, conhecê-Lo como proeminente sobre todas as coisas, como Aquele que é Tudo em tudo. Então – e só então – ele poderá oferecer Cristo às outras pessoas. Daí para frente, a Bíblia torna-se um livro vivo para ele.

Você já reconheceu o fato de que é a revelação de Deus que nos dá um entendimento real de Cristo? O exame das Escrituras pode convencer as pessoas de que Jesus de Nazaré é o Cristo, o Filho de Deus; entretanto, não garante que terão realmente tocado em Cristo. Ao ler a Bíblia eles podem compreendê-Lo, mas não têm necessariamente revelação. Muitas pessoas estão se acotovelando ao redor de Cristo ao longo da estrada; no entanto, pouquíssimas pessoas realmente tocam Nele. Hoje, nós ainda precisamos da misericórdia divina a fim de sermos iluminados e recebermos graça. A revelação do Filho de Deus em nós não é resultado de pesquisa ou de estudo; é inteiramente uma questão de misericórdia e de revelação. É uma busca interior, um conhecimento interior. Daí para frente, a Bíblia torna-se um livro novo e vivo. Muitos enigmas e discrepâncias que encontramos anteriormente nela são solucionados quando enxergamos a Cristo. De fato, a Escritura torna-se bem clara e refinada. Conhecendo a Cristo interiormente, você pode começar a entender a Bíblia. Tal revelação básica mostra a você quem o Senhor é realmente.

Deus Revelando Seu Filho em Nós

O que queremos dizer com Deus revelando Seu Filho em nós? Não podemos explicar isso; ninguém pode – nem mesmo o apóstolo Paulo. Como sabemos que alguns receberam esta revelação divina enquanto outros não? Alguns podem testificar que viram, mas outros não podem fazer tal afirmação. Alguns são claros, outros têm a visão turva. Muitas vezes podemos gastar tempo e energia pensando e pesquisando e mesmo assim nada acontece. Então, um dia Deus é misericordioso conosco e começamos a enxergar sem qualquer esforço. Podemos ter orado: "Que Tu sejas o meu Tudo, que preenchas tudo e sejas Tudo". Estávamos buscando, embora não soubéssemos o que estávamos dizendo.

Um dia, porém, Deus teve misericórdia e revelou Seu Filho em nós. Agora podemos dizer de forma simples e natural: "Obrigado, Deus; Cristo é tudo. Hoje toda a minha busca e experiência do passado se foram. Meu amor, minha fé, justiça, santidade e até minha vitória se foram, pois Cristo tornou-se tudo para mim". A partir desse momento podemos declarar que Cristo é proeminente e todo abrangente. Esta é uma revelação básica resultante de aprendermos a entender a Palavra escrita de Deus. Se aprendermos a Bíblia por meio do Filho de Deus, entenderemos e apreciaremos tão bem que poderemos afirmar: "Agora conheço aquilo que antes estava escondido!".

Sejamos como aqueles que aprendem como crianças pequenas. Como uma criança aprende a conhecer um boi, por exemplo? Há duas formas diferentes: podemos desenhar um boi num papel e embaixo escrever "boi"; ou podemos mostrar à criança um boi de verdade. Qual das duas opções realmente capacita a criança a conhecer um boi: um desenho ou um boi de verdade? Uma vez que o desenho tem apenas alguns centímetros de comprimento, a criança facilmente pode achar que o boi é daquele tamanho. No entanto, ver um boi de verdade dará a ela um entendimento totalmente diferente (é verdade, é claro, que para a criança que já viu um boi, tendo assim uma impressão precisa dele, mas não sabe o nome, o desenho e o nome escrito podem ser de grande ajuda). Assim também temos de pedir a Deus que nos revele Cristo. Depois que nos encontrarmos com Ele, veremos a Bíblia de forma mais clara, pois ela nos revelará muitas coisas sobre Cristo. Se a base estiver correta, tudo o mais estará correto. Depois de estabelecido o fundamento, tudo o mais se encaixa e se relaciona corretamente.

É muito difícil mostrar às pessoas as verdades bíblicas. É como um indivíduo que lê bastante sobre plantas. Num certo livro, ele encontra uma foto de uma planta com flores e folhas diferentes, que nunca viu e por isso sai pelos campos em busca dessa planta. Sua busca, porém, não tem sucesso. Talvez seja mais fácil aprender palavras por meio de figuras do que encontrar objetos por meio de figuras. O mesmo pode ser dito sobre reconhecer pessoas. Seria mais simples conhecer alguém pessoalmente do que por meio de uma foto. O mesmo ocorre na vida de todos os filhos de Deus, incluindo Paulo e Pedro: todos conheceram a Cristo por meio da misericórdia divina. O próprio Senhor Jesus declara que *não foi carne e sangue que to revelaram, mas meu Pai, que está nos céus.* É por meio da graça e da misericórdia de Deus que conhecemos a Cristo, por meio da revelação do Filho em nós. Depois que isso acontece podemos conhecer a Bíblia, porque o verdadeiro conhecimento da Palavra vem por meio de Cristo.

Primeiro Você Conhece ao Senhor Interiormente, e a Seguir Você O Conhece na Bíblia

Assim, a questão que se destaca é esta: você está apenas apresentando a Bíblia às pessoas, ou você é um daqueles que teve um encontro com Cristo e tem um conhecimento básico Dele? Se você possui esta visão básica, naturalmente dará graças a Deus por tornar as muitas palavras da Bíblia claras para você. Diariamente você descobrirá a exatidão da Palavra enquanto examina a Bíblia. Primeiro você conhece ao Senhor interiormente, e a seguir você O conhece na Bíblia. Uma vez que você adquire esse conhecimento subjetivo do Senhor, descobrirá que todas as palavras da Bíblia estão corretas – e se encaixam umas às outras. O que no passado você considerou como dificuldades, agora se torna lucro; o que era irrelevante antes, hoje se torna significativo. Cada ponto se encaixa exatamente em seu lugar; nada pode ser excluído. A partir desse momento os seus dias são dias de conhecimento da Bíblia. Você não descobre tudo de uma só vez, mas gradualmente há uma crescente harmonia entre a revelação que você recebeu e as palavras da Bíblia. Nós conhecemos o conteúdo da Bíblia mediante a luz interior e a revelação, e não por meio da própria Bíblia.

A insensatez do pensamento humano manifesta-se por seguir os caminhos da mente, quer dizer, no homem se considerar competente para estudar a Bíblia. Se ele somente puder dedicar tempo para estudá-la, sente que pode compreendê-la – com ou sem oração. Esta é a forma errada. Na época do nascimento de Jesus, muitos judeus tinham um conhecimento tão profundo das Escrituras que puderam responder imediatamente – sem necessidade de mais pesquisa em casa – à pergunta de Herodes sobre o local onde o Cristo devia nascer. Eles se referiram ao Antigo Testamento citando o profeta: *E tu, Belém, terra de Judá, não és de modo algum a menor entre as principais de Judá; porque de ti sairá o Guia que há de apascentar a meu povo, Israel* (Mt 2.6). Eles eram capazes de recitar as Escrituras de memória, e mesmo assim não conheciam a Cristo? A familiaridade que tinham com as Escrituras não os ajudou a encontrar a Cristo, embora ajudassem a "matar" o Cristo, dando assistência a Herodes em sua tentativa de matar o Ungido de Deus. Como é absurda essa familiaridade com a Bíblia! E como o seu uso pode ser distorcido!

Quando veio à Terra, o Senhor Jesus cumpriu as palavras da Bíblia uma após a outra. Todo aquele que conhece as Escrituras sabe com certeza, a partir de todos os cumprimentos das profecias, que Jesus de Nazaré é o Filho de Deus. Mas será que os fariseus O conheceram? Eles não O reconheceram nem O aceitaram. Eles incrustavam passagens das Escrituras em seus filactérios e nas franjas de suas vestes. Possuíam conhecimento bíblico e a habilidade de interpretar as profecias, elaborar e ensinar doutrinas; apesar disso, rejeitaram a Cristo. Tocaram a Bíblia sem tocar Cristo. Eles manusearam o Antigo Testamento como um livro comum, como material de pesquisa, mas rejeitaram o Autor da salvação!

Durante o mesmo período houve outro grupo que incluía pessoas como Mateus, o publicano, e Pedro, o pescador. Mesmo na época do livro de Atos essas mesmas pessoas eram desprezadas como *homens iletrados e incultos* (4.13). Apesar disso, eles realmente conheciam ao Senhor, porque tinham se encontrado com Cristo e porque Deus lhes tinha revelado Seu Filho. Deus revelou Seu Filho a Pedro no distrito de Cesaréia de Filipe, capacitando-o a conhecer, a partir do seu coração, que Jesus era o Filho e o Ungido de Deus. Agora, de acordo com o ministério do Senhor, Jesus é o Cristo de Deus; de acordo com Sua pessoa, Ele é o Filho de Deus. No que concerne à Sua obra, Jesus é o Cristo de Deus; no que diz respeito a Si próprio, Ele é o Filho de Deus. Essas duas revelações são uma só e formam a maior de todas as revelações; toda a Igreja é edificada sobre ela. As pessoas comuns e os leigos conheciam o Filho de Deus; todos se tornaram eruditos na Bíblia. Sendo um publicano, Mateus tinha pouco conhecimento das Escrituras. Mesmo assim, depois que conheceu ao Senhor, demonstrou um grande entendimento sobre o Antigo Testamento. Não se trata de aprender palavras por meio de figuras; é aprender figuras por meio de fatos. Primeiro conhecemos ao Senhor, depois nós O encontramos na Bíblia, da mesma forma que reconhecemos imediatamente a foto de uma pessoa a quem conhecemos pessoalmente. Primeiro conhecemos a Cristo e a seguir conhecemos a Bíblia.

O problema dos homens é que eles revertem a ordem entre Cristo e a Bíblia. Insistem em conhecer primeiro a Bíblia e depois conhecer ao Senhor. Conseqüentemente, podem conhecer apenas a Bíblia, sem conhecer realmente a Cristo. Visto que não somos judeus, podemos não apreender plenamente essa diferença. Suponha que fôssemos judeus, nascidos na Judéia, sob a velha aliança. Ao lermos o Antigo Testamento segundo a letra, encararíamos seu conteúdo como um quebra-cabeça gigante. Até hoje o Antigo Testamento continua causando perplexidade em muitos assim chamados "teólogos" e não-cristãos. Não foi assim com Pedro, Mateus, João e Tiago. Eles entendiam claramente o Antigo Testamento porque tinham se encontrado com Jesus de Nazaré, divinamente revelado a eles como o Filho de Deus. Ao lerem o Antigo Testamento, eles podiam dizer que era assim mesmo. Desde o primeiro capítulo de Gênesis até o quarto capítulo de Malaquias, eles continuamente encontravam Jesus de Nazaré como o Cristo, o Filho de Deus. Eles conheciam a Bíblia, não diretamente por meio de suas páginas, mas por meio de Cristo. Todo aquele que conhece a Cristo naturalmente conhece também a Bíblia. Em nossos dias muitos cristãos nominais não encontram sentido nas Escrituras depois de anos de leitura; um dia, porém, eles enxergam Jesus, o Salvador, e imediatamente a Bíblia torna-se um novo livro para eles.

Portanto, conhecer ao Senhor é conhecer a Bíblia, pois a revelação procede de Cristo. Aquele que tem a revelação de Cristo tem a revelação na Bíblia, enquanto aquele que professa conhecer a Palavra por meio do Livro pode não ter nenhuma revelação. A experiência de muitos que conhecem ao Senhor prova que somente estudar a Bíblia é inadequado. Precisamos lembrar que primeiro temos de conhecer a Cristo, antes de podermos conhecer a Bíblia.

Conhecendo a Palavra de Deus por Meio de Cristo

A experiência de Paulo dá sustentação a este axioma. Embora fosse um fariseu bom e piedoso, totalmente familiarizado com as Escrituras, mesmo assim perseguiu aqueles que seguiam o Caminho. Assim, vemos que é possível um indivíduo ser totalmente devotado às Escrituras e ainda perseguir o Senhor Jesus. Paulo não foi despertado subitamente para o fato de que Jesus de Nazaré era o Filho de Deus depois de um estudo diligente das Escrituras. Não. Ele conheceu ao Senhor Jesus num dia em que a luz de Deus brilhou sobre ele. Antes ele odiava e perseguia o Senhor, encontrando e prendendo homens e mulheres que seguiam o Caminho, levando-os acorrentados para Jerusalém. Naqueles dias ele poderia ser considerado o pior inimigo da Igreja. Vivia na mais completa escuridão! Mesmo assim, quando foi iluminado pela luz de Deus, instantaneamente ele caiu por terra. Ouviu uma voz dizendo-lhe: "Saulo, Saulo, por que me persegues?". E ele replicou: "Quem és tu, Senhor?"; a seguir perguntou: "Senhor, que queres que eu faça?". Sua prostração foi genuína. Todo o seu ser caiu junto com o seu corpo. O Paulo de carne e osso estava enfraquecido, o Paulo interior também estava debilitado. Que tipo de Paulo nós encontramos em Atos e nas Epístolas depois que ele recebeu essa revelação? Ele persistentemente explicou o Antigo Testamento, afirmando que Jesus de Nazaré é o Cristo, o Filho de Deus. Para ele o Antigo Testamento era um livro aberto e vivo.

A Bíblia tornar-se-á um volume selado se o conhecimento de Cristo é excluído. Muitas pessoas inteligentes e esclarecidas não conseguem captar nenhum sentido ao lerem a Bíblia. Quando ouvem como esse Livro é precioso, elas meneiam a cabeça. *Você* vê as coisas com clareza, mas elas ficam intrigadas, porque não conhecem a Cristo. A pessoa que conhece a Cristo é aquela que conhece a Palavra de

Deus. Isso, porém, não exclui a possibilidade de as pessoas encontrarem a Deus por meio das Escrituras. De fato, muitos já tiveram um encontro com Deus dessa forma. Isso ocorre porque Deus é misericordioso e derrama luz sobre essas pessoas. Enquanto estavam lendo a Bíblia, Deus teve prazer em revelar-lhes Seu Filho, a fim de que fossem salvas. Apesar disso, a forma de conhecer a Bíblia é conhecendo a Cristo. Quando você lê Romanos, Gálatas e Efésios, encontrará um homem que tinha grande entendimento do Antigo Testamento. Como Paulo adquiriu tal conhecimento? Primeiramente conhecendo a Cristo em seu interior.

O Ministério da Palavra Baseia-se no Conhecimento de Cristo

Uma vez que foi iluminado para conhecer a Cristo, imediatamente Paulo começou a pregar nas sinagogas que Jesus era o Cristo. *Então, permaneceu em Damasco alguns dias com os discípulos. E logo pregava, nas sinagogas, a Jesus, afirmando que este é o Filho de Deus.* Entretanto, quando os judeus se recusaram a crer na pregação, Paulo *mais e mais se fortalecia e confundia os judeus que moravam em Damasco, demonstrando que Jesus é o Cristo* (At 9.19-20, 22). Visto que os judeus criam no Antigo Testamento, Paulo provou-lhes, com base nele, que Jesus era o Cristo. É estranho encontrar um homem que poucos dias antes perseguia aqueles que invocavam o Nome e tinha ido a Damasco prendê-los com autorização dos principais sacerdotes, agora provando com tal ímpeto que Jesus era o Cristo, usando as palavras do Antigo Testamento. Isso indica que o ministério da Palavra baseia-se no conhecimento de Cristo.

Conhecendo a Palavra de Deus
por Meio de Cristo

Repetidamente nós afirmamos nosso respeito pela Bíblia. O fundamento de toda mensagem divina encontra-se nas Sagradas Escrituras. No entanto, enfatizamos também que o apenas uso da Bíblia não torna ninguém um ministro da Palavra. Não há Palavra de Deus para aqueles que não lêem a Bíblia; no entanto, a familiaridade com a Bíblia não constitui automaticamente um ministério da Palavra. Conhecer a Cristo é a chave do ministério. Se você tiver de proclamar a Palavra do Senhor, precisará ter uma iluminação forte e plena que fará com que você reconheça que o Jesus de Nazaré é o Cristo, o Filho de Deus. Tal conhecimento faz você cair por terra e dar uma volta de 180 graus. E a partir daí a Bíblia torna-se um livro novo e aberto para você.

Depois que Pedro recebeu essa revelação básica de Cristo, o Senhor Jesus lhe disse: *Sobre esta pedra edificarei a minha igreja...* (Mt 16.18). Essa pedra aponta não somente para Cristo, mas para a Sua revelação. A confissão de Pedro não era o resultado de uma revelação humana, mas era resultado do que fora revelado pelo Pai que está nos céus. Por meio da revelação nós passamos a reconhecer que a pedra é Cristo, o Filho de Deus. A Igreja é edificada sobre esta Rocha. O fundamento da Igreja é firmado em Jesus Cristo, o Filho de Deus. As portas do inferno não prevalecerão contra a Igreja porque seu fundamento é Cristo, o Filho de Deus. Como, porém, Cristo é reconhecido? Como o Filho de Deus é conhecido? Ele é reconhecido mediante revelação, e não por meio de instrução bíblica dada pela carne e pelo sangue. Supondo que haja alguém falando sobre a Bíblia hoje, em outras palavras, carne e osso ensinando as Escrituras; portanto, será que realmente conhece a Cristo? Não. Nós conhecemos a Cristo quando o Pai celestial nos revela, à parte da instrução humana. Quando Deus fala, você passa a conhecer quem é

Jesus de Nazaré. Assim, a Igreja é edificada sobre a revelação de Cristo.

Se haverá ou não revelação será uma questão que concerne não somente a Pedro, Paulo, João e Mateus; também diz respeito a toda a Igreja. Se quisermos servir a Deus com Sua Palavra, temos de possuir essa revelação básica, senão podemos ensinar a Bíblia, mas não poderemos apresentar Cristo às pessoas. Um ministro da Palavra deve servir Cristo às pessoas. Esse trabalho de compartilhar o Senhor com outros exige que tenhamos uma revelação de quem Jesus é. Sem essa revelação a Igreja não tem fundamento.

As coisas que aconteceram a Pedro, Mateus, João e Paulo nos primórdios do cristianismo podem acontecer a um ministro da Palavra de hoje. Temos alguns irmãos que não possuem muito conhecimento bíblico; mesmo assim, têm uma experiência especial, quer dizer, foram levados pelo Senhor a um nível no qual se prostraram diante Dele. Eles reconhecem que Jesus de Nazaré é o Cristo de Deus, o qual supera todas as obras; sabem que Jesus de Nazaré é o Filho de Deus que transcende a tudo. Quando eles começam a pregar a Bíblia, são verdadeiramente ministros da Palavra, porque conhecem a Cristo. Lembremos que o ministério da Palavra baseia-se não na familiaridade com a Bíblia, mas também (e mais importante) no conhecimento de Cristo. Isso não diminui nem exclui o valor do conhecimento e da exposição das Escrituras. Simplesmente enfatiza o fato de que pode não haver ministério da Palavra por meio do toque exterior da Bíblia, sem o conhecimento interior de Cristo. O ministério da Palavra é fundamentado numa revelação interior – não em muitas revelações fragmentadas de diferentes passagens da Bíblia, mas em uma revelação básica de Cristo.

Quem é o Ministro da Palavra?

Quem é o ministro da Palavra? É aquele que traduz Cristo na Bíblia; quer dizer, ele fala às pessoas sobre o Cristo que conheceu nas palavras da Bíblia, de modo que naqueles que recebem a Bíblia o Espírito Santo traduz novamente a Cristo. Isso pode soar estranho, embora seja o fato. O Cristo que o ministro conhece é uma pessoa viva, e a Bíblia também está repleta desse Cristo vivo. Ele enxerga o Senhor Jesus na misericórdia de Deus, embora O enxergue também na Bíblia. Quando fala da Bíblia, ele traduz Cristo na linguagem da Bíblia.

Nós sabemos que assim como o céu está distante da Terra, assim também é a distância entre uma palavra com uma tradução e uma palavra sem tradução. Alguns pregadores movem-se da Bíblia para Cristo, de modo que empregam a Palavra como ponto de partida; outros, porém, começam com Cristo e transformam o Cristo vivo nas palavras da Bíblia. Eles O colocam nas palavras das Escrituras e as apresentam às pessoas. Então, é responsabilidade do Espírito Santo abrir essas palavras e apresentar Cristo aos ouvintes. Se não houver conhecimento Dele, a apresentação será interrompida, restando apenas a exposição da Bíblia; nada acontecerá na audiência, uma vez que somente as palavras da Bíblia estarão sendo transmitidas.

Os homens precisam conhecer a Cristo. Aquele que possui um conhecimento básico de Cristo é capaz de enviá-Lo nas palavras da Bíblia; subseqüentemente, o Espírito Santo assumirá Sua responsabilidade. O homem prega e o Espírito Santo opera. É o Espírito Santo que abre as palavras e oferece Cristo às pessoas. Esse processo chama-se ministério da Palavra. Temos de ter a responsabilidade de apresentar por meio de palavras o Cristo que conhecemos e possuímos; a seguir o Espírito Santo será responsável por dar vida à Palavra de Deus. Se começarmos com as doutrinas e ensinos da Bíblia, o Espírito Santo não será responsável por oferecer Cristo. Falar somente sobre a Bíblia não é suficiente para apresentar Cristo; é preciso que haja conhecimento Dele para que isso seja feito.

Um ministro da Palavra é alguém capaz de compartilhar o Senhor por meio das palavras que fala. Enquanto as palavras são pronunciadas, o Espírito Santo opera capacitando os homens a tocar e conhecer a Cristo. Somente dessa maneira a Igreja pode ser enriquecida. Não pensemos que os ouvintes devem assumir toda a responsabilidade. A verdade é que nós mesmos temos de assumir a responsabilidade. Já se tornou algo quase habitual para as pessoas ouvirem alguma explanação ou explicação sobre a Bíblia. Tudo começa com as Escrituras e termina com ela. Os ouvintes não recebem uma revelação de Cristo por trás do Livro. Como resultado, a Igreja torna-se pobre e estéril.

O ministério da Palavra de Deus consiste em traduzir o Cristo que conhecemos nas palavras da Bíblia e a seguir traduzir mediante o Espírito Santo essas palavras de volta à forma de Cristo para as pessoas. Precisamos traduzir a Palavra Pessoal na palavra falada, e o Espírito Santo então traduz a palavra falada na Palavra Pessoal. O ministro da Palavra é capaz de transformar a Palavra Pessoal e a palavra falada numa única unidade. Quando ele se levanta e fala, as pessoas vêem o Cristo de Deus em suas palavras. Juntamente com suas palavras, a Palavra de Deus é proclamada. A Bíblia é enviada e também Cristo, pois os dois são apenas um.

A atual pobreza na Igreja é decorrente da precariedade dos ministros. Portanto, devemos pedir a Deus que tenha

Conhecendo a Palavra de Deus
por Meio de Cristo

misericórdia de nós, a fim de que possamos ver o quanto nossas revelações estão fragmentadas e o quanto nossas palavras são externas e superficiais, bem como nossa exposição da Bíblia. O Cristo que nós conhecemos não é totalmente suficiente; o tratamento que recebemos não é suficiente e completo. Como resultado, temos pouca provisão de Cristo. Podemos compartilhar às pessoas as palavras da Bíblia, mas não podemos compartilhar o próprio Cristo. Entretanto, se um dia nós realmente estivermos sob a misericórdia de Deus, seremos iluminados para ver que no *princípio era o Verbo, e o Verbo estava com Deus*. O Filho de Deus é a Palavra [o Verbo] e a Palavra tornou-se carne; Jesus de Nazaré é a Palavra. A Bíblia é a Palavra de Deus; assim também é o Homem. Tendo sido escolhido por Deus para ser Seu ministro, você fala sobre a Bíblia e assim fala também sobre o Homem. Quando oferece as palavras da Bíblia aos homens, você oferece também o Homem, pois está pregando a Cristo.

A verdadeira pregação proclama a Cristo. O suprimento da Palavra de Deus é a provisão do Homem. A menos que o indivíduo tenha se prostrado diante de Deus, dizendo "ó Senhor, sou indigno", não pode ser ministro da Palavra. Ao olharmos para a atitude de um indivíduo podemos avaliar com segurança se é um verdadeiro ministro da Palavra ou não. Quem pode suportar esse duro discurso? Não se trata de pregar sobre Cristo, mas pregar a Cristo. Não é transmitir uma mensagem, mas transmitir um Homem. Quando as pessoas aceitam nossas palavras, elas aceitam a Cristo porque o Espírito Santo lhes oferece a Cristo. Somente isso faz de nós ministros da Palavra.

Trata-se de uma tarefa enorme, uma tarefa que supera em muito todas as habilidades humanas. Cada servo de Deus deve reconhecer sua incompetência. Deve se prostrar diante de Deus, reconhecendo o quanto é incapaz de compartilhar Cristo, embora possa ter grande habilidade de falar sobre doutrinas e ensinos da Bíblia. Devemos buscar a misericórdia de Deus hoje. Precisamos reavaliar tudo. Temos de ver o quanto somos totalmente inúteis. Somos completamente impotentes sem Sua misericórdia. Ser ministros da Palavra é uma questão séria, que não deve ser encarada levianamente; não é uma tarefa fácil, que pode ser realizada apenas lendo a Bíblia muitas vezes. Um ministro da Palavra deve ser capaz de oferecer Cristo às pessoas e ajudá-las a tocar Nele por meio de suas palavras.

PARTE TRÊS

O Ministério

O Fundamento do Ministério
Revelação e Pensamento
Carga e Palavra
A Disciplina do Espírito Santo e a Palavra
A Palavra e a Memória
A Palavra e os Sentimentos
A Palavra e a Liberação do Espírito
Alguma Ajuda para uma Mensagem Adequada

Capítulo 10

O *Fundamento do Ministério*

Tendo considerado o ministro e a Palavra do Senhor, agora dedicaremos toda a nossa atenção ao assunto do ministério.

Como já indicamos antes, tanto no ministério do Antigo como do Novo Testamento há algo do elemento humano. Portanto, há um perigo de o homem (caso não tenha sido instruído) permitir que seus ouvidos e sua língua se misturem à Palavra de Deus. É muito fácil o pregador misturar seus pensamentos e sentimentos pessoais à Palavra de Deus – caso não seja uma pessoa que se submeteu ao tratamento e à obra restauradora do Espírito Santo. Assim, a Palavra de Deus seria contaminada e maculada pelo homem. Trata-se de um grande perigo. Para obter um ministro da Palavra puro, Deus tem de trabalhar no indivíduo, a fim de que o homem interior seja quebrantado. Por isso é necessário que o ministro da Palavra aceite a disciplina e o controle de Deus; de outra forma, certamente ele destruirá a Palavra de Deus, misturando-a à sua própria natureza humana não tratada pelo Espírito.

No entanto, além de retirar elementos de nossa vida, o Espírito Santo também acrescenta elementos à nossa vida. De fato nós precisamos que o Espírito de Deus aplique a Cruz à nossa vida, tirando tudo aquilo que não deve estar em nós e ao mesmo tempo acrescentando a vida de Cristo à nossa vida. O Espírito Santo incorporou a vida de Cristo no apóstolo Paulo de tal forma que ele se tornou uma pessoa bem diferente da que fora antes da conversão. Não é uma mudança operada na carne; trata-se do Espírito Santo acrescentando a vida de Cristo no ser humano. Em Paulo, esse processo alcançou um nível tão elevado que quando ele falava, o Espírito de Deus também falava. Paulo disse: *Ordeno não eu, mas o Senhor* (1 Co 7.10). Esse é o verdadeiro ministério da Palavra de Deus, e homens assim são os verdadeiros ministros. O elemento humano deve ser tratado pelo Espírito Santo de tal forma que mesmo quando ele é misturado à Palavra de Deus, ela não sofre nenhum prejuízo. Ela se mantém pura. Além de não sofrer nenhum dano ou perda, ela é aperfeiçoada! O Espírito Santo deve ter tido oportunidade de tratar a vida do pregador de tal forma que quando ele se levanta para falar as pessoas ouvem Deus falando. As pessoas sentem-se seguras em receber e aplicar suas palavras, pois a obra de constituição do Espírito Santo nele é tão profunda e completa, que quando ele fala Deus fala, suas avaliações são as avaliações de Deus e suas refutações são as refutações de Deus.

Ao considerarmos a questão da Palavra de Deus, nós vimos dois fatores importantes. Em primeiro lugar, que toda revelação posterior deve seguir as revelações anteriores. Uma vez que todo o ministério da Palavra no Novo Testamento foi baseado nas palavras do Antigo Testamento, o ministério da Palavra de hoje deve ser fundamentado nas revelações do Antigo e do Novo Testamento. Portanto, a Bíblia é a base do ministério. Deus não fala de forma independente; Ele fala por meio de Sua Palavra e derrama nova luz a partir da luz que já foi derramada. Hoje Deus não oferece luz independente. Ele compartilha revelação nova de acordo com Suas revelações passadas.

Em segundo lugar, vimos que é imperativo que aqueles que são ministros da Palavra tenham um encontro fundamental com Cristo. Eles precisam ter essa revelação básica antes de usar a Bíblia como fundamento do ministério. Esses dois fatores não são contraditórios. Por um lado, o atual ministério da Palavra deve ser baseado inquestionavelmente nos ministérios passados – assim como o Novo Testamento se baseava no Antigo Testamento; por outro lado, também temos de reconhecer o fato de que todo aquele que ministra a palavra deve primeiro ter um encontro com o Senhor e receber a revelação de Cristo, antes que possa falar de acordo com a Palavra revelada na Bíblia. Esse segundo ponto não pode ser ignorado. Falar meramente com base no conhecimento que já temos da Bíblia seria inadequado; temos de possuir essa revelação fundamental de Cristo antes de podermos ministrar segundo a Palavra.

Cada Ministério Emana de uma Revelação

Quando tocamos na questão do ministério, devemos entender que existem dois tipos de revelação: a revelação básica, que é dada de uma vez por todas, e a revelação detalhada, que é dada repetidamente. Quando recebemos a revelação de Cristo, obtemos a revelação básica, a mesma que Paulo recebeu. Posteriormente, descobrimos na Bíblia que aquilo que já vimos diante do Senhor é o básico. Ao ver o Senhor, todo o nosso ser se prostra diante de Deus. Reconhecemos que nada que possuíamos antes pode ser mantido, nem mesmo o nosso zelo no serviço do Senhor – como aconteceu com Paulo. Temos de reconhecer que Saulo de Tarso caiu por terra. Ao cair, ele não deixou para trás uma vida de perversidade, mas uma vida de dedicação; não uma vida de frieza espiritual, mas de zelo religioso. Ele conhecia a Lei mosaica, conhecia o Antigo Testamento e era mais zeloso do que seus contemporâneos fariseus. Paulo era tão zeloso que renunciou a tudo o mais para se dedicar somente a perseguir a Igreja. Ele sentia que fazendo isso estava servindo a Deus e fazia isso de todo o coração. Deixando de lado seu erro, temos de admitir que seu zelo era genuíno. No entanto, ao ser confrontado pela luz, no mesmo instante caiu por terra. Rapidamente Paulo reconheceu que no passado estava se dedicando a perseguir ao Senhor e não a servi-Lo.

Muitas pessoas podem se converter e ainda assim continuarem cegas em relação ao serviço, assim como Saulo era cego. Ele achava que estava servindo a Deus; entretanto, quando foi iluminado pelo Senhor, clamou do fundo do seu ser: "Senhor, que queres que eu faça?". Talvez seja uma pergunta que muitos cristãos nunca fizeram. Nunca foram tocados pelo Espírito Santo para verem o Senhor como Senhor. Talvez estejam apenas dizendo "Senhor, Senhor", como as pessoas citadas por Jesus em Mateus 7, mas nunca viram Jesus como Senhor de acordo com 1 Coríntios 12. No exemplo de Saulo vemos alguém que confessou pela primeira vez a Jesus de Nazaré como Senhor e perguntou pela primeira vez: "Senhor, que queres que eu faça?". Ele tinha caído – caído do seu trabalho, do seu zelo e sua justiça própria. Após essa experiência fundamental, a Bíblia tornou-se um novo livro – um livro aberto.

Muitas pessoas dependem de instruções ou de referências no estudo da Bíblia; elas não conhecem as Escrituras por meio de um encontro com o Senhor. No entanto, ocorre algo maravilhoso: assim que o indivíduo tem um encontro com o Senhor e recebe iluminação, a Bíblia torna-se um novo livro para ele. Certa vez, um irmão compartilhou a seguinte experiência: "Quando o Senhor me pôs sob Sua luz, o que recebi naquele dia foi suficiente para que eu pregasse durante vários meses". Primeiro você precisa dessa experiência básica; a partir dela, você receberá muitas outras revelações. Depois de receber essa revelação fundamental, você perceberá que Deus está falando em toda a Bíblia. Dia após dia você receberá muitos fragmentos de revelação que poderá usar ao ministrar as pessoas. Esse processo chama-se ministério.

Portanto, o ministério baseia-se no processo de recebermos uma palavra diante de Deus. Nós tivemos um encontro com Cristo e desejamos servir à Igreja com o Cristo que conhecemos; para isso temos de ter uma revelação cada vez que servimos. O ministério requer que vejamos algo diante de Deus e o apresentemos como novidade à Igreja. Como já dissemos, há dois tipos de revelação: a revelação básica e a revelação detalhada, a revelação "uma vez por todas" e a revelação "cada vez". Sem possuirmos a primeira, é impossível ter a segunda. Somente depois que asseguramos a revelação básica, nosso espírito pode ser realmente usado; somente então nosso conhecimento do Senhor e da Bíblia torna-se útil e somente então nós também nos tornamos úteis para Deus.

Mesmo assim, ainda não podemos simplesmente sair e exercer o ministério. É verdade que essa revelação básica nos torna ministros, mas quando você exerce o ministério, precisa de revelações detalhadas acrescentadas à revelação fundamental. O ministério é fundamentado no entendimento básico e na revelação, mas quando Deus envia você para falar, você deve aprender como receber a revelação particular para aquele dia, diante de Deus. Não é porque um dia eu recebi uma revelação que estou pronto para pregar. Cada vez que eu prego, preciso receber uma revelação especial para a ocasião. Cada revelação produz serviço, cada revelação nos dá uma provisão especial, cada revelação constitui o nosso ministério.

A revelação básica que uma vez nos foi dada não é provisão suficiente para toda uma vida; ela serve apenas de base para uma revelação mais plena e contínua diante de Deus. A primeira revelação abre a porta para muitas outras. Sem a primeira revelação não pode haver revelação adicional; mas juntamente com a primeira, muitas outras serão dadas. Não é porque um dia um indivíduo recebeu uma revelação que poderá exercer um ministério de longa duração baseado nessa única revelação inicial; assim como dependemos do Senhor a cada momento de nossa vida, da mesma maneira o nosso serviço precisa depender Dele. Cada revelação que recebemos produz uma nova oportunidade ministerial. Por isso é preciso muitas revelações para muitas oportunidades de ministério. Tenhamos em mente que cada revelação é suficiente apenas para uma ocasião de ministério, não para duas. Mesmo assim, todas essas revelações detalhadas são baseadas numa revelação fundamental.

Esses problemas fundamentais devem ser solucionados antes que haja a possibilidade de sermos ministros da Palavra. Deve haver o acréscimo contínuo de revelação após revelação; nenhuma revelação individual pode suprir um ministério ilimitado. Cada revelação propicia uma oportunidade de ministério; cada uma oferece uma oportunidade de serviço. Não quer dizer que devemos ter vários sermões preparados com antecedência e que podem ser usados sempre que surge a oportunidade. Não devemos ter um sermão memorizado, que podemos pregar em qualquer ocasião. Devemos entender que proclamamos a Palavra de Deus e não a nossa palavra. Você pode ter decorado bem um discurso, mas, mesmo assim, se for ministrar a Palavra de Deus precisa que Ele fale com você primeiro. Revelação contínua gera ministério contínuo.

As Coisas Espirituais São Nutridas por Meio da Revelação

Depois que recebeu a revelação básica pela primeira vez, você descobre que a Bíblia é viva. Por exemplo, você se dá conta de que Cristo é a sua santidade. Você enxerga com uma clareza especial que Cristo é a sua santificação; não que Ele santifica você ou compartilha com você a Sua santidade, mas sim que Ele é a sua santificação. O homem capaz de enxergar isso é o homem cujos olhos foram abertos pelo Senhor. Ele percebe que sua santidade não é um comportamento, mas uma Pessoa, ou seja, o próprio Cristo. O mesmo é verdade em relação à justiça. Não se trata da soma total de muitos atos de bondade, mas é Cristo a minha justiça. Deus fez de Cristo a minha justiça; minha justiça é uma Pessoa.

Pode ser que dois meses mais tarde você saia para exercer o ministério. Você começa a dizer aos irmãos que Cristo é a nossa santificação, que ser santo é uma coisa, mas a santificação como uma Pessoa é algo totalmente diferente. Para fazer isso, é claro, você não pode meramente depender da revelação que obteve dois meses atrás. Você precisa se aproximar novamente do Senhor, dizendo: "O que devo falar, Senhor?". Depois que Deus revela o que você deve falar, então você tem o verdadeiro ministério da Palavra. Cada vez que Deus desejar que você fale aquela verdade, Ele reacenderá a revelação dada anteriormente, a fim de que você enxergue mais uma vez, com um novo frescor, algo que não viu da outra vez.

O que queremos dizer com revelação? Quer dizer que vemos algo em Cristo. A Bíblia está repleta de Cristo, e a revelação nos mostra o que há Nele. Cristo nossa santificação é um fato já registrado na Bíblia, mas quando vemos isso pela primeira vez sentimos a novidade. Tudo o que é mostrado na revelação é a coisa mais nova do mundo, algo cheio de vida e de poder. A revelação é nova, e ela renova as coisas velhas.

Desejamos que o leitor tome nota deste fato: a revelação não somente torna a letra viva, renova o velho e torna o objetivo "subjetivo"; ela também transforma o subjetivo em algo novo. A revelação original transforma toda a verdade objetiva em Cristo numa experiência subjetiva na vida do indivíduo. Antes dessa revelação, tudo em Cristo era objetivo; no momento, porém, em que recebemos aquela revelação básica, todas essas coisas objetivas tornam-se subjetivas para ele. Apesar disso, quando o indivíduo se levantar para ministrar a Cristo, precisa que Deus renove para ele aquela verdade em particular.

Lembremos que todas as coisas espirituais devem ser nutridas pela revelação. Deus deseja que tudo aquilo que concerne a Cristo seja mantido vivo e nutrido mediante a revelação. Somente a revelação divina pode renovar em nós as coisas velhas . Tudo aquilo que diz respeito a Cristo deve sempre ser mantido na revelação; a ausência de revelação torna tudo morto. Você pode supor que uma vez que já viu aquele assunto antes, pode falar sobre ele hoje. No final, porém, você será incapaz de compartilhar algo às pessoas. O mesmo pode ser aplicado à pregação do evangelho. Você pode se lembrar bem de como o Senhor é seu Salvador e como os seus pecados foram perdoados. Ao pregar o evangelho, às vezes você cita essas realidades; entretanto, em algumas ocasiões, parece que quanto mais você fala mais se afasta dessas verdades, como uma cola que perdeu sua capacidade de aderência. A diferença é que uma vez houve relação e na outra vez não houve. Somente a verdade que vem mediante revelação é nova, viva e poderosa. Lembre-se, a morte sobrevém a toda verdade espiritual desprovida de revelação.

Conseqüentemente, quando vamos ministrar a Palavra às pessoas, não podemos depender da memória, não podemos apelar para as experiências e palavras que tivemos no passado. Pode ter sido bom daquela vez, mas não agora. Se você pregar usando esses recursos, sentirá que há algo errado. Você não tocou na essência; ela ficou perdida na distância.

A maravilha da revelação reside aqui; não se trata de ensino. Muitas pessoas cometem um erro fundamental: acham que sempre podem ensinar. Notemos, porém, a inutilidade da mera doutrina e do ensino. Jamais pense que a sua elevada capacidade de pregar é o suficiente. Você pode pregar a verdade e as pessoas podem lhe dizer o quanto gostaram de sua pregação, mas você deve ser seu próprio juiz, porque interiormente você sentirá que está faltando algo. Muitas vezes as pessoas são ajudadas de forma muito vaga e superficial; por isso, não se envaideça se as pessoas lhe disserem que foram ajudadas. Elas podem estar apenas sendo gentis, sem na verdade terem sido realmente ajudadas de forma profunda. Você, por sua vez, saberá exatamente se a Palavra passou perto ou longe, se foi velha ou nova, morta ou viva. Se você tiver recebido revelação do Senhor, então certamente terá tocado nos corações quando pregou. Você terá tocado na realidade viva. Ao pregar, você saberá que sua palavra está viva e que ela tem o poder de solucionar problemas. Portanto, lembre-se: cada vez que você ministra a Palavra precisa receber uma revelação nova.

Em 1 Coríntios 14, a questão dos profetas é abordada. Todos os profetas podem profetizar; *se, porém, vier revelação a outrem que esteja assentado, cale-se o primeiro* (v. 30). Assim, há vários profetas na congregação, e um deles está falando. Enquanto ele está falando, alguém que está sentado recebe uma revelação e pede ao irmão que está falando que lhe dê a palavra. Assim, o primeiro se cala. Aquele que recebe a segunda revelação tem a mensagem mais nova, mais poderosa e mais plena de vida; por isso deve ter permissão para falar. Embora todos sejam profetas, a revelação recebida por último tem prioridade. Portanto, o ministério é baseado no recebimento contínuo de revelação. A falta de revelação priva o indivíduo do pleno ministério.

Jamais devemos acalentar o pensamento de que se um dia pregamos uma determinada mensagem com a unção do Senhor, podemos repetir a mesma mensagem outras vezes, com a mesma unção. Jamais devemos pressupor que muitas pessoas se arrependerão dessa vez só porque foi esse o resultado da última vez. A mesma mensagem, com o mesmo conteúdo, pode não produzir o mesmo resultado; somente a mesma unção produz os mesmos resultados. É preciso que haja a mesma revelação para que haja a mesma emissão de luz; a mesma mensagem não produz necessariamente a mesma luz. Vemos como é fácil as verdades espirituais tornarem-se mortas em nossas mãos, como água estagnada. O fato de sermos capazes de transmitir as mesmas mensagens que pregamos três anos atrás (por exemplo) não significa que temos a mesma unção e a mesma luz que tínhamos na ocasião. Para repetir as mesmas mensagens, precisamos receber a mesma revelação que recebemos da outra vez. O ministério da Palavra não depende de já termos pregado a mensagem antes, mas de termos recebido uma nova revelação.

O maior problema na Igreja hoje é a falsa suposição de que com várias mensagens na mão os pregadores podem repeti-las e obter sempre os mesmos resultados. Afirmamos fortemente essa impossibilidade. É um erro fundamental enfatizar as mensagens em vez da revelação. Mesmo que usássemos as mensagens de Paulo ou de João, não poderíamos assegurar os mesmos resultados, a menos que recebêssemos a mesma revelação. Por isso o ministério da Palavra de Deus não é uma questão de letra, mas uma questão de revelação. Nós servimos com base na revelação, e não com base unicamente na letra. O verdadeiro ministro reconhece que seu ministério procede da revelação. Devemos fazer distinção entre doutrina e revelação. O que Deus falou ontem é doutrina; o que Ele falou anteontem também é doutrina, mas o que Ele fala hoje é revelação. Aquilo que lembramos é doutrina, enquanto aquilo que vemos e experimentamos é revelação.

Sabemos que os profetas não lidaram com o passado, mas somente com o presente e o futuro. O ministério profético revela a mente de Deus para hoje e para o futuro. Por isso a Bíblia chama aqueles homens de profetas e videntes. O profeta é aquele que vê primeiro. Ele é vidente. No Antigo Testamento há muitas profecias, embora muitas mensagens proféticas na verdade não fossem predições do futuro, mas avisos sobre a mente de Deus em relação ao povo. Veja o exemplo do profeta Natã. Ele falou com Davi depois dos acontecimentos envolvendo Bate-Seba e Urias, o heteu. Além de uma pequena mensagem profética predizendo algo sobre a esposa de Davi e o bebê, o principal encargo de Natã foi declarar o coração de Deus em relação à atual situação. O mais elevado ministério da Palavra de Deus na época do Antigo Testamento é a profecia. Devemos ter muito claro em nossa mente que todo aquele que admira a profecia como o mais elevado ministério da Palavra de Deus precisa entender o que Deus deseja fazer hoje e no futuro. Deve possuir a atual revelação de Deus; não pode se apoiar nas antigas mensagens. Muitos estão pregando com base em verdades recebidas há vários anos. Carecem de uma revelação atual, e por causa disso são incapazes de ser ministros da Palavra.

Duas Esferas Diferentes

Devemos reconhecer a existência de duas esferas diferentes: uma é a esfera da doutrina (a qual podemos aprender nos cursos, por meio de livros e professores) e a outra é a esfera da revelação. A primeira pode ser alcançada com um pouco de empenho, um pouco de inteligência e um pouco de eloqüência; a segunda, entretanto, está além da habilidade humana. Temos de reconhecer que, no ministério da Palavra, se Deus decidir reter Sua revelação, os homens se tornam absolutamente impotentes. Se Deus não falar, não há como forçar. Se Deus não der a revelação, nada pode ser realizado. Com a revelação há ministério; sem revelação não há ministério. Cada vez que pregamos, devemos ter a revelação de Deus atual como nosso fundamento. Nessa esfera temos de estar em paz com Deus, temos de estar na presença do Senhor; de outra forma não poderemos nos levantar diante dos homens. Na outra esfera (da doutrina), porém, os homens sempre serão capazes de realizar algo. Boa memória, inteligência e eloqüência são de grande ajuda. No entanto, na esfera da revelação não podemos ministrar se Deus não falar. Todos aqueles que já aprenderam a andar com Deus sabem disso. Eles podem discernir facilmente em que esfera alguém está pregando. As pessoas ignorantes tomam a eloqüência e inteligência como critério. Pensam que pregar é estritamente uma questão de oratória. No entanto, a Bíblia mostra que profecia é uma questão de haver ou não revelação; não é uma questão de eloqüência. Pregar sem revelação só pode edificar a mente e o pensamento das pessoas; não produz transformação.

A dificuldade pode ser explicada de modo bem simples: sem a revelação básica não pode haver mais revelação. Aquele que não recebeu a primeira revelação não é capaz de receber outras. Pode pregar ótimas mensagens, mas não pode trazer revelação às pessoas. Uma vez que os frutos são produzidos de acordo com as respectivas esferas, então depois que as pessoas ouviram tal pregador, a carne continua não tratada e indisciplinada. A mensagem proferida em uma esfera só produz frutos daquela esfera e nunca da outra. Dentro de uma esfera tudo é uma questão de doutrina e interpretação. Assim, a pregação só pode produzir aquilo que pertence a ela. O mesmo não ocorre na outra esfera. Se você continua a ter revelação diante de Deus depois da revelação inicial, sua mensagem transmite revelação aos outros. Somente revelação gera revelação e somente a luz produz luz. Somente a Palavra de Deus proporciona oportunidades para o Espírito Santo operar na vida das pessoas. Conhecimento produz conhecimento, assim como doutrina produz doutrina. Somente a revelação pode produzir revelação.

Não é suficiente transmitir doutrinas às pessoas; também não é suficiente transmitir revelações recebidas no passado, pois o que é doutrina, a não ser revelação do passado? A palavra na Bíblia um dia foi viva, mas não será viva em cada pessoa hoje a menos que o Espírito Santo fale novamente. Muitos leitores da Bíblia hoje tocam meramente na letra, e não na Palavra viva de Deus. Precisamos que o Espírito Santo fale novamente. Somente a pessoa a quem Deus está falando pode realmente ouvir. Cem pessoas podem estar ouvindo a mensagem, mas talvez somente duas são ajudadas. Talvez Deus esteja falando com as duas, mas as outras noventa e oito não ouvem. Se o Espírito Santo mantiver silêncio, as palavras da Bíblia tornam-se doutrinas. Não esqueçamos que todas as revelações passadas são meras doutrinas. Mesmo que Deus tenha falado com você e revelado algo no passado, hoje aquelas palavras e aquela revelação são meras doutrinas – se não receberem nova unção do Espírito Santo. Elas só poderão produzir o fruto da doutrina, e não o fruto da revelação.

O desafio que temos diante de nós hoje é que embora as doutrinas sejam transmitidas a cada nova geração, não há revelação. Por exemplo, um pai crente não pode gerar um filho crente. Por meio da operação do Espírito Santo, a primeira geração pode nascer de novo; da mesma forma, a segunda geração também pode ser salva; a terceira e a quarta geração, porém, podem não crer; apesar disso, membros da quinta geração podem nascer de novo pelo Espírito Santo. Cada geração necessita de uma ação do Espírito Santo. Não é como no nascimento natural. Geração após geração de seres humanos nasce sem nenhuma operação do Espírito Santo. São duas coisas diferentes. Uma coisa é pregar doutrinas; doutrinas podem ser transmitidas até por milhares de anos sem nenhuma dificuldade. Doutrina produz doutrina. A pregação da doutrina será transmitida à próxima geração. É como no nascimento natural, que não exige a ação do Espírito Santo. Não é assim com a revelação e com o ministério da Palavra de Deus. Cada vez que a Palavra de Deus é ministrada, é preciso que haja unção do Espírito Santo. Cada vez que uma alma nasce de novo, precisa de uma obra nova do Espírito Santo. Cada vez que há ministério da Palavra, é preciso que haja revelação do Espírito Santo. Sempre que o Espírito Santo cessa de se revelar, a Palavra transforma-se em mera doutrina. Quando a unção falha, não há mais visão e em decorrência disso não há mais ministério.

Portanto, oremos assim: "Ó Senhor, estamos aqui, totalmente impotentes. A Tua Palavra diz que se não nos prostrarmos diante de Ti, se ficarmos nos acotovelando à beira do caminho, como tantos homens fazem, sem realmente tocar em ti, então nada poderemos fazer". Muitos pregadores hoje falham em reconhecer o quanto são impotentes na Palavra. Muitos são como pregadores profissionais. Podem falar tudo sobre doutrinas, ensino, verdade e tudo sobre a Bíblia. Isso realmente é fácil!

O ministério da Palavra de Deus é algo que vai além do nosso poder. A menos que haja uma ação do Espírito Santo, não há regeneração. Podemos ser capazes de comunicar doutrinas a outros, mas para sermos verdadeiros ministros da Palavra, precisamos da revelação do Espírito Santo. Nessa esfera, o problema nunca é se estou ou não disposto a falar; toda a questão fica nas mãos do Senhor. Não é tão simples quanto imaginamos. Deus está verdadeiramente buscando ministros da Palavra. Ele busca homens que sejam seus porta-vozes. Busquemos a Sua face e confessemos: "Sou completamente impotente, Senhor, pois não posso falar". A natureza é totalmente inútil nessa questão. Somente os tolos podem se orgulhar, pois não enxergam a incapacidade humana nas coisas espirituais. Não percebem que a inteligência humana, a eloqüência ou o talento não podem desenvolver o ministério da palavra. Ele pertence a uma esfera diferente, na qual a natureza humana é totalmente excluída.

Amado, Deus nos levará a um nível no qual reconheceremos a absoluta inutilidade humana. Não temos nenhuma condição de levar uma pessoa ao novo nascimento por meios humanos. Os pais são capazes de gerar filhos segundo a carne, mas não podem produzir novo nascimento. De acordo com este mesmo princípio, você pode transmitir doutrinas às pessoas, pode compartilhar as interpretações dos textos bíblicos à próxima geração, mas não pode escolher por si mesmo ser um ministro da Palavra de Deus. Para isso, é preciso falar em nome de Deus. Se Deus não falar, a mera explicação da Bíblia não é suficiente. Somente depois de Deus falar conosco é que seremos capazes de comunicar Sua Palavra aos outros. É algo que vai além de nós. Muitos podem contar histórias, muitos podem pregar doutrinas, mas quem é capaz de falar as palavras vindas de Deus? Ao recebermos a misericórdia de Deus, então podemos falar. Se não recebermos, não teremos nada para falar. Isso, então, está totalmente além do nosso poder; somos impotentes nesta questão.

Não é verdade que Deus deseja realizar uma obra, que Ele busca ministros da Palavra? Deus escolheu você como ministro e mesmo assim você é totalmente impotente. É Deus quem tem misericórdia e lhe dá revelação, e assim o capacita a pregar a palavra. Você precisa ter a revelação básica, e então o seu espírito deve ser disciplinado e controlado pelo Senhor para estar sempre aberto para Ele, aguardando nova revelação. Que o Senhor opere em nossas vidas, para que nos prostremos diante Dele dizendo: "És Tu quem operas, Senhor. Sem a Tua misericórdia, eu sou impotente".

O Fundamento do Ministério

Nós vimos até aqui como o ministério é baseado na revelação da Palavra, a qual por sua vez é fundamentada na revelação de Cristo. Lembremos que nas questões espirituais, como na Palavra de Deus e seu ministério, não pode haver reservas. Nenhum pregador deve se gabar de ter colecionado tantas mensagens que pode pregar indefinidamente. Cada vez que pregamos, temos de ir diante de Deus com um sentimento de vazio, a fim de podermos ser cheios. Todos aqueles que se sentem satisfeitos com o que já conseguiram são incapazes de ser ministros da Palavra de Deus. Em cada ocasião, depois de termos recebido a Palavra, precisamos novamente nos sentir vazios como bebês recém-nascidos. Não sabemos nada diante de Deus – assim, aguardamos outro enchimento, mais Palavra e mais revelação, a fim de podermos transbordar novamente para os outros. Quando você retorna depois de ministrar a Palavra, está de novo completamente vazio. Precisa receber outro derramamento, repetidamente. Seu ministério é ser esvaziado. Nessa esfera espiritual, somente Deus pode operar; a natureza humana é inútil. Jamais seja descuidado a ponto de pregar a Palavra de forma leviana. Essa atitude pertence à outra esfera. Somente o Espírito Santo opera essa obra peculiar todas as vezes, pois nós somos incapazes. Que o Senhor tenha misericórdia de nós, a fim de aprendermos diante Dele como nós somos totalmente impotentes. Não sejamos tolos. O orgulho nos torna tolos, e nosso fracasso em enxergar a base das coisas espirituais também nos torna insensatos.

Capítulo 11

Revelação e Pensamento

O ponto de partida do ministério da Palavra é a revelação. Quando recebemos uma revelação, significa que Deus está nos iluminando; parece que recebemos um pouco de luz por meio da qual nos tornamos capazes de enxergar algo. Apesar disso, essa luz parece ser um tanto flutuante. Quando afirmamos que vimos algo, pode ser que na verdade não vimos nada; no entanto, quando afirmamos que não vimos nada, parece que isso indica distintamente que vimos algo. Vemos num momento, e no momento seguinte não enxergamos mais. Isso é o que ocorre com a iluminação. Quando somos iluminados pela primeira vez, parece que temos muita clareza interior, mas mesmo assim não conseguimos expressar o que vimos. Entendemos a verdade perfeitamente dentro de nós, mas por mais que tentemos, não conseguimos explicá-la. Interiormente, temos total clareza; exteriormente, porém, continuamos entorpecidos. Agimos como se fôssemos duas pessoas – lúcidos como nunca, e ao mesmo tempo tão confusos quanto antes. Então, depois de um tempo, esquecemos tudo, exceto que um dia Deus derramou luz sobre nós. Talvez, um pouco depois, Deus novamente derrame luz sobre nós. A luz vem pela segunda vez e novamente parece que enxergamos tudo. Aquilo que vemos pode ser exatamente o mesmo que vimos antes, ou pode ser um pouco diferente, ou pode até ser completamente diferente. No entanto, porque tivemos uma primeira experiência, tentamos a segunda vez manter a luz a fim de que ela não escape novamente de nós.

A Natureza da Luz

A luz tem uma natureza peculiar: ela facilmente se desvanece. A luz parece se mover muito depressa, ela chega rapidamente até nós, permanece pouco tempo e se afasta com a mesma rapidez. A luz parece relutante em permanecer. Todo aquele que ministra a Palavra compartilha o pensamento esperançoso de como seria bom se a luz permanecesse mais tempo, capacitando-nos a enxergar mais distintamente: que a luz permanecesse brilhando até que tivéssemos uma visão plena das coisas. No entanto, o mais estranho é que não há como segurar a luz.

Essa é a experiência de muitos servos de Deus. Muitas questões podem ser lembradas, mas a luz é difícil de lembrar. Nós sentimos a grandeza e a severidade da luz divina, mas ela passa rapidamente. Como podemos repeti-la? Quanto maior é a luz, menor é a lembrança. Muitos irmãos confessam que é extremamente difícil lembrar as coisas que receberam mediante revelação espiritual. Portanto, nós reconhecemos que é difícil lembrar da luz recebida. A luz é para ser vista com os olhos e não para ser retida na memória. Quanto mais luz nós enxergamos, maior é a dificuldade de lembrar. A memória humana não pode reter a luz, porque a natureza da luz é para revelação, não para memória.

Vamos observar a natureza dessa luz. Quando a luz brilha sobre você pela primeira vez, parece que se desvanece rapidamente – e é assim mesmo. São necessárias várias iluminações para que haja uma revelação. Talvez tudo o que reste da primeira iluminação seja apenas a lembrança de que vimos algo. Talvez nem lembremos exatamente o que vimos. Além do fato de que viu algo, sua memória não guardará nenhuma outra informação. Na segunda ocasião em que a luz vem, porém, você pode lembrar de parte do conteúdo; apesar disso, a luz se move tão depressa que é muito difícil retê-la. Entretanto, na terceira ocasião a luz pode durar um pouco mais e você poderá ser capaz de enxergar mais distintamente; apesar disso, você continuará tendo problemas para retê-la. Sempre que você recebe iluminação, o sentimento prevalecente será que a luz se desvanece muito depressa; ela passa muito rápido e logo se torna em algo que pertence ao passado. Você sabe que viu algo, embora não consiga explicar como viu ou o que viu. Às vezes a luz vem diretamente sobre o espírito, independentemente de qualquer outro canal. Outras vezes ela vem por meio das Escrituras; quer dizer, quando você está lendo a Bíblia, a luz é derramada sobre seu espírito. De acordo com nossa experiência, a iluminação geralmente é dada ao espírito, embora haja ocasiões em que ela vem por meio da leitura da Bíblia. Quer a luz venha direta ou indiretamente, sua característica continua a mesma: ela se desvanece com facilidade, o que torna difícil a sua retenção.

A Luz Traduzida em Pensamento

Agora veremos o segundo ponto, que é como transformar luz em pensamento. Quando a revelação vem, é Deus quem nos ilumina. Este é o ponto de partida do ministério da Palavra. Deus derrama luz em seu coração; ao fazer isso, Ele o ilumina. No entanto, essa luz vem e vai tão depressa que você não consegue lembrar dela nem retê-la. Como o indivíduo pode utilizar essa luz efêmera no ministério da Palavra? É impossível. Daí, algo precisa ser acrescentado à luz.

Esse elemento acrescentado à luz é o pensamento. Se o indivíduo foi tratado por Deus, de modo que seu homem exterior tenha sido quebrantado, ele de fato já deve ter pensamentos justos. Somente o indivíduo com pensamentos ricos pode transformar luz em pensamento. Somente pessoas assim podem entender o significado da luz. Esse conceito é similar à idéia expressada pelos irmãos que dizem: "Eu conheço grego e por isso posso compreender melhor o significado dos textos bíblicos". Da mesma forma, a luz é a Palavra de Deus, pois representa a mente divina. Se nosso pensamento é pobre, não conseguiremos compreender o significado nem o conteúdo da luz quando a recebermos. Entretanto, se nosso pensamento é rico e forte, então seremos capazes de interpretar a luz quando a recebermos e transformá-la em algo que podemos compreender; seremos capazes de lembrar o que vimos, uma vez que só podemos entender pensamentos – o que não pode ser feito com a luz. Em outras palavras, a luz que é lembrada é aquela que foi transformada em pensamentos. Antes de ela ser traduzida em pensamento, não temos como conhecê-la ou trazê-la de volta à mente. Depois que é transformada, porém, somos totalmente capazes de armazená-la e nos lembrar dela mais tarde.

REVELAÇÃO E PENSAMENTO

Por isso o pensamento (a mente) é tão importante no ministério da Palavra. Nossa capacidade de pensamento é essencial! Quando aprendemos a ser ministros da Palavra, veremos o significado do "entendimento" mencionado em 1 Coríntios 14. Esse capítulo chama nossa atenção especialmente para a questão da profecia. Por que tal assunto recebe uma atenção especial? Porque profecia envolve entendimento. Por que o falar em línguas não é enfatizado nesse capítulo? Pela simples razão de que esse dom não envolve entendimento. O v. 14 destaca esse fato: *Se eu orar em outra língua, o meu espírito ora de fato, mas a minha mente fica infrutífera*. Prosseguindo, o v. 15 diz: *Que farei, pois? Orarei com o espírito, mas também orarei com a mente; cantarei com o espírito, mas também cantarei com a mente*. O v. 19 diz: *Prefiro falar na igreja cinco palavras com o meu entendimento, para instruir outros, a falar dez mil palavras em outra língua*. Coerentemente, no ministério da Palavra de Deus o entendimento humano desempenha um papel muito importante. Deus deseja que a luz possa tocar o entendimento do ministro.

A luz brilha primeiramente no espírito, mas o propósito divino não é que ela permaneça ali. Deus deseja que Sua luz chegue ao entendimento. Depois que a luz chega ao entendimento, ela não se desvanece mais, mas pode ser retida. A revelação não tem uma natureza permanente. Ela é como o relâmpago, que brilha e desaparece. Quando, porém, a luz brilha e o entendimento do ministro a capta e compreende seu significado, então ela é *fixada* e seu conteúdo é conhecido. Quando fica apenas no espírito, a luz vem e vai livremente; entretanto, quando ela entra em nosso pensamento e entendimento, ela se fixa. Daquele momento em diante somos capazes de usá-la.

Temos de reconhecer que quando a luz se relaciona apenas ao nosso espírito nós não podemos usá-la, pois ela não alcançou o lugar onde pode ser útil. Para Deus, o homem é uma "alma vivente" (Gn 2.7). Só podemos usar aquilo que chega à nossa alma, pois de outra forma não pode ser controlado pela nossa vontade. Nós *não* somos espíritos. Nós temos espírito, alma e corpo. Quando a luz da revelação está no nosso espírito, ainda não podemos afirmar que ela nos pertence. A luz da revelação não deve permanecer no nosso espírito, mas deve alcançar nosso homem exterior. Também devemos reconhecer claramente que o nosso homem exterior não é capaz de receber revelação; somente o espírito pode. Apesar disso, a revelação não pode permanecer no espírito, mas deve chegar ao entendimento.

Esse processo de transformar luz em pensamento varia de uma pessoa para outra. Faz uma grande diferença se o indivíduo tem ou não pensamentos ricos diante do Senhor. Se o pensamento está distante da luz divina, então a revelação sofre uma grande perda. Se o vaso não é adequado ou é insuficiente, então novamente haverá perda. Quando a luz de Deus vem sobre uma pessoa, ela só será capaz de reter a luz se os seus pensamentos não estiverem dispersos ou ocupados com outras coisas. Uma mente dispersa, ou uma mente preocupada, não pode captar a luz divina. Podemos estar conscientes da luz, mas seremos incapazes de transformá-la em pensamentos porque nossa mente está sobrecarregada com outras questões. Talvez a mente não esteja dispersa nem sobrecarregada; talvez esteja entorpecida. Assim, quando a luz brilha sobre ela, o indivíduo é incapaz de discernir o que está recebendo. Um requisito básico para todos os ministros da Palavra de Deus é que tenham a mente renovada.

A dificuldade de alguns cristãos é que seus pensamentos são muitos e muito confusos. Não são capazes de transformar a luz divina nem compreendem seu significado. Com outros, o problema pode ser que seus pensamentos são muito lentos e sem sentido, pois sempre estão preocupados com coisas sem importância. Como, então, podem reter a luz divina ou compreender seu significado?

Deus é luz, pois a luz pertence à Sua natureza. A luz divina é tão grande, rica e superior quanto o próprio Deus. Se o nosso pensamento for pequeno, pobre, inferior ou confuso, sem dúvida perderemos grande parte da luz de Deus quando ela for derramada sobre nós. Deus jamais tenciona nos dar revelações pequenas. Quando Ele nos dá revelação, ela é grande; sua abrangência e conteúdo são ricos. Como alguma coisa desprovida de glória pode proceder do Deus da glória? A porção normal que Deus dá ao homem é um cálice transbordante. Deus é eternamente rico, grande e abrangente.

O problema hoje é a incompetência do pensamento dos homens de conter a luz que vem de Deus. O pensamento humano é pequeno e inferior, totalmente inadequado para reter a grande luz divina. Amado, como podemos esperar reter a luz de Deus com uma mente que é dispersa e confusa, do alvorecer ao anoitecer? Mesmo que Deus lhe desse luz, seus pensamentos insignificantes e inferiores seriam completamente incapazes de traduzir, compreender e reter essa luz.

Lembremos que antes que possa haver ministério da Palavra primeiro deve haver revelação de Deus. Entretanto, visto que Deus deseja usar os homens como Seus ministros, há também um elemento humano que precisa ser considerado. A luz da revelação entra no espírito do homem e a seguir é transformada em pensamento humano. Se o nosso espírito também estiver dispersivo, ele não será capaz de receber revelação ou luz. Se a nossa mente for incompetente, a luz não poderá alcançar o homem exterior nem será transformada em pensamento. A luz brilhou em nosso espírito, mas ela exige uma mente sã e rica para interpretá-la em nosso entendimento e mais tarde transformá-la em palavras. Se a nossa mente estiver preocupada com os cuidados do mundo, ou oprimida pelos problemas de alimentação ou de família, então onde conseguiremos a força extra para pensar nas coisas espirituais?

A força mental do indivíduo funciona como sua força física. Se o seu braço for capaz de levantar um peso de dez quilos, então ele não pode manusear nada com peso mais elevado, nem mesmo com um grama a mais. Da mesma forma, nossa força mental é limitada. Se exaurirmos toda a nossa energia mental em outras coisas, não sobrará nada para dedicarmos às coisas de Deus; por isso não seremos capazes de transformar a luz divina em pensamentos.

Alguns irmãos concentram a mente nos problemas familiares, nos problemas de comida e bebida e nos projetos pessoais; deixam pouco espaço no pensamento para Deus. A mente fica totalmente ocupada pelos assuntos terrenos e é oprimida por eles o tempo todo. Não significa que o espírito deles é incapaz de receber luz; mesmo quando recebem luz, o que é recebido é desperdiçado porque não possuem uma mente lúcida com a qual reter a luz. A iluminação deve ser manuseada por uma mente livre para recebê-la. É preciso uma mente forte e rica para reter a luz. Quando a mente do indivíduo está ocupada com outros problemas, parece que fica vagando num labirinto, incapaz de se desvencilhar e discernir a luz. O indivíduo sabe que a luz brilhou em seu espírito, mas a partir dali ficou bloqueada.

A luz divina segue determinado caminho, assim como a Palavra de Deus segue determinado caminho. Para que a Palavra de Deus se torne uma ministração para nós, ela deve ser submetida a certos estágios prescritos. Se quisermos servir ao Senhor por meio da Palavra, temos de permitir que a

Palavra passe por esses estágios. Qualquer defeito na mente pode bloquear a luz no espírito, impedindo que seja traduzida em palavras.

É bem estranho que quando a luz brilha em nosso espírito em geral nós não apreendemos seu significado. Ela se desvanece antes que sejamos capazes de compreendê-la. Muitas vezes nossa mente se mostra incapaz de decifrar o significado da luz. Nós vimos algo, mas ainda não sabemos o que é. Portanto, nesse caso há a necessidade de uma segunda ou terceira iluminação antes que possamos reter a luz. Apesar disso, se nossos pensamentos forem ricos, conseguiremos reter a luz com facilidade, quando ela brilha a primeira vez. Se a nossa mente não tiver nenhuma outra preocupação ou não estiver ocupada com outros assuntos, seremos capazes de perceber distintamente o conteúdo da luz.

Todas as pessoas experientes concordarão com isso: quando nossa mente tenta traduzir a luz, parece que a luz está sempre fugindo; por isso nosso pensamento deve limpar rapidamente nossa mente ou a luz nos escapará. Quanto mais rápido for o nosso pensamento, mais rápida será a tradução. Se a luz escapar, pode ser que, pela misericórdia divina, ela brilhe uma segunda vez. Se não brilhar, saberemos que perdemos algo precioso e tudo por causa da inadequação de nossa mente. Muitas vezes sentimos que nosso pensamento não é suficientemente aguçado. Com freqüência, depois que contemplamos a luz, tentamos desesperadamente transformá-la em palavras, mas é como se estivéssemos salvando objetos de um incêndio. Por mais que nos apressemos, salvamos algumas partes, mas sentimos que o melhor se perdeu. A luz nunca permanece tempo suficiente para podermos pensar lentamente e digerir devagar o seu conteúdo. Ela vem rápido e vai embora da mesma forma.

Quando você tenta reter a luz e não consegue, deve reconhecer o quanto a sua mente é inadequada. Antes de tentar ligar o pensamento à luz divina, pode se considerar muito inteligente e até se gabar disso. Apesar disso, você descobrirá sua debilidade mental quando perceber que é incapaz de transformar a luz de Deus em palavras significativas. O sentimento será o mesmo do intérprete que não encontra as palavras para interpretar uma mensagem de conhecimento. No caso da interpretação, aquele que fala pode esperar o intérprete encontrar as palavras. A luz, porém, nunca espera. Se você não conseguir acompanhar, ela simplesmente se desvanece. Nós ficamos sem saber o que devíamos fazer, mas temos plena consciência do que aconteceu. A parte da revelação que é retida permanece; o resto se desvanece. Se a luz retornar, poderemos ter outra chance de capturá-la. Graças a Deus por isso. No entanto, se ela nunca mais retornar, sofreremos a perda, e a Igreja sofrerá conosco. A Igreja perderá um precioso ministério da Palavra.

Quem, então, faz a escolha de um ministro? É Deus. Apesar disso, quando o nosso pensamento se perde atrás da luz nós perdemos uma oportunidade ministerial. Por isso, reconheçamos a importância de nossa mente no que diz respeito à Palavra de Deus. Muitos pregadores demonstram insensatez por acreditar que não é necessário o uso da mente no ministério da Palavra de Deus. Em 1 Coríntios 14, Paulo claramente indica a necessidade de entendimento nos ministérios. Nenhum indivíduo pode ser um bom ministro da Palavra se não tiver entendimento e inteligência.

O Quebrantamento do Homem Exterior

Talvez alguém levante a questão sobre como devemos considerar o ensino bíblico que afirma que a sabedoria humana não deve ser empregada nas questões espirituais. Esta questão aponta para a necessidade de o homem exterior ser quebrantado. Se os nossos pensamentos, como um servo obediente, ficam aguardando a iluminação a fim de compreender o significado daquilo que foi revelado no espírito, então eles se tornam servos fiéis; sem eles não pode haver ministério da Palavra. Se os nossos pensamentos, porém, em vez de entenderem a luz tendem a impor suas próprias idéias, então eles se tornam o pior dos senhores.

Há uma enorme diferença entre o pensamento que é um servo obediente e o pensamento que é um tirano. Quando o pensamento assume o papel de senhor, ele tenta, por sua própria conta, conceber a luz de Deus, criar os pensamentos de Deus e manufaturar a Palavra. É isso que nós chamamos de sabedoria humana. Quando o homem pensa independentemente de Deus, isso é sabedoria humana, a qual é condenada por Deus. Tal pensamento independente precisa ser quebrado. Nosso pensamento deve ficar de prontidão como um servo obediente, pronto para ser usado por Deus. Não tente conceber luz; a luz é dada por Deus em nosso espírito. Pelo contrário, nosso pensamento deve estar preparado para entender, traduzir e reter a luz.

Podemos dizer que no ministério da Palavra de Deus o pensamento é um servo indispensável. Há uma grande diferença entre conceber luz e reter luz. Todo aquele que realmente aprendeu com Deus sabe imediatamente se um pensamento do pregador é mestre ou servo. Sempre que o pensamento humano se sobrepõe às coisas de Deus e usurpa o lugar de um mestre, ele afasta as pessoas de Deus. Portanto, o homem exterior precisa ser quebrado. Quando o pensamento foi quebrado, ele não é mais confuso nem independente.

Notemos simplesmente que quando o homem exterior é quebrantado, o poder do pensamento é ampliado em vez de ser destruído. Ter o pensamento quebrantado significa ter o pensamento que inicia e se desenvolve com base na humildade. Daí em diante ele se torna mais útil do que antes. Por exemplo, um indivíduo cuja mente fica concentrada em apenas uma coisa e reflete sobre isso noite e dia, logo o pensamento se tornará uma obsessão. Em tal condição, como ele poderá compreender a Palavra de Deus? No entanto, do ponto de vista de Deus, nossos pensamentos humanos em geral são semelhantes aos pensamentos de uma pessoa obcecada, pois sempre giram em torno deles mesmos. Não sobra nenhuma força para pensar nas coisas de Deus. Você percebe a seriedade dessa questão?

Um requisito importante para o ministério da Palavra é que o ministro tenha uma mente aguçada e um entendimento pleno para que sejam usados por Deus. Quando afirmamos que o homem exterior precisa ser quebrantado não queremos dizer que nossa mente deve ser destruída de tal forma que nem podemos mais pensar. Significa apenas que não mais pensaremos somente em nós mesmos nem ficaremos constantemente ocupados com questões terrenas. Depois que a sabedoria do sábio é destruída e o entendimento do prudente é reduzido a nada, então nossa mente torna-se um instrumento útil, pois cessa de ser o centro de nossa vida e nosso dominador.

Algumas pessoas têm enorme prazer em pensar. Elas aspiram estar entre os sábios. Seus pensamentos tornam-se a própria vida e lutam em busca de suas próprias idéias. Se são impedidas de pensar, sentem que estão perdendo o próprio sentido da vida. A mente fica trabalhando o tempo todo, do alvorecer ao anoitecer. Por causa dessa atividade mental constante, o Espírito de Deus não pode trazer luz ao espírito do indivíduo. Mesmo que Ele trouxesse luz, dificilmente a mente dessas pessoas poderia assimilar. Lembremos que para ver a luz é preciso objetividade. Pessoas subjetivas não conseguem ver.

Eis aqui um homem cuja vida é seu próprio pensamento. Como ele poderia perceber a luz de Deus? É impossível, porque ele é subjetivo demais. Para que a mente seja um instrumento útil, ela precisa ser tratada por Deus, precisa ser lapidada – que é o quebrantamento do homem exterior. Se os seus pensamentos forem o centro de sua vida e se você estiver sempre pensando em si mesmo, então sua mente será totalmente inútil quando a luz de Deus for trazida ao seu espírito. Você não saberá o que Deus está querendo dizer nem entenderá o que Ele deseja fazer. A estrada do ministério é bloqueada. O ministério da Palavra não se consolidará porque a própria Palavra foi bloqueada pelo pensamento. A Palavra deve passar por você; você deve ser o canal de Deus. Deus emprega pessoas vivas como canais. A água flui, mas se um dos canais estiver bloqueado, o fluxo é interrompido. Muitos possíveis ministérios da Palavra são interrompidos por causa dessa falha no processo de pensamento.

Não pense que o desperdício de pensamento é algo sem conseqüências. Quantas pessoas desperdiçam sua capacidade mental! Gastam tempo pensando em coisas sem importância. Tal desperdício de pensamento bloqueia o caminho de Deus. Assim, não queremos insinuar que o processo mental seja sem importância. Pelo contrário, a revelação precisa ser completada com o pensamento humano. Tudo aquilo que é dado por Deus é útil. Nossa mente é criada por Deus, de modo que seu desempenho não pode ser considerado inútil. Somente quando o pensamento se torna o centro da vida do indivíduo, criando idéias próprias, ele se torna sem valor. A mente humana deve ser colocada a serviço de Deus. Ela é útil quando permanece como serva, mas se torna inimiga de Deus quando tenta ser a senhora. A mente humana pode ser uma inimiga formidável de Deus.

Levando cativo todo pensamento à obediência de Cristo, Paulo diz em 2 Coríntios 10.5. Deus não tenciona esmagar nosso pensamento. Seu desejo é levar nosso pensamento cativo à obediência de Cristo. Todo o problema reside nisto: se o pensamento humano está ou não sujeito ao controle de Cristo. Se você se orgulha de sua sabedoria, considerando-se capaz, Deus terá de quebrar completamente esta atitude. Não interprete erroneamente o significado de "quebrar". Tal ação não destrói o órgão, nem elimina a sua função; ela apenas derruba aquilo que funciona como um falso centro da vida. Como um órgão com uma função, a mente será usada por Deus. Há uma enorme diferença entre a alma como vida e alma como uma entidade humana. Deus proíbe que nosso pensamento seja a vida que controla, mas Ele o emprega como Seu servo. Quando a alma ocupa o centro da vida, ela deve ser quebrantada; como serva do espírito, porém, ela é extremamente necessária.

A lei do Espírito da vida, em Cristo Jesus, te livrou da lei do pecado e da morte (Rm 8.2). Como nós somos libertos? Pela lei do Espírito da vida. Como nós adquirimos essa lei? Andando segundo o Espírito. Quando andamos segundo o Espírito, a lei do Espírito manifesta-se em nós; no entanto, se ao invés disso nós andarmos segundo a carne, a lei do pecado e da morte manifestar-se-á. Todo aquele que anda segundo o Espírito vence a lei do pecado e da morte.

No entanto, quem é que segue o Espírito? Aquele que ocupa sua mente com as coisas do Espírito. Aquele que se concentra no Espírito é aquele que anda segundo o Espírito; aquele que anda segundo o Espírito da vida é aquele que vence a lei do pecado e da morte.

O que quer dizer ocupar a mente com o Espírito? Significa pensar nas coisas relacionadas ao Espírito. Se os pensamentos do indivíduo forem dispersivos e confusos durante todo o dia, naturalmente eles pertencem à carne. Se o indivíduo passa o tempo todo pensando em assuntos que não dizem respeito ao Espírito, certamente ele é carnal. Quando o indivíduo é colocado por Deus num nível onde pode pensar nas coisas do Espírito Santo, então ele se torna espiritual, capaz de entender as coisas espirituais. Como aquele cuja mente fica ocupada com assuntos terrenos pode viver pela lei do Espírito? É impossível. Ninguém pode viver pelo Espírito Santo se a mente fica ocupada com pensamentos carnais o tempo todo.

Lembremos que nosso pensamento não deve ser o centro de nossa existência. Ele deve ser um servo que ouve atentamente a voz do senhor. Senão, não ouviremos atentamente a voz do Espírito Santo, mas ficaremos prestando atenção em muitos assuntos, de acordo com os nossos próprios desejos. A conseqüência natural é que cairemos naquilo que pensamos. Com o quebrantamento do homem exterior, porém, nós não colocamos mais o nosso ser como centro de tudo nem pensamos segundo a nossa vontade. Nós aprendemos a ouvir a voz de Deus, esperando diante Dele como um servo obediente. Assim que a luz divina brilha sobre nós, nosso espírito a apanha e o nosso entendimento capta seu significado.

O ministério da Palavra jamais deve ser considerado meramente como uma questão de conhecer doutrinas. Se fosse assim, o cristianismo seria uma religião carnal. No entanto, o cristianismo não é uma religião carnal; é revelação espiritual. Nosso espírito conhece as coisas de Deus e nossa mente capta e interpreta o que é falado ao nosso espírito. Coerentemente, nosso espírito não pode ser disperso. Uma mente dispersa ou lenta não pode reter a luz de Deus.

Medidas diferentes de entendimento produzem níveis variados de compreensão. Vejamos um exemplo: Deus nos revelou a questão da justificação. Trata-se de um assunto comum e elementar. Note, porém, que quando as pessoas se levantam para falar sobre justificação, elas falam coisas bem diferentes. O ministério da Palavra baseia-se na luz divina derramada sobre o espírito humano, embora as mentes que vão processar a luz são bem diferentes umas das outras. Alguns indivíduos tocam a luz com uma mente lenta; outros tocam a mesma luz com uma mente aguçada. A luz que é tocada é influenciada pelos níveis variados do significado da justificação e pela capacidade individual de quem recebe a luz. Embora todos tenham recebido a mesma luz sobre justificação, a forma diferente como cada mente individual capta o significado resultará em níveis diferentes quando o assunto é explicado a outros. Todos estão pregando a Palavra de Deus, mas a apresentação é diferente.

Há elementos humanos envolvidos no ministério da Palavra de Deus; o mais importante e fundamental dentre eles é a mente humana. A Palavra de Deus sofrerá prejuízo se a nossa mente não estiver sob estrita disciplina ou se o nosso raciocínio for lento. Um grande problema no ministério da Palavra é o acréscimo de palavras inadequadas e pensamentos inconvenientes à Palavra e à luz de Deus.

Você percebe a importância de nossa responsabilidade? Se o nosso pensamento já foi tratado antes, ele será útil para a Palavra. Então, o acréscimo dos elementos humanos trará mais glória à Palavra de Deus. Paulo, Pedro e João foram usados dessa forma. Veja o exemplo de Paulo. Ele tinha seu caráter e personalidade. Quando a luz de Deus brilhou sobre ele e a Palavra chegou diante dele, era possível ver a Palavra de Deus e também os traços de sua personalidade. É algo extremamente precioso. Os elementos humanos complementam a Palavra de Deus; o homem aperfeiçoa a Palavra de Deus. Em vez de ser um problema, o homem acrescenta algo à glória divina. O mesmo acontecia com Pedro. Quando a Palavra de Deus fluía por seu intermédio, era a Palavra de Deus e ao mesmo tempo tinha traços do próprio Pedro. A Palavra de Deus era aperfeiçoada por ele. Não sofria nenhum tipo de prejuízo. Os ministros da Palavra de hoje devem ser governados pelo mesmo princípio que governava esses antigos pregadores.

Portanto, a questão se resume a isso: quando a luz de Deus passa pelo nosso espírito e mente, ela é danificada ou é aperfeiçoada? Realmente precisamos da misericórdia de Deus. Se a nossa mente carece do tratamento divino, ela falhará ao ler e interpretar plenamente a luz divina. O resultado será que a Palavra de Deus será apresentada de forma precária. Se os nossos pensamentos são fracos, nossas palavras não podem ser fortes. Nosso ministério será fraco, porque nossos pensamentos são fracos. Nós somos canais de Deus, e os canais determinam o volume e a direção da água que passa por eles. Os canais podem ser frágeis e tortos. Como pregadores, ou nós apresentamos a Palavra de Deus às pessoas com força ou nós a apresentamos de forma frágil e danificada. Veja como é séria a nossa responsabilidade.

Sempre enfatizaremos a necessidade de termos as marcas da cruz sobre nós. Insistimos que o homem exterior precisa ser quebrantado, porque temos a profunda convicção de que sem quebrantamento não há ministério. Esse princípio é tão fundamental que simplesmente não podemos ignorá-lo. Se você deseja ser usado por Deus como ministro da Palavra, seu homem exterior deve ser quebrantado. Se você tem expectativa de oferecer Cristo a outras pessoas, mediante a Palavra de Deus, seu homem exterior precisa ser tratado drasticamente. Repetidamente nós nos deparamos com o problema do homem. É inevitável. Quando estamos prontos nós somos usados; se não estivermos preparados não seremos usados. A questão é o homem.

Treinando nosso Pensamento

Nós já dissemos que não podemos nos dar ao luxo de desperdiçar nossa capacidade mental. Temos de preservar cada partícula de nosso poder de pensar. Quanto mais forte e pleno for o nosso pensamento, mais alto nós subimos. De maneira alguma devemos investir nosso pensamento em coisas fúteis. Se examinarmos como uma pessoa usa seu tempo e sua vida, facilmente podemos avaliar o quanto ela é útil no ministério da Palavra. Se ela já expandiu toda a sua capacidade de pensamento em outras questões, o que sobra para ser aplicado nas coisas de Deus?

Nós já afirmamos que a pessoa subjetiva é inútil, porque pensa continuamente no que deseja pensar e só vê o que quer ver. Enquanto sua mente se revolve em torno dessas coisas, ela perde o controle dos seus pensamentos. Como o indivíduo pode esperar no Senhor se o seu pensamento estiver solto e confuso? O que sobra para Deus é um cérebro concentrado em coisas inferiores, quer dizer, nas coisas da carne.

O ministério da Palavra requer pensamento. Se a nossa mente for renovada, seremos capazes de reter a luz sempre que ela brilhar sobre o nosso espírito. A luz tende a ser fugidia. Muitas vezes nós lamentamos porque o nosso pensamento falhou em captar a luz divina. Se o nosso pensamento estiver preocupado com outras questões, a luz de Deus escapará de nós. Nossa mente precisa esperar na porta como um servo fiel e obediente. É assim que funciona o ministério da Palavra.

Lembre que a luz se move rapidamente e seu conteúdo é rico. Uma mente sadia, aguçada e capaz pode captar e reter grande parte da luz, embora ninguém consiga captar tudo. É uma experiência estranha sabermos que houve uma revelação, mas não conseguirmos lembrar. Se as melhores mentes são incompetentes em relação à luz divina, como ousaríamos desperdiçar nossa energia mental em assuntos inúteis? Não é bom nós nos engajarmos levianamente em pensamentos vãos. A luz precisa ser retida pelo pensamento; somente depois que se fixa ela se torna útil. A luz é espiritual. É preciso um pensamento rico e aguçado para retê-la. Deus é tão infinito que quando Sua luz vem sobre nós, não conseguimos conceber o que Ele quer comunicar. Nosso pensamento deve ser rico. Muitas vezes nós chegamos diante do Senhor confessando nossa inadequação mental. Ele é tão pobre que tende a perder muitas coisas. Perdemos muita luz. Como, então, podemos exaurir nossa mente com assuntos insignificantes?

Temos de nos treinar diariamente em relação aos nossos pensamentos. A forma como usamos a nossa mente está intimamente ligada à medida do nosso ministério da Palavra. Algumas pessoas têm um ministério estéril porque desperdiçam grande parte do pensamento. São como o homem que gastou tanta energia caminhando pelo caminho errado que quando encontrou o caminho certo não tinha mais forças para andar. Muitos pregadores esgotam o cérebro pensando em outros assuntos de modo que não sobra nada para a iluminação do Espírito Santo.

Não sejamos ignorantes quanto ao relacionamento entre pensamento e a luz do Espírito Santo. Os dois estão intimamente ligados. É verdade que o pensamento não substitui a iluminação do Espírito Santo, embora ele seja capaz de compreender seu significado. Portanto, não devemos gastar nosso pensamento. A razão da pobreza de pensamento está no excesso de preocupações. Aprenda a preservar seu pensamento, sem desperdiçar sua energia. Não estamos sugerindo que você não deva exercitar sua mente; nós apenas advogamos que você não deve exaurir sua energia mental em assuntos insignificantes. Muitas vezes gastamos tanto poder mental em coisas sem importância que quando realmente desejamos compreender a Palavra de Deus, descobrimos que não conseguimos. Não gaste seu poder mental em questões irrelevantes na Bíblia. Não se preocupe com pormenores que não fazem diferença. Tampouco gaste seus pensamentos em problemas espirituais, pois eles não são resolvidos por meio de pensamento humano, mas sim por meio de revelação divina. Há pessoas que gastam o precioso poder mental em questões bíblicas e em problemas espirituais e assim desperdiçam o poder mental em argumentações e doutrinas. Mesmo quando pensam bastante, só conseguem transmitir opiniões pessoais. A maior perda delas, porém, está na incapacidade de reter a luz divina. A verdadeira utilidade do pensamento está no poder de reter a luz divina, quando ela vem.

Uma lição importante que deve ser aprendida pelos ministros da Palavra de Deus é saber como engajar a mente de forma mais proveitosa e eficiente na iluminação divina. Não gaste suas faculdades mentais onde Deus não iluminou. Ninguém pode enxergar nada espiritual por meio de pensamento. Envolva seu pensamento depois que Deus derramar Sua luz. Você agora enxerga dessa forma? Você não conhece a Bíblia por meio de pensamento. Não; você enxerga somente depois que Deus derrama luz e seu pensamento consegue traduzir a luz em palavras. Sua mente está aberta para Deus e receptiva para Sua luz. Esse é o primeiro passo para receber a Palavra de Deus.

Peçamos a Deus para que levante ministros da Palavra. Sem esses ministros a Igreja está fadada à pobreza. Homens devem ser levantados para oferecer à Igreja a Palavra de Deus. A questão que temos diante de nós hoje baseia-se no material humano, nos canais incompetentes. Quando a luz divina vem sobre nós, ela deve passar pelo nosso pensamento. A luz entra no espírito, mas passa através da mente. Como podemos esperar um ministério forte se a luz sofre perda em nossa mente? Isso é muito básico. Que Deus nos mostre essa forma de ministério.

Capítulo 12

Carga e Palavra

Além de receber a revelação de Deus e além de reter a luz, o ministro da Palavra de Deus também deve ter uma carga em seu coração. A palavra hebraica *massam* tem duas utilizações diferentes. Uma é de uma carga que deve ser levantada ou carregada, como sugere o Pentateuco. Há exemplos em Êxodo 23.5, Números 4.15, 19, 24, 27, 31, 32, 49; 11.11, 17 e Deuteronômio 1.12. O outro uso de *massam* inclui a idéia de um oráculo ou revelação de um profeta, como encontrado em escritos proféticos como Isaías 13.1; 14.28; 17.1; 19.1; 21.1, 11,13; 22.1; 23.2; 30.6; Jeremias 23.33, 34, 38; Naum 1.1; Habacuque 1.1; Zacarias 9.1; 12.1 e Malaquias 1.1. Isso indica que o oráculo que vem sobre o profeta é uma carga que ele recebe. Essa questão de carga desempenha um papel importante no ministério da Palavra. O profeta desempenha o ministério da Palavra por meio de sua *massam*, quer dizer, sua carga. Quando não há carga, não há ministério da Palavra. Portanto, o ministro da Palavra deve ter uma carga no coração.

Como a Carga se Forma

Nós já mencionamos que o ponto de partida no ministério da Palavra é a iluminação. A luz que brilha em nosso coração é uma revelação súbita e, de certa forma, efêmera. Se a nossa mente já foi tratada antes pelo Senhor, seremos capazes de reter aquilo que recebemos Dele e traduzir o que brilhou em nosso espírito em palavras cheias de significado. Tal iluminação e fixação constituem uma carga para nós. Não há carga enquanto a luz está ausente, e também não há carga quando a luz falha em ser traduzida em pensamentos ou quando a luz se dissolve em *meros* pensamentos. Uma carga é formada acrescentando-se pensamento à luz. A luz sozinha não pode criar uma carga, e nem o pensamento sozinho pode formar uma carga. É preciso que haja luz junto com o pensamento que procede da luz. *A luz deve permanecer depois que foi traduzida*. Isso coloca uma carga no coração daqueles que ministram diante de Deus.

Por que esse resultado final é chamado de carga? Porque interiormente nós tocamos um pensamento enquanto ainda estava na forma de iluminação e assim sentimo-nos pesados, desconfortáveis e até doloridos por dentro. Era o peso da Palavra de Deus. Tal carga só pode ser aliviada por meio de palavras. Sem as palavras apropriadas essa carga não pode ser levantada.

Ao aprendermos sobre o ministério da Palavra nós não podemos ignorar o relacionamento entre luz, pensamento e palavras. Primeiro nós recebemos a luz, a seguir temos o pensamento e finalmente temos a palavra. A utilidade das palavras é na hora da apresentação da luz divina. Da parte de Deus é a luz transformada em pensamento em nós; da nossa parte é pensamento transformado em palavras. Quando nós tentamos compartilhar a luz de Deus com outras pessoas parece que estamos colocando uma carga sobre elas. A luz e o pensamento em nós são como uma carga sobre nossos ombros. Sob essa carga nós não podemos respirar livremente, pois sentimo-nos pressionados quase ao ponto de sentirmos dor física. Somente depois que entregamos essa carga aos filhos de Deus nosso espírito é novamente aliviado e nosso pensamento é de novo liberado. A carga sobre nossos ombros parece ter sido levada para outro lugar.

Descarregando a Carga por Meio da Palavra

Como podemos nos desvencilhar da carga que vem sobre nós? Precisamos de palavras para fazer isso. Assim como uma carga física pode ser transportada com as mãos, a carga espiritual é carregada por meio de palavras. Quando não encontramos as palavras adequadas, nossa carga continua pesada. Ao escolhermos as palavras apropriadas, nós aliviamos a carga e nos sentimos liberados. Todos aqueles que ministram a Palavra de Deus já tiveram a mesma experiência: o pensamento sozinho é inadequado: deve haver também palavras a fim de que haja pregação. O pensamento sozinho não pode levar as pessoas a Deus. Se tudo o que tivermos for pensamentos, então quanto mais falarmos mais confusas as pessoas ficarão. Podemos ficar fazendo rodeios, tentando encontrar o "fio da meada" – como se estivéssemos num labirinto.

Quando, porém, temos as palavras, quanto mais falamos, mais clara fica a nossa mensagem. Por isso, às vezes o ministro da Palavra de Deus com uma grande carga interior pode continuar se sentindo pesado mesmo depois de passar uma hora ou mais pregando sua mensagem. Ele continua carregando o mesmo peso que carregava antes da reunião. Se isso não ocorrer porque ele não encontrou a audiência certa, então é porque não encontrou as palavras certas. Não quer dizer que ele não falou o bastante (pode até ter falado demais) e por isso a carga interior não foi aliviada. Trata-se de uma deficiência na palavra e não no pensamento. Quando temos *as* palavras, o resultado final é extremamente diferente. Cada frase ajudaria a aliviar a carga, até que o pregador se sentisse totalmente aliviado.

Era assim que os profetas se desfaziam de suas cargas. Suas profecias eram as próprias cargas. Como eles aliviavam essas cargas? Por meio das palavras. Um obreiro alivia sua carga por meio de palavras. Quando faltam as palavras, ele não tem como se aliviar. Embora as pessoas possam elogiá-lo e dizer como foram abençoadas, o pregador sabe que o peso que sentia não foi aliviado. As pessoas ouviram a voz do homem, mas não ouviram a Palavra de Deus. Falando aos coríntios sobre o seu ministério da Palavra, o apóstolo Paulo disse o seguinte: *Disto também falamos, não em palavras ensinadas pela sabedoria humana, mas ensinadas pelo Espírito, conferindo coisas espirituais com espirituais* (1 Co 2.13). Daí ninguém pode ser ministro da Palavra sem ter recebido palavras de Deus. O pronunciamento das palavras recebidas dessa forma alivia a carga interior.

Todo pregador deve aprender como aliviar suas cargas, mas aqueles que trabalham com a mente ou de acordo com o conhecimento que têm não conhecem esse caminho. O fato de a carga ser descarregada ou não dependerá não das palavras e pensamentos do pregador, mas sim das palavras dadas por Deus.

É imperativo que aprendamos a receber palavras de Deus. A luz que vem de Deus ao nosso homem exterior transforma-se em pensamentos e os pensamentos por sua vez transformam-se em palavras que são transmitidas como Palavra de Deus. Assim, precisamos saber como o nosso pensamento é transformado em palavras dentro de nós, e como essas palavras interiores tornam-se palavras faladas. Nesta questão de se desfazer de cargas devemos aprender a conhecer a diferença entre a palavra interior e a exterior. As palavras interiores são as que recebemos dentro de nós; as palavras faladas são os pronunciamentos por meio dos quais as palavras interiores são transmitidas.

A Relação entre a Carga e a Palavra Interior

Vamos considerar primeiro as palavras interiores. Quando nós recebemos luz de Deus e temos um pensamento, uma carga forma-se dentro de nós. No entanto, ainda falta o meio de aliviarmos a carga. Luz e pensamento são suficientes para criar uma carga, mas são totalmente inadequados para desfazê-la. Eles primeiro devem ser transformados em palavras dentro de nós; então, com essas palavras podemos ser capazes de pronunciar a carga em voz audível. Não podemos articular pensamentos, pois só podemos articular palavras. Tampouco podemos transformar pensamentos em palavras de forma aleatória; primeiro os pensamentos precisam ser convertidos em palavras *dentro* de nós, antes de podermos expressá-los externamente. Esta é a diferença entre ministério da Palavra e um discurso ordinário. Ordinariamente somos capazes de expressar nossos pensamentos, pois o que falamos baseia-se no que pensamos. Não é assim no ministério da Palavra. Primeiro temos de converter o pensamento que recebemos de Deus em palavras interiores, antes de podermos falar.

Durante Seu tempo na Terra, o Senhor Jesus foi o supremo ministro da Palavra. Notemos, porém, que Ele não era o pensamento de Deus tornando-se carne; pelo contrário, Ele era a Palavra de Deus tornada em carne. Por isso um ministro da Palavra deve buscar palavras. Somente depois que tivermos sucesso em converter os pensamentos que recebemos de Deus em palavras, seremos capazes de ministrar. Suponha que você tenha recebido um pensamento e tenta transmiti-lo a outras pessoas; você estaria ignorando um passo intermediário e seu ministério fracassaria. Trata-se de um princípio fundamental. Deve haver luz, pensamento e palavras interiores. Depois que você reteve a luz de Deus como um pensamento, deve aprender a ir diante de Deus e buscar as palavras. Você precisa estar vigilante, orando e buscando as palavras.

É a revelação que ilumina o nosso espírito, pois sem revelação não há iluminação. A iluminação é obra de Deus, mas fixar a luz como um pensamento é obra daquele que está sendo instruído por Deus. Depois da tradução da luz em pensamento, deve haver a conversão de tais pensamentos em palavras. Interpretar a luz com os pensamentos e não ir além disso é servir aos propósitos humanos; entretanto, interpretar os pensamentos e convertê-los em palavras interiores é ministrar aos outros. Para nosso uso pessoal, o pensamento é suficiente; é o mais longe que podemos ir; no entanto, para ajudar outras pessoas, os pensamentos precisam ser transformados em palavras. A luz desprovida de pensamento parece algo quase abstrato para mim, embora espiritualmente seja bem real. Ela se torna concreta em mim somente depois que é transformada em pensamentos. De uma forma similar, a luz torna-se concreta em outras pessoas quando os pensamentos são transformados em palavras.

Antes de nos engajarmos no ministério da Palavra deve haver um processo de mudar a luz em pensamentos e os pensamentos em palavras. Agora o curso de pensamentos mencionado aqui não se refere aos pensamentos ordinários, mas sim ao que é revelado. Meus pensamentos seguem o que eu vejo. Não posso transmitir pensamentos às outras pessoas. Só posso transmitir palavras. Portanto, no ministério da Palavra é necessário traduzir os pensamentos de Deus em palavras de Deus. A luz é dada por Deus. Ela é retida pelo pensamento daquele cuja mente já foi disciplinada. As palavras que expressam esses pensamentos, porém, devem ser concedidas por Deus. Isso mostra que às vezes a revelação ocorre no espírito, outras vezes na palavra. Agora vamos ver o que são essas duas coisas.

Revelação no Espírito
versus **Revelação na Palavra**

O que é revelado em meu espírito é a iluminação que eu recebi. Tal revelação não demora; a luz deve se fixar no meu pensamento. No entanto, se a minha mente natural for incompetente e no momento da iluminação não conseguir converter os pensamentos em palavras, o que devo fazer? Devo pedir a Deus outra iluminação. A segunda iluminação, porém, não brilhará no meu espírito nem me dará um pensamento a partir daí; em vez disso, essa iluminação me dará uma palavra, o pensamento espiritual sendo transformado em palavras dentro de mim.

Nesse ponto, então, nós descobrimos dois tipos diferentes de revelação: uma no espírito e outra na palavra. Aquela que se opera na palavra vem quando Deus nos dá algumas palavras. Vamos ilustrar. Talvez enquanto está orando, você recebe uma luz em seu interior, a qual é clara e distinta. Você também é capaz de reter essa luz e traduzi-la em pensamento. Quando, porém, você sai para contar aos outros essa revelação, descobre que não consegue expressá-la com clareza. Ela é clara para você, mas mesmo assim você não consegue torná-la clara para as outras pessoas. Você mesmo compreende o conteúdo, mas mesmo assim não possui as palavras necessárias para que os outros entendam. Assim você começa a pedir a Deus que lhe conceda as palavras. Você ora numa atitude vigilante e meditativa. Seu coração fica aberto para Deus sem reservas, e seu espírito fica livre diante de Deus, sem nenhuma pressão de outras cargas. Quando você está nessa condição, algo acontece: Deus lhe dá algumas palavras que ajudem a expressar adequadamente o pensamento interior. Essas palavras mostram a revelação que você recebeu antes. Elas fixam a luz divina pela segunda vez.

Portanto, existem duas maneiras de fixar a luz: em primeiro lugar, eu uso meu pensamento para fixar a luz de Deus; em segundo, Deus me dá palavras que ajudam a fixar a Sua luz. Minha mente retém firmemente a luz revelada em meu espírito ou Deus me concede palavras que retêm Sua luz. A revelação que eu recebo em forma de palavra é a mesma que eu recebi em meu espírito. No meu espírito, eu vi a luz por uma fração de segundo. O tempo para ver a luz é tão curto, embora o conteúdo seja eterno. O que é visto num segundo jamais pode ser expresso em um segundo, pois em meu espírito eu vi uma grande quantidade de coisas naquele único segundo. Se o meu entendimento for forte e minha mente for rica, serei capaz de fixar uma grande porção da luz divina. Quando, porém, Deus dá palavras, aparentemente Ele dá somente umas poucas palavras. Deus emprega poucas palavras para fixar Sua luz.

Essas palavras podem ser poucas em número, embora sejam abrangentes no conteúdo, porque contêm toda a revelação. No linguajar ordinário, se houver oito ou dez palavras, você termina de se comunicar depois de falar. O falar mundano é medido pela contagem de palavras ou de tempo. As palavras de revelação, porém, são extremamente diferentes. Talvez haja umas poucas palavras, mas elas serão tão ricas quanto a revelação de Deus. O que é revelado é rico, o que é iluminado numa fração de segundo é rico; assim também as palavras dadas por Deus são ricas em seu conteúdo. Assim como pode revelar tanto em um segundo, Deus também é capaz de mostrar a mesma quantidade de revelação numa palavra. Assim como o que é visto num segundo pode demorar vários meses para ser revelado, o que é revelado numa única palavra pode exigir vários meses para ser transmitido.

Esta é a distinção entre as palavras interiores e as palavras faladas no exterior. As palavras interiores nunca demoram muito, mas são ricas no conteúdo. Elas não chegam na forma de longas mensagens para transmitirmos, uma vez que, em geral, se limitam a poucas palavras. No entanto, há uma tremenda riqueza espiritual escondida nessas poucas palavras! Quando elas chegam, chegam com uma característica distinta; quer dizer, essas poucas palavras liberam vida.

O que significa palavras que liberam vida? Quando Deus compartilha uma revelação, Ele compartilha Sua própria vida. Ele nos dá vida por meio da revelação. Para o ministro, tal revelação torna-se uma carga. Quando a carga é descarregada, a luz é liberada; se ela não for descarregada, a luz fica retida. Quanto mais pesada for a carga, maior será o poder quando ela for descarregada. Entretanto, se a carga permanece presa, sem nenhum meio de ser descarregada, ela fica cada vez mais pesada. Pensemos, por exemplo, que estamos segurando um balde cheio de água. Ele é muito pesado. Se fizermos um furo no fundo do balde, por onde a água possa escapar, ele ficará cada vez mais leve. O mesmo acontece com a Palavra. Se sentirmos um peso no nosso interior, precisamos encontrar palavras que expressem como nos sentimos. É como fazer um furo por onde a água possa escoar. Tais palavras de revelação são palavras que liberam vida. A vida fica retida até que seja liberada por meio da carga; é preciso encontrar as palavras apropriadas para liberar a pressão interior. Como a vida pode ser liberada sem as palavras dadas por Deus?

Embora a carga seja pesada, você precisa esperar diante de Deus, pois Suas palavras virão. Algumas vezes você terá de orar durante alguns dias, até que as palavras cheguem. Às vezes você será capaz de fixar a luz com seus pensamentos, mas não encontrará as palavras para expressar o que recebeu. Outras vezes as palavras fluirão com os pensamentos: assim que a carga é sentida, as palavras apropriadas são recebidas. Nós não podemos decidir quando teremos as palavras. Deus pode dá-las imediatamente depois que vimos a luz, ou pode esperar até que o peso dentro de nós se torne quase insuportável.

De qualquer forma, quando são dadas, as palavras são totalmente apropriadas. Elas contêm a luz que nós recebemos. Toda a revelação parece ser totalmente descoberta por aquelas poucas palavras. A revelação é rica, e assim também as palavras. É como desarrolhar uma garrafa – todo o conteúdo da garrafa pode ser então derramado. Você deve buscar a liberação dessas palavras. É isso que chamamos de palavras interiores. Elas procedem de Deus e contêm toda a revelação que recebemos. Deus escondeu aquilo que revelou nessas poucas palavras e por meio dessas mesmas palavras Sua revelação também é descoberta. Na liberação dessas palavras de revelação a iluminação divina também é liberada.

Temos de entender, acima de qualquer dúvida, que não pode haver ministério sem iluminação, não pode haver ministério sem a transformação de luz em pensamento pelo entendimento e não pode haver ministério sem que haja palavras de revelação que expressem esses pensamentos. É isso que Paulo queria dizer com *combinar pensamentos espirituais com palavras espirituais* (1 Co 2.13). O Espírito Santo concede-nos palavras. Ele compartilha não somente revelação, mas também palavras de revelação. Podem ser poucas palavras, no entanto elas furam o vaso e liberam a vida. Você pode dizer muitas palavras, mas sem essas poucas palavras dadas por Deus a vida simplesmente não flui.

A vida de Deus é liberada mediante a revelação. Tome a crucificação do Senhor Jesus como exemplo. Na verdade o Senhor já morreu por todo o mundo. Apesar disso, por que nem todas as pessoas do mundo recebem vida? Porque nem todos receberam essa revelação. Podemos ficar repetindo a frase que o Senhor Jesus morreu por todos, mas se um indivíduo não receber uma revelação, ele não recebe os benefícios da morte de Jesus. Outra pessoa que recebeu a revelação pode agradecer e louvar a Deus do fundo do coração, pois tal visão lhe deu vida. O Espírito Santo nos desperta com Sua palavra.

Hoje Deus deseja suprir a Igreja com Suas palavras. Ele tenciona oferecer a Cristo – a vida de Cristo – à Igreja. Essa vida é liberada quando descarregamos a carga que há em nós. É preciso ter as palavras apropriadas para abrir um buraco de modo que a vida possa fluir. Uma pessoa pode falar durante duas horas sem que haja liberação de vida, enquanto outra mal começa a falar e a vida flui. Tudo depende de revelação e de palavras. Cada vez que a revelação é dada, algumas palavras apropriadas devem acompanhá-la, senão a vida não fluirá. A vida é dada por meio dessas palavras. Sem elas, a vida não é nem tocada.

Se Deus coloca uma carga em seu coração, Ele deve também conceder as palavras para que você descarregue essa carga. As duas coisas são concedidas por Deus. Aquele que dá a carga é também Aquele que dá as palavras para liberar a carga. É Deus quem nos dá a carga e é Ele quem nos ajuda a descarregá-la. Ele nos suprirá com palavras. A vida é liberada por meio dessas poucas palavras. Portanto, não vá embora enquanto ainda estiver sentindo o peso da carga; aprenda como liberar vida, ou não poderá servir a Deus. Não se limite a trazer o balde aos irmãos, mas faça um furo no fundo para que o conteúdo possa fluir e eles possam beber água. A forma de liberar a água é obtendo algumas palavras das mãos de Deus. Muitas vezes nos deparamos com pregadores que falam muito, mas não dizem nada. Eles falam com grande esforço, mas não são capazes de transmitir aquilo que têm no coração. Ficam andando em círculos, sempre perdendo o ponto onde a água pode fluir. Se ele apenas incluísse as palavras corretas, a vida fluiria; entretanto, ele demonstra não possuir as palavras interiores. E se o indivíduo não sabe como assegurar as palavras necessárias para a transmissão de vida, não pode ser ministro da Palavra. Quanto mais ele fala, mais fica à deriva.

Portanto, é fundamental que o pregador espere em Deus por essas palavras. É melhor termos as palavras no momento em que somos capazes de fixar a luz com o pensamento. Entretanto, senão nos ocorrer nenhuma palavra naquele momento, temos de pedir a Deus. Chegará o dia em que reconheceremos o quanto somos incompetentes em nossa eloqüência humana. Não é verdade que antes de aprendermos a ser verdadeiros ministros da Palavra de Deus, nós temos um conceito elevado demais de nossa capacidade humana? Devemos admitir que a eloqüência humana é boa em todos os aspectos, exceto no que concerne às coisas de Deus. Ela é fútil nas questões divinas; nenhuma eloqüência é capaz de transmitir vida. As palavras de vida só podem ser encontradas na revelação.

Temos de reconhecer que Paulo era um homem eloqüente, embora em Efésios 6.19 ele diz que *para que me seja dada, no abrir da minha boca, a palavra, para, com intrepidez, fazer conhecido o mistério do evangelho*. Paulo pediu aos cristãos de Éfeso que orassem a fim de que ele recebesse as palavras para proclamar os mistérios do evangelho. Nas coisas espirituais, a eloqüência natural é inútil. Deus deve dar palavras; e essas palavras vêm do nosso interior. A dificuldade de muitos pregadores é que falam demais e não conseguem expressar nenhum sentimento interior. Não tente encontrar palavras quando estiver no púlpito; tenha as palavras dentro de você com antecedência. Encontre as palavras primeiro e depois pregue. Um ministro da Palavra de Deus deve conhecer as palavras interiores. Que o Senhor nos transforme naqueles que têm as palavras apropriadas. Precisamos de carga e de palavras para descarregá-la.

O que queremos dizer com carga? Significa a iluminação no espírito, mais a fixação da luz no pensamento, mais as palavras no interior. Esses três elementos constituem a carga do profeta. Nosso interesse deve ser compartilhar a revelação divina com outros, e isso só pode ser realizado por meio de palavras de revelação. Que possamos ver a relação entre carga e as palavras interiores!

Como Obter as Palavras Interiores

Sob quais circunstâncias nós podemos obter as palavras interiores? Em geral elas são adquiridas no momento da leitura da Bíblia e quando esperamos diante de Deus. Você recebeu uma iluminação interior e seu pensamento, sendo poderoso e ativo, é capaz de reter a luz divina. Os dois passos são suficientes para sua própria edificação, porque a revelação que você recebeu já se tornou frutífera, um pensamento substancial dentro do seu coração. Apesar disso, você não pode compartilhar seus pensamentos com outras pessoas; como ministro da Palavra de Deus, você só pode oferecer palavras às pessoas. Tais palavras não procedem do pensamento humano. Elas são reveladas por Deus e concedidas pelo Espírito Santo. Elas não são dadas a você apenas para sua edificação pessoal, mas para serem oferecidas a outras pessoas, tornando você um ministro da Palavra.

Uma coisa fica bem clara: nós somos membros do Corpo de Cristo; por isso a luz que Deus derrama sobre nós nunca fica somente conosco, mas deve ser usada no ministério. Para obter as palavras interiores nós temos de esperar em Deus e ler a Bíblia. Nossas experiências podem variar a cada vez. Em algumas ocasiões, é algo bem especial; em outras, é algo bem ordinário. Nos dias comuns Deus nos concederá algumas palavras enquanto esperamos diante Dele estudando a Bíblia. Ele pode nos dar algumas palavras hoje e algumas amanhã, mas as palavras que recebemos enquanto lemos a Bíblia podem expressar de forma clara o que vimos no nosso espírito. Essas palavras liberarão vida quando são proferidas.

    Por isso temos de esperar em Deus e ler a Bíblia, pedindo que Ele nos conceda palavras. Quando as palavras chegam, rapidamente temos convicção do que devemos falar. Aprendemos o segredo dos pronunciamentos. Somos capazes de expressar a luz que vimos e os pensamentos que estão dentro de nós. Antes de assegurarmos essas palavras, por mais que tentemos e nos esforcemos, simplesmente não conseguimos expressar a revelação interior. Não há como liberar a luz da revelação além das palavras de revelação. Aquele que tem a luz revelada, mas carece de palavras reveladas, não deve tentar liberar sua luz. Quanto maior for a carência de palavra revelada, maior deve ser a espera diante de Deus. Ore, tenha comunhão, espere e coloque a Bíblia diante de Deus. Não é uma espera ordinária, nem oração e comunhão ordinária. É esperar diante de Deus com a Bíblia, orando com a Bíblia e tendo comunhão com Deus por meio da Bíblia. Trata-se de um tempo conveniente para que o Senhor fale conosco, de modo que é relativamente fácil obter as palavras de revelação. Assim que você recebe algumas palavras, está capacitado para ganhar almas para Cristo e ajudar os irmãos. Essas poucas palavras são palavras de Deus, e não palavras escritas na antiguidade, mas as palavras mais recentes de Deus. Elas podem ser usadas por toda a vida. Sempre que você usá-las, se o seu espírito estiver correto, o Espírito Santo irá honrá-las. São palavras de Deus; o Espírito Santo estará na retaguarda. Não são palavras comuns; são extraordinárias e poderosas.

Relação entre Carga e as Palavras Faladas

O ministério da Palavra requer três passos: iluminação, pensamento e palavras. Há dois tipos de palavra: as palavras interiores e as palavras exteriores (quer dizer, as palavras faladas). Para nossa conveniência, devemos considerá-los como quatro passos distintos.

Quais são as palavras faladas? E qual é a relação delas com as palavras interiores? Essa relação assemelha-se ao relacionamento entre pensamento e luz. A luz trata de fatos espirituais que não podem ser abalados. Da mesma maneira como a iluminação interior tende a se desvanecer se não for retida primeiro pelo pensamento, assim as palavras interiores precisam das palavras exteriores para serem liberadas. Assim como as palavras interiores são inclusivas em relação ao que Deus deseja dizer naquele momento em particular, elas não podem ser compreendidas por outras pessoas se forem ditas sozinhas. É preciso muitas palavras articuladas para transmitir aquelas poucas palavras interiores. Elas são tão poderosas que as pessoas simplesmente não conseguem compreendê-las. Para transmitir as palavras interiores talvez sejam necessárias duas mil palavras articuladas, ou cinco mil, ou até dez mil. Precisamos das nossas palavras para transmitir as palavras de Deus. Nisso consiste o ministério da Palavra.

Aqui nós encontramos a mistura dos elementos humanos. Primeiramente o elemento humano é envolvido no processo da mente tentar reter a luz. Algumas mentes são úteis, enquanto outras são incompetentes. O elemento humano entra em cena na segunda vez quando as palavras articuladas são acrescentadas. Alguns ministros possuem palavras boas o bastante para expressarem a Palavra de Deus, enquanto outros falham neste aspecto. O efeito é tremendo.

As Palavras Interiores Precisam de Palavras Articuladas para Serem Transmitidas

As palavras interiores são mais "concentradas", por isso mais difíceis de ser assimiladas; as palavras articuladas são relativamente "diluídas", sendo, por isso, mais fáceis de ser assimiladas. Nós somos responsáveis pelas palavras faladas exteriormente. Nós somos responsáveis pela diluição das palavras concentradas de Deus, a fim de facilitar sua assimilação pelas pessoas. As palavras interiores são poucas e concentradas, enquanto aquelas faladas exteriormente são muitas e diluídas. O primeiro grupo está acima da capacidade humana de assimilação; o segundo grupo pode ser assimilado.

Na Bíblia, nós não achamos muita diferença nas palavras que as pessoas receberam diretamente de Deus, pois todas eram palavras divinas. No entanto, quando as palavras de Deus são pronunciadas por Paulo, elas têm um sabor "paulino". O mesmo ocorre com Pedro e com João. Se conseguirmos ler diretamente no grego, podemos identificar com facilidade os livros escritos por Pedro, por João ou por Paulo. Por quê? Porque embora as palavras interiores sejam todas palavras divinas, as expressões exteriores são diferentes e variadas. Como pessoa, Pedro era diferente de João e de Paulo. Quando a Palavra de Deus era depositada em Pedro e era transmitida por seu intermédio, a doutrina era de Deus, mas o sabor era de Pedro. O mesmo ocorria com João e com Paulo. No ministério da Palavra, Deus emprega os elementos humanos. Ele procura aqueles que o Espírito Santo pode usar para transmitir Sua Palavra. Deus compartilha palavras aos homens, embora essas relativamente poucas palavras dadas por Deus exijam as palavras humanas para a comunicação.

Aquele que é mais instruído por Deus tem mais palavras instrutivas para comunicar.

Voltemos ao princípio do dom de línguas. Por que damos atenção a essa questão? Porque no Novo Testamento o apóstolo Paulo traça um paralelo entre o dom de línguas e o ministério profético. Por que o falar em línguas não é proibido? Porque ele é proveitoso para o indivíduo que fala. Apesar disso, por que ele é inútil para o ministério da Palavra? Simplesmente porque não há entendimento humano e nenhum elemento humano envolvido. Falar em línguas depende totalmente do Espírito Santo, quer dizer, a pessoa fala com seu próprio espírito enquanto Deus lhe dá as palavras. No entanto, não há nada mais do que isso. Na nossa maneira de pensar, o dom de línguas pode ser melhor do que o dom de profecia, pois não é melhor falar nas próprias palavras de Deus ou nas palavras do Espírito? Mesmo assim, a Bíblia encara o dom de línguas como inferior ao dom de profecia. Deus coloca a profecia acima das línguas. O ministério profético inclui a Palavra de Deus, mais o próprio profeta. Em outras palavras, a água viva nas palavras flui a partir das profundezas do coração do profeta; ela não é derramada do céu. Esse é um princípio fundamental no Novo Testamento.

Deus tem maior interesse no próprio ser humano. Ao estudarmos com cuidado as Escrituras, podemos facilmente identificar quais livros foram escritos por Pedro, por João ou por Mateus. Cada livro apresenta traços particulares do seu autor humano, nas construções gramaticais e na abordagem. Deus não deseja ditar Sua Palavra. A doutrina é divina, mas as palavras são de homens. Por isso é enorme a responsabilidade dos ministros da Palavra. Se o homem não estiver com o coração limpo, o que poderia acrescentar à Palavra de Deus? Portanto, é imperativo que o indivíduo seja quebrantado. Não devemos nos iludir quanto à natureza da Palavra de Deus. Não quer dizer que a Palavra é sobrenatural, bem como todo o seu conteúdo. Primeiro Deus dá algumas palavras ao ser humano e essas palavras, por sua vez, são transmitidas por meio de muitas palavras humanas. Tudo depende de como o indivíduo dilui essas palavras recebidas de Deus em suas próprias palavras.

Ao pregarmos, devemos lembrar que por trás das palavras que estão sendo faladas nós já temos três outras coisas: iluminação, reflexão e as palavras interiores. Quer estejamos pregando num púlpito ou conversando individualmente com alguém, o que devemos fazer? Temos de ficar firmes naquelas poucas palavras que recebemos, como se elas fossem – e realmente são – a inspiração para todas as outras palavras. Devido à forte concentração, temos de diluir essas palavras para que as pessoas possam recebê-las. É como estilhaçar uma grande pedra em pequenos fragmentos. Quando falamos, nós quebramos as grandes revelações que há dentro de nós e as transformamos em pequenas peças e a seguir nós as transmitimos uma a uma. É assim que apresentamos a Palavra de Deus.

Quanto mais fina a palavra interior se torna, melhor; quanto mais profunda for a palavra falada, mais forte ela será. Não é bom que depois de duas horas de pregação a peça única que há no nosso interior permaneça intocada. É inútil tentarmos transmitir a Palavra do Senhor com nossas próprias palavras. Parece haver alguma incoerência aqui, embora o fato continue verdadeiro. Por um lado, as palavras humanas são inúteis; por outro lado, elas são preciosas. Apresentar as verdades de Deus com meras palavras humanas é algo totalmente fútil, não importa o quanto o pregador seja inteligente. No entanto, quando você tem as palavras de Deus em seu interior, precisa de suas próprias palavras para poder transmiti-las; caso contrário, elas permanecem intactas. Por meio das palavras humanas, a Palavra de Deus é transmitida de forma progressiva. Suas palavras humanas exteriores servem para liberar as palavras interiores.

Nós descobrimos que na prática esses quatro fatores se inter-relacionam. Como ministro da Palavra, primeiramente você recebe as palavras em seu interior; a seguir tenta apresentá-las com as palavras exteriores. Entretanto, o que acontece na verdade não é tão simples. A mente precisa pensar. Como você pode pregar sem pensar? No entanto, sua mente não reflete em palavras, mas sim na revelação. Você pensa naquilo que vê em seu espírito. O Senhor nos dá duas bases a partir das quais podemos nos mover: a iluminação no espírito e as palavras interiores. Nós usamos nossa mente para reter a revelação, mas usamos nossas palavras para transmiti-la. Existem ao todo quatro fatores: dois interiores e dois exteriores; dois pertencem a Deus e dois pertencem a nós. Quando esses quatro se unem nós temos o ministério da Palavra.

Nós somos muito prejudicados nesse aspecto. Muitas vezes nós falamos segundo as palavras interiores, mas nossa revelação íntima é perdida. As palavras vieram hoje, mas faltou a revelação. Ou às vezes nós enxergamos algo interiormente, mas durante meses a carga não alivia porque faltam palavras. Por isso, enquanto falamos, é necessário termos palavras dadas por Deus, mas ao mesmo tempo termos nossos olhos fixos na revelação.

Vejamos esses dois lados. Às vezes há uma revelação e um pensamento, mas não há palavras. Nós entendemos interiormente, mas não conseguimos transmitir. Os pensamentos podem estar todos lá, mas as palavras estão totalmente ausentes. Podemos apreender pensamentos? Em outras ocasiões nós temos palavras, mas a revelação no espírito desvaneceu.

Quando nos ouvem, parece que as pessoas passaram a noite procurando o maná; o sabor mudou. As palavras que são proferidas não parecem coincidir com o que vimos em nosso interior. Assim, é essencial termos palavras que expressem os pensamentos e não percam a luz de vista.

Nossa mente é muito importante, pois não é um órgão de revelação. No que diz respeito à revelação, toda a nossa sabedoria humana é vã. Se tentarmos receber revelação divina com base em nosso entendimento humano, a Igreja de Deus sofrerá muito. Não podemos fazer isso. Todos os quatro fatores mencionados são indispensáveis. Deve haver as palavras interiores, bem como as palavras articuladas exteriormente. Elas são como os dois trilhos do trem. A ausência de uma delas fará o trem descarrilar. Elas correm paralelas. As palavras interiores são transmitidas por meio das palavras exteriores. Se tivéssemos a iluminação e o pensamento, mas não tivéssemos as palavras básicas, seríamos como um boi preso a um moinho, andando em círculos, mas sem sair do lugar e sem aliviar a carga. Se tivéssemos as palavras interiores, mas não as palavras articuladas, não seríamos capazes de ir muito longe, usando apenas um trilho; a Palavra de Deus é interrompida. Não pode haver pregação sem a luz da revelação nem somente com as palavras interiores. Esses quatro fatores – revelação, pensamento, palavras interiores e palavras exteriores – devem estar juntos antes que o glorioso ministério da palavra tenha início.

Falar Segundo as Escrituras

Temos de prestar atenção às palavras das Escrituras enquanto nos preparamos para a palavra falada. Nós mesmos não temos muitas palavras para dizer, e nossas palavras tendem a se movimentar em apenas uma direção. As palavras interiores são fortes e concentradas, mas quando nós falamos, nossas palavras são precárias e inadequadas. Se nos repetirmos muitas vezes, as pessoas se cansam; por outro lado, se transmitirmos somente algumas palavras interiores, as pessoas não conseguirão apreciar sua preciosidade. A eloqüência humana é totalmente ineficiente na transmissão de verdades espirituais! Podemos falar com eloqüência sobre outros assuntos, mas quando se trata de pregar a Palavra, nossos recursos humanos logo se esgotam. Mesmo depois de darmos muitas voltas, as palavras interiores ainda não teriam sido expressadas. Por isso temos de ler a Bíblia diligentemente.

Deus nos chama para sermos ministros de Sua Palavra. Ele conhece a inadequação de nossas palavras. Coerentemente, Ele fala conosco *muitas vezes e de muitas maneiras* (Hb 1.1). Temos de dedicar tempo à leitura da Bíblia. Há uma grande quantidade de doutrinas, conhecimentos e ensinamentos nas Escrituras, os quais podem ser acrescentados às nossas pregações. Temos de ter uma base bíblica em nosso ensino e em nossas pregações, a fim de que aquilo que falamos seja aceitável aos filhos de Deus. É preciso que haja uma base de aceitação. Depois de receber a iluminação interior com seus pensamentos e palavras correspondentes, pensaremos num número similar de experiências e assuntos registrados na Bíblia. Nós nos lembramos deles e usamos em nossas mensagens. Nós mesmos podemos ter apenas umas poucas palavras, talvez algumas frases, pois aquilo que falamos deve ter base em nossa experiência. No entanto, se estivermos familiarizados com a Bíblia, podemos usar seu conteúdo como auxílio em nossa apresentação. Não se trata de expor as Escrituras de forma objetiva. Pelo contrário, trata-se de uma abordagem altamente objetiva ao entendimento da Bíblia. Não estamos falando sobre a Bíblia, mas sobre a revelação que recebemos. Usamos a Bíblia porque encontramos nela elementos similares à nossa experiência. Algo aconteceu a Pedro e a João; algo estava registrado em Gênesis ou em Salmos. O exemplo bíblico encaixa-se perfeitamente no que queremos dizer, e assim nós o incluímos em nossa mensagem. Nós notamos como Paulo, Pedro, Davi, Moisés e o próprio Senhor Jesus falaram sobre certos assuntos. Agora, quando recebemos algumas palavras concernentes a um assunto em particular, nós acrescentamos as palavras desses personagens bíblicos. Continuamos baseando nossa pregação na luz e na carga que recebemos de Deus, de modo que ao falarmos a luz brilha e a carga é aliviada.

Nós não lemos a Bíblia meramente para explicar seu conteúdo. Não há utilidade em falar sobre a Bíblia! As palavras nas Escrituras são providenciadas para liberar nossas cargas interiores. Nós encontramos as palavras apropriadas na Bíblia para aliviar nosso peso interior. Tais palavras podem ter sido faladas dez ou vinte vezes, de formas diferentes. Quando sentimos a carga, nós empregamos as palavras das Escrituras para aliviar. Há uma carga pesando sobre você? Em caso afirmativo, tente encontrar mais passagens bíblicas. Se a sua carga não estiver muito pesada, então poderá buscar menos passagens. Tente usar essas formas variadas para aliviar o peso. Talvez depois de tentar cinco formas diferentes sua carga estará totalmente aliviada. O ministério da Palavra significa que as palavras pesadas dentro de nós são liberadas por meio das palavras da Bíblia. Conseqüentemente, a Bíblia torna-se nosso melhor instrumento.

Tendo dito isso, temos de fazer uma advertência: nunca pense que somente as palavras da Bíblia, sozinhas, são suficientes. As palavras da Bíblia por si mesmas tornam-se doutrinas. A base para o ministério da Palavra é a revelação – as palavras interiores liberadas por meio das palavras da Bíblia. Se faltar a revelação interior e o pregador tentar apenas expor o conteúdo bíblico, sua pregação terá um nível muito precário. Não devemos apenas falar sobre as experiências de Paulo; temos de *vê-las por nós mesmos* antes de podermos desenvolver o ministério da Palavra. Com a revelação e as palavras interiores, mais as palavras das Escrituras, a carga é aliviada. Com as palavras interiores sem as palavras exteriores da Bíblia, nossa carga não será aliviada.

O Teste do Ministério da Palavra

Como podemos saber se pregamos corretamente? Veja se sua carga interior foi aliviada, se não mudou ou se cresceu. Isso é muito importante. Você não precisa descer do púlpito para saber isso. Mesmo enquanto está falando, você sente. Com o pronunciamento de cada frase, deve haver um alívio correspondente de sua carga interior; a carga é aliviada mediante as palavras que são pronunciadas. Se as palavras não conseguirem aliviar a carga, saiba que algo está errado. Se depois de pregar por alguns minutos você perceber que o peso interior não mudou nada, saiba que escolheu a forma errada de pregar. É melhor parar do que continuar por uma hora. Confesse à audiência que você tomou a direção errada e comece novamente.

Essas dificuldades gradualmente serão eliminadas mediante a prática. Você deve aprender como aliviar sua carga interior. Deve chegar com uma carga, mas depois de terminar a pregação a carga deve ter desaparecido. Você não deve começar a pregar sentindo um peso interior e depois de meia hora continuar com o peso. Também não devemos nos dar por satisfeitos com o fato de sentir que a carga foi parcialmente aliviada porque acertamos apenas parcialmente na pregação. Isso também é errado.

É claro que toda a questão é mais complicada do que imaginamos. Às vezes a pregação não somente deixa de aliviar nossa carga, como até a aumenta. Talvez uma ilustração errada acrescente peso à nossa carga. Ou você pode fazer uma piada inoportuna e gerar um riso incontrolável na audiência. Ou então um pensamento súbito pode aumentar seu peso interior. Por essas razões, seu olhar deve ser numa só direção. Você prega para aliviar o peso interior, e não apenas para falar.

Um princípio básico que convém lembrar na pregação é manter a atenção em como aliviar a carga interior. No mundo físico, nós sabemos que ninguém que carrega algo pesado até certo lugar gostaria de ter de levar o peso de volta. A expectativa é chegar ao local e deixar lá o objeto pesado. O mesmo é verdade na esfera espiritual: toda carga que chega ao coração precisa ser aliviada por meio das palavras apropriadas. Se, ao pregarmos, a carga aumentar, devemos parar de falar. A falha em encontrarmos as palavras apropriadas cria um problema real para o ministério da Palavra. Se o seu peso interior for aliviado por meio de cada frase falada, você sabe que está falando a coisa certa. Você pode usar formas diferentes de se expressar até que o peso seja totalmente retirado. Na verdade, você tem umas poucas palavras; todas as outras palavras estão ali para diluir e para liberar essas palavras.

Que Deus seja gracioso conosco e nos conceda as palavras acertadas, palavras que tragam vida e palavras que toquem nos corações.

Capítulo 13

A Disciplina do Espírito Santo e a Palavra

Após a chegada das palavras, quando o ministro deve começar a falar? Ele não precisa vasculhar seu cérebro a fim de encontrar as muitas palavras, pois elas procedem de uma fonte diferente. Depois que ele decide quanto à fonte, percebe com clareza quais palavras são inadequadas e não devem ser pronunciadas como Palavra de Deus. Já mencionamos repetidamente o relacionamento íntimo entre o ministério da Palavra e o elemento humano. É Deus quem dá as poucas palavras que mais tarde se desenvolvem na forma de um discurso mais longo. Todas as palavras posteriores são derivadas das originais. Nossa pregação baseia-se nas palavras interiores. Nós simplesmente falamos o que Deus falou em nosso interior. O elemento humano está claramente envolvido; por isso nós temos de prestar muita atenção no tipo de pessoa que o pregador é. O tipo de pessoa determina o tipo de palavra que será falada. Às vezes Deus reconhece como Sua Palavra o que é falado; outras vezes Ele nega. Toda a questão parece girar em torno do tipo de pessoa que o pregador é. Aqui temos duas pessoas. Elas recebem a mesma iluminação interior e as mesmas palavras interiores, mas quando se levantam para pregar, demonstram um profundo contraste. Por quê? Por que são pessoas totalmente diferentes. O ministério varia de acordo com a pessoa. De onde, então, procede a palavra? A palavra vem primariamente da revelação, mas é influenciada pelo elemento humano. Se a pessoa estiver correta, suas palavras serão corretas; se ela não estiver correta, suas palavras também não poderão estar. As palavras de uma pessoa inadequada estão destinadas a ser de baixa qualidade – fracas e imaturas, baseadas em sabedoria e persuasão humana, mas desprovidas de poder espiritual. As palavras de um homem bem-preparado naturalmente serão espirituais, precisas, de alta qualidade e capazes de tocar o coração de Deus. Ao buscarmos a fonte das palavras pronunciadas, temos de prestar atenção na própria pessoa. O tipo de homem que o pregador é determina o tipo de palavra que ele falará.

As Palavras Diferem de Acordo com a Obra Interior do Espírito Santo

Onde Deus, por meio do Seu Espírito incorpora algo de Sua natureza em nós – quer dizer, onde o Espírito Santo opera algo em nós tocando e quebrantando nosso homem exterior a fim de que nosso caráter sofra uma mudança e sejamos capazes de tocar a realidade espiritual – nós naturalmente falamos as palavras do Espírito Santo. Aquilo que falamos segue o que o Espírito Santo operou em nosso interior. Sem essa obra interior do Espírito não pode haver

A Disciplina do Espírito Santo e a Palavra

palavras do Espírito Santo. Está fora da nossa capacidade proferir Suas palavras a menos que Ele nos transforme e nos reconstitua. Depois de anos da operação de Deus em nossa vida, nós somos como uma casa totalmente reformada e com mobília nova. Note isso: as palavras do Espírito Santo são fundamentadas na obra do Espírito Santo. Se não fomos transformados, nossas palavras continuarão sendo as mesmas velhas palavras. Somente depois que somos transformados e nos tornamos novos podemos falar novas palavras.

Podemos aprender com o apóstolo Paulo em 1 Coríntios 7. O Espírito Santo foi tão bem sucedido na transformação de Paulo que para ele a revelação era algo natural. Ele avançara para um estado espiritual tão elevado que recebia revelação sem estar consciente disso. A revelação não era surpresa para ele. Ele recebia iluminação com tanta freqüência que tinha dificuldade para fazer distinção entre a iluminação e seus próprios pensamentos. Os homens hoje estão tão distanciados da revelação divina porque a obra transformadora do Espírito Santo não é muito acentuada neles. As palavras de 1 Coríntios 7 parecem estranhas para nós. Elas mostram um cristão sendo levado por Deus para um estágio tão avançado –devido à obra transformadora do Espírito Santo – que seus sentimentos pessoais não são diferentes dos sentimentos de Deus e seus pensamentos são muito similares à revelação divina. Ele não sentia mais nada de especial quando recebia revelação de Deus. O elemento humano subiu tão alto ao ponto de tocar o próprio Deus. Paulo achava que estava transmitindo suas próprias palavras, pois o Senhor não falara com ele. No entanto, havia uma medida tão grande de transformação espiritual nele que podia incluir a frase "creio que tenho o Espírito de Deus" (v. 40).

Nesse ponto nós reconhecemos o íntimo relacionamento entre o homem e a Palavra. Vemos um homem falando a

Palavra de Deus. Ele não recebeu nenhuma revelação especial, mas mesmo assim já está falando a Palavra de Deus porque alcançou um nível espiritual muito elevado. O princípio ilustrado com o exemplo de Paulo é este: se a pessoa está certa, as palavras que ela profere estarão certas. A Palavra de Deus flui por intermédio dele por meio da obra transformadora do Espírito. Portanto, temos de ser especialmente cuidadosos nesse aspecto: temos de ser tratados com tal profundidade a fim de que possamos alcançar um nível de pureza no qual as palavras do Espírito Santo possam sair pelos nossos lábios.

Devido à diferença da operação divina na vida dos homens, as mensagens também são pregadas de modo diferente. Duas pessoas podem ser igualmente aptas, ambas podem ter alcançado um nível elevado de espiritualidade, mas a obra transformadora do Espírito Santo nelas pode não ser igual. Elas podem ter recebido a mesma revelação, as mesmas palavras interiores, mas mesmo assim podem falar de modo diferente devido à variação na obra do Espírito Santo. Ambas são ministros da Palavra, embora cada uma tenha um discurso distinto, porque os elementos humanos envolvidos são diferentes. João era diferente de Paulo, assim como Paulo era diferente de Pedro; por isso os discursos de cada um eram totalmente diferentes. Todos foram grandemente usados por Deus embora falassem de modo diferente um do outro. A Palavra de Deus estava dentro de Paulo, mas nos seus lábios estavam suas próprias palavras, embora o que ele falava era reconhecido como Palavra de Deus. O mesmo era verdade em relação a Pedro. Ambos tinham sido submetidos a uma profunda obra de transformação e restauração; como resultado eles podiam falar a Palavra de Deus. A julgar, porém, pelas palavras exteriores que eles falavam, eles pareciam bem diferentes.

A Disciplina do Espírito Santo e a Palavra

A Formação da Palavra

Assim como a Palavra de Deus é uma Pessoa no Senhor Jesus, atualmente ela deve ser personificada em nós. O Senhor Jesus é a Palavra que se tornou carne; assim, Deus falou na carne. Hoje o propósito de Deus é que Sua Palavra torne-se carne mais uma vez, quer dizer, Ele continua desejando falar por meio da natureza humana. Por isso Ele trata com a nossa natureza humana, na esperança de que por nosso intermédio a Sua Palavra possa ser proclamada. Para chegarmos a esse objetivo, é preciso que haja a obra regeneradora do Espírito Santo em nós. Por meio da habitação do Espírito, Deus pode incorporar algo em nós, de modo que quando pensamos e falamos, a Palavra de Deus seja proclamada. Aquilo que é incorporado em nós pelo Espírito Santo converte a Palavra de Deus em nossas palavras subjetivas. Um ministro da Palavra deve permitir que o Espírito Santo o transforme a fim de que tenha esse tipo de palavra subjetiva. Seus pensamentos devem não somente *concordar* com os pensamentos de Deus, mas devem *ser* os pensamentos de Deus. Suas palavras tornam-se a Palavra de Deus, e não somente coincidem com a Palavra de Deus. Este é o resultado da obra transformadora do Espírito Santo em nós. Este é o ministério do Novo Testamento. O homem está presente, da mesma forma que Deus. O homem fala, e Deus também fala. Para que a Palavra de Deus possa ser proclamada por seu intermédio, o ministro deve se submeter a um profundo tratamento da parte de Deus!

Vamos ver como Deus opera essa obra transformadora em nós por meio do Seu Espírito Santo. As palavras devem ser criadas dentro de nós por Deus. Elas são formadas por meio dos acontecimentos diários que Deus dispõe à nossa volta. Talvez tenhamos passado por várias provações nos últimos dias, ou nos últimos meses. Algumas vezes fomos vitoriosos e outras fomos derrotados. Às vezes parecia que estávamos avançando, outras vezes parecia que estávamos encurralados. Tudo isso na verdade foi planejado por Deus. Os dias passam e nós começamos a aprender um pouco. Talvez comecemos a receber algumas palavras. Essas poucas palavras nos dão uma clareza sobre o que está acontecendo conosco. Elas nos capacitam a falar, pois são palavras compartilhadas conosco. Deus criou palavras dentro de nós. É assim que as palavras são formadas. Elas pertencem a nós e também a Deus. É fundamental que saibamos onde e como aprendemos a ter as palavras. Por exemplo, nos primeiros estágios das lutas você pode ficar perplexo, porque não tem nenhuma palavra. Pode ficar confuso com o trato de Deus. No entanto, depois de um tempo você começa a entender: "É isso que o Senhor quer me comunicar. Ele está tratando comigo e quer me dar algo".

Na verdade, porém, as coisas não são tão simples, pois não chegamos a um entendimento definitivo de uma vez. Às vezes parece que sabemos tudo e no momento seguinte estamos novamente confusos. Enquanto caminhamos através dessa ambivalência, entre clareza e obscuridade, gradualmente vamos adquirindo a compreensão. Quando alcançamos certo nível de clareza, temos as palavras correspondentes. Aquilo que enxergamos com clareza transforma-se em nossas palavras. Às vezes o Senhor nos submete a uma prova muito severa. Não conseguimos suportar. Às vezes pensamos que estamos superando, realmente cremos nisso, mas não é verdade. Apesar disso, mesmo nesse processo de superar e não superar, inconscientemente no final nós vencemos. E a superação traz as palavras.

A Disciplina do Espírito Santo e a Palavra

Assim, então, devemos entender que Deus está formando palavras em nós quando nos submete ao processo duplo de clareza e obscuridade. Em nossas provações, no processo duplo que temos de atravessar, Deus está criando palavras em nós. Parece que estamos atravessando, mas mesmo assim impedidos de prosseguir; parecemos derrubados, mas não completamente derrotados. Depois de alguns dias o Senhor finalmente nos sustém. Essa sustentação constitui a Palavra de Deus. Quanto mais longe nós vamos, com maior clareza enxergamos e mais palavras recebemos. É assim que as palavras são formadas. A palavra do ministério não é algo elaborado na mente, mas é algo criado. As palavras pensadas são muito diferentes das palavras criadas. Você está tateando no escuro; com dificuldade, vislumbra algo; a figura torna-se um pouco mais definida. Somando esses momentos de clareza, você assegura a palavra. As lutas que você enfrenta e supera tornam-se a sua mensagem.

Um ministro da Palavra deve prestar atenção à forma como fala. As palavras que ele profere devem vir por meio da disciplina, visto que Deus cria as palavras para nós por meio de Seu processo de disciplina. A medida da disciplina determina a profundidade da palavra. Nossa experiência diante de Deus nos dá um nível correspondente de palavra. Agora devemos entender que o Senhor está cinzelando nossa carne a fim de que possamos tocar Sua Palavra. Do tratamento da carne emerge a Palavra de Deus. O quanto você falará dependerá de quanto aprendeu interiormente. Suas palavras baseiam-se nas suas experiências com Deus. O alvo divino é unir você e a Palavra. É mais do que você pregar a Palavra; como pessoa, você deve ser tão cinzelado e testado por Ele que a palavra que emana de você seja a Palavra de Deus.

Onde Você Vê a Luz da Revelação?

Vamos dar um passo adiante. Onde você vê a luz da revelação? É muito provável que você diga que ela é vista no espírito. Por que, então, nem sempre você a enxerga no espírito? Por que às vezes o seu espírito recebe luz e outras vezes não? Quando é que o seu espírito recebe revelação? É quando você está sob disciplina. A percepção do espírito é governada pelo tratamento divino sobre nós. Em épocas de provação, o espírito humano enxerga a luz. A luz da revelação é vista e obtida quando nós experimentamos a disciplina do Espírito Santo. Quando a disciplina de Deus torna-se rara, a iluminação no espírito também se torna escassa. Nós recebemos luz num local definido e num tempo definido. Nós obtemos luz no espírito, e ela vem em tempos de disciplina. Conseqüentemente, cada tempo de tratamento abre em nós outra oportunidade para novas revelações.

Evitar a disciplina de Deus significa abrir mão da possibilidade de receber revelação. Quando aceitamos o tratamento de Deus, podemos receber novas revelações. Temos de reconhecer a mão do nosso Deus na situação. Com freqüência Sua mão está sobre nós, tocando-nos e tratando conosco, uma área após a outra; assim, pouco a pouco vamos nos submetendo. Outras vezes Ele tem de nos tocar muitas vezes até que finalmente nós consentimos, dizendo: "Senhor, agora estou disposto a me submeter e não vou mais resistir". Então, e só então, nós recebemos a iluminação. O Senhor continua a tratar conosco e assim gradualmente nós nos sujeitamos à Sua vontade. Cada gesto de submissão traz nova iluminação ao nosso espírito. Assim nós vemos a luz, e nessa luz nós recebemos a Palavra. Por meio das provações, Deus nos dá a palavra, ao mesmo tempo em que nos dá a luz.

A Disciplina do Espírito Santo e a Palavra

As palavras que usamos nas pregações não são algo que nós mesmos concebemos; elas são criadas por meio da disciplina de Deus em nossa vida.

Portanto, em suas muitas oportunidades de ministério, observe se a sua palavra cresce. Se houver progresso, você sabe que está sendo progressivamente tratado por Deus. Nas primeiras ocasiões em que falar em nome de Deus, você terá apenas umas poucas palavras. Não importa o quanto você seja claro, o quanto a sua memória for boa e quanta informação tenha recebido de outras pessoas; quando se trata de pregar, você se sente totalmente inadequado. A fim de lhe conceder a palavra, o Senhor tem de tratar com você, repetidamente e em todas as áreas. Cada tratamento traz algumas palavras. Deus está dando palavras progressivas. Depois de muito tratamento, você não terá carência de palavras ao subir ao púlpito. No entanto, lembre como essas palavras são adquiridas – são formadas mediante a disciplina do Espírito Santo.

Em 2 Coríntios 12, o apóstolo Paulo diz que recebeu uma grande revelação – uma revelação do terceiro céu e do paraíso. O terceiro céu representa o céu mais elevado, enquanto o Paraíso fica na região mais inferior da Terra. Um fica no céu dos céu e o outro fica no centro da Terra. Paulo recebeu uma revelação que inclui as duas coisas. Naturalmente tal revelação tendia a deixar o seu receptor envaidecido. Paulo tinha tanto receio de que as pessoas começassem a ter uma visão elevada demais dele que evitou comentar sobre as revelações. Além disso, um espinho foi cravado em sua carne, um mensageiro de Satanás, que se opunha a ele. Três vezes ele pediu ao Senhor que removesse esse espinho, e a resposta divina foi: *A minha graça te basta, porque o [Meu] poder se aperfeiçoa na fraqueza* (v. 9). Esta nova revelação não é algo mental, mas espiritual. Por isso Paulo podia dizer: *De boa von-*

tade, pois, mais me gloriarei nas fraquezas... Porque, quando sou fraco, então, é que sou forte (vv. 9, 10). De fato ele recebeu uma revelação nova e um novo conhecimento. Talvez a resposta do Senhor fosse parte da maravilhosa revelação. Ele pode ter encontrado mais ajuda *nessa* palavra do que naquilo que vira e ouvira no terceiro céu e no Paraíso. Nós nunca estivemos no Paraíso; ninguém jamais soube o que Paulo ouviu ali. Tampouco estivemos no terceiro céu; não temos nem idéia de todas as coisas que experimentaremos quando formos para lá. Entretanto, por mais de dois mil anos a Igreja tem recebido mais ajuda mediante as palavras que o Senhor disse a Paulo (*A minha graça te basta*) do que mediante a experiência dele no terceiro céu e no Paraíso.

De onde procede o ministério da Palavra? No caso de Paulo, ele procede das lutas e provações que ele suportou ao ser levado pelo Senhor a um estado no qual podia afirmar que quando estava fraco então era forte. Paulo tinha o ministério da Palavra quando reconhecia que a graça divina era suficiente para ele. Assim o seu ministério era produzido. Por meio da disciplina. Revelações como aquela encontrada em 2 Coríntios 12.9 são o resultado da disciplina do Espírito Santo. Sem disciplina não há revelação; sem espinho não há graça.

O espinho na carne de Paulo era severo; não era um espinho comum, mas era um mensageiro de Satanás. A palavra esbofetear significa causar dor, maltratar. Paulo suportou muitas coisas; ele não tinha medo de enfermidades ou de dificuldades. Apesar disso, estava sendo provado de forma única. Se ele disse que o espinho era doloroso, então de fato devia ser bem doloroso. Ele tinha um espinho e Satanás enviou seus mensageiros para esbofeteá-lo, usando o espinho. Sob tão severa provação, Deus libera Sua graça: *Minha graça te basta*. Assim, Paulo recebeu uma revelação. Ele reconheceu a graça

A Disciplina do Espírito Santo e a Palavra

de Deus e também o Seu poder. Ele também conheceu sua própria debilidade. Há muitos santos na Igreja de Deus que suportaram tribulações e provações por meio da revelação de Paulo. Precisamos urgentemente reconhecer o quanto somos fracos! Assim que a fraqueza nos deixa, o poder também se afasta. Onde há fraqueza, há poder. Este é um princípio espiritual efetivado pela disciplina. Nós recebemos luz por meio da disciplina. Também recebemos palavras por meio da disciplina. Aprendemos a falar repetidamente, como uma criança aprendendo suas primeiras palavras.

Deus nos submete às provações; Ele permite que sejamos provados nas mãos de muitos dos Seus próprios filhos. Quando você começa a aprender, começa a ter mensagens para pregar. A medida de sua disposição de se submeter é a medida de sua mensagem. Quando você se submete imediatamente, também recebe palavras da mesma maneira. A mensagem é obtida por meio da obediência; sua obediência é a palavra. Quando você se prostra diante de Deus, você recebe palavras. Elas são escritas em sua vida, são gravadas no seu ser. Deus permite que Seus filhos passem por muitas e variadas provações. Às vezes você pode ser o primeiro a ser provado, antes dos outros. Você é provado primeiro, e os outros são provados depois. A provação que você suporta aperfeiçoa a palavra em você. Você é capaz de se levantar e pregar uma palavra forjada nas provações para irmãos e irmãs que agora estão passando por tribulações e se acham incapazes de superar. A mensagem que você prega torna-se uma luz, vida e poder para aqueles que estão na mesma situação. Uma vez mais você ministrou a palavra.

Temos de reconhecer que o ministério da Palavra deve ser testado primeiro. Se outros irmãos e irmãs passam por tribulações antes de você, você não terá nada com que ajudá-los.

Mesmo que você tentasse dizer algo, sua mensagem será uma palavra vazia. Qual é a utilidade de palavras vazias? A palavra deve ser forjada no fogo. A Igreja deve passar pelo fogo; assim Deus leva primeiramente Seus ministros através do fogo, a fim de que sejam forjados antes dos outros. Aquele que é forjado primeiro sai com a mensagem. Quando você passa pelo fogo, possui a palavra. Repetidamente, por meio do fogo, as palavras vão sendo acrescentadas. Subseqüentemente, você possui a palavra para ajudar aqueles que são igualmente testados.

Portanto, nós declaramos que um ministro da Palavra ministra por meio de palavras ensinadas pelo Espírito. O Espírito Santo não somente fala palavras de sabedoria por intermédio dos meus lábios; Ele também me ensina como falar. Sou instruído pelo Espírito Santo; eu fui ensinado na fornalha ardente; eu tenho a palavra. Se não for mediante este processo, a pregação torna-se apenas palavras vazias. Isso é muito básico: temos de aprender em cada tratamento. Nossas palavras devem ser forjadas no fogo, ou elas serão ineficazes. Não poderemos confortar aqueles que estão aflitos. Palavras externas são fúteis. A fim de sermos verdadeiramente úteis, temos de ser daqueles que foram tratados por Deus.

Como pode a Igreja ter sido ajudada durante mais de dois mil anos com a palavra de 2 Coríntios 12? Graças a Deus, foi por causa do espinho na carne de Paulo. Se o espinho tivesse sido removido, a ajuda teria se desvanecido. O poder daquele capítulo manifesta-se no espinho. Se não houvesse espinho na carne de Paulo, suas palavras não teriam valor espiritual. O poder da vida manifesta-se no espinho. Somente os tolos tentam se esquivar dos espinhos. Quando os espinhos desaparecem, as palavras de vida também desaparecem e o ministério se desvanece. O poder de nossa pregação baseia-se nos espinhos que suportamos.

A Disciplina do Espírito Santo e a Palavra

Por isso os ministros da Palavra são aqueles que são escolhidos por Deus para serem tratados primeiro, ser provados primeiro e para conhecerem o Senhor primeiro, a fim de que possam oferecer Cristo aos filhos de Deus. Por causa do que sofreram anteriormente, estão aptos a ajudar outros. Devido ao tamanho dos sofrimentos que tiveram de suportar, estão capacitados a ajudar a muitos. Se realmente nos importarmos em ser ministros da Palavra de Deus, temos de ser provados antes e suportar muito mais tribulações do que os cristãos comuns são chamados para suportar. Deus nos estabeleceu como ministros, e não somente para umas poucas pessoas, mas para toda a Igreja. Somos chamados para suprir as necessidades de muitos. Portanto, temos de suportar as provações antes dos outros e mais provações do que os outros. De outro modo, como poderemos ajudar?

O ministro terá muitas ou poucas palavras dependendo do quanto tem sido provado pelo Senhor. Não devemos esperar que Deus trate conosco de forma lenta e fragmentada. Aquilo que suportamos proporciona material para atender às necessidades de muitos; assim, temos de suportar tudo o que os outros são chamados para suportar. Por que alguns pregadores facilmente esgotam suas palavras? É porque não receberam muito tratamento de Deus. O pregador deve receber grande quantidade de tratamento antes de se tornar um verdadeiro ministro da Palavra. Se o pregador tiver recebido bastante tratamento, então terá palavras para diferentes pessoas em diferentes situações.

Um ministro deve ser rico nas palavras. Riqueza no tratamento divino produz riqueza nas mensagens. Provações ferozes produzem mensagens abundantes. Uma enorme variedade de testes capacita o ministro a suprir uma grande variedade de necessidades na congregação. Coerentemente, aquele que "tem" é aquele que serve; também é aquele que tem "muito" que pode servir muito. Meramente ter não é suficiente para suprir as várias necessidades das pessoas. Precisamos ter abundantes reservas, ou então seremos incapazes de ajudar as pessoas com seus problemas. Graças a Deus, o ministério de Paulo foi muito abrangente, porque ele suportou muitas tribulações. O que ele experimentou formou seu ministério abrangente. Se quisermos ter um ministério abundante, temos de estar dispostos a receber muito tratamento de Deus.

O Objetivo do Suprimento da Palavra

Qual é o propósito da nossa tarefa de suprir palavras às pessoas? É unicamente ajudá-las a atravessar as dificuldades? Há um propósito específico no suprimento da Palavra, que é ajudar as pessoas a conhecer ao Senhor. Todas as revelações são uma apresentação de Cristo; a ausência desse elemento reduz a zero o valor da revelação. O fim supremo do suprimento da Palavra é levar os homens espiritualmente mortos ao conhecimento do Senhor. Deus nos coloca num ambiente tal que enfrentaremos dificuldades. Nossas maiores necessidades nos impelem a buscar ao Senhor. Temos de reconhecer que a disciplina do Espírito Santo indica nossas necessidades. O Espírito nos mostra nossas necessidades por meio de circunstâncias especificamente planejadas. Não há como passarmos por tais situações exceto por meio de um conhecimento íntimo do Senhor. Como as pessoas podem conhecer a Deus se não tiverem necessidades? Paulo não seria capaz de conhecer a graça do Senhor se ele não tivesse o espinho. Quando alguém é testado no fogo, a questão é mais do que como se livrar daquela situação; o indivíduo precisa conhecer ao Senhor por meio daquela provação. Paulo não mordeu os lábios e disse: "Tudo bem! Eu vou superar!". Em vez disso, ele clamou: "Eu conheci a graça!". Esta é a maneira de conhecermos ao Senhor.

Por esta razão Deus consistentemente usa a disciplina do Espírito Santo para nos fazer perceber necessidades que ninguém mais pode suprir, exceto Ele próprio. Cada necessidade nos ajuda a conhecer um aspecto particular do nosso Senhor. O conhecimento de Paulo do poder do Senhor veio por meio de sua fraqueza. No sofrimento, ele aprendeu sobre a graça. O espinho tornou-o fraco, mas também abriu a ele o conhecimento da graça. O Senhor colocou-o em fraqueza, a fim de que ele pudesse conhecer Seu poder; colocou-o no sofrimento a fim de que ele conhecesse a graça. Necessidade traz conhecimento. Cada necessidade particular abre um conhecimento em especial.

O aperfeiçoamento no conhecimento do Senhor naturalmente exige muitas provações. Como alguém pode conhecer perfeitamente ao Senhor se passa por poucas tribulações? Você pode ter familiaridade com muitas facetas do caráter do Senhor, embora possa continuar carecendo de conhecimento de um aspecto particular. Se você deseja conhecer de fato ao Senhor, então busque o conhecimento perfeito. Qualquer problema na recepção da disciplina do Espírito Santo resulta numa deficiência no conhecimento do Senhor. Se a disciplina que você receber for imperfeita, não terá mensagens para suprir outros. Peçamos ao Senhor que nos discipline. Que ele nos coloque em várias situações nas quais possamos ser provados por todos os lados e permitamos que ele nos conduza através delas. Quando vivemos diariamente em tais condições, o Senhor nos dá abundantes oportunidades de conhecê-Lo mais e mais. Cada novo tratamento, cada nova disciplina, recompensa-nos com um novo conhecimento. Assim, nosso conhecimento de Cristo é aumentado dia a dia. Nós somos capazes de suprir a Igreja com o Cristo que conhecemos.

O que é, então, a palavra? A palavra é Cristo. A palavra que recebemos nas tribulações e quando estamos sob disciplina procede do conhecimento de Cristo. Atualmente, milhões de filhos de Deus carecem de um conhecimento profundo de Cristo. Muitos conhecem ao Senhor em apenas um dos Seus atributos. Eles precisam de ministros da Palavra que possam ajudá-los com um conhecimento mais rico do Senhor. Devido às muitas tribulações que enfrentam, esses ministros passaram a conhecer ao Senhor em Seus vários atributos, por isso eles possuem mensagens ricas e variadas, competentes para apresentar a Cristo. Portanto, a Palavra de Deus é o Filho de Deus; a Palavra de Deus é Cristo. O que reconhecemos na Palavra é o que conhecemos de Cristo. Na Igreja há pessoas com um conhecimento deficiente de Cristo em áreas específicas; no entanto, se tivermos recebido a misericórdia de Deus e tivermos experiências nessas áreas específicas, seremos capazes de fazer pregações capazes de suprir essas deficiências. Podemos suprir as necessidades da congregação porque aprendemos nossas lições. Se o nosso ministério for estabelecido sobre este fundamento, nossa palavra será a Palavra de Deus.

Às vezes nós tiramos proveito das experiências de outros. No entanto, usar esse tipo de experiência não é fácil, porque se não tivermos cuidado, seu uso constante pode atrofiar nossa mente. Muitas pessoas inteligentes e observadoras, não tendo experiências próprias, estão continuamente usando as experiências de outras pessoas. Elas mesmas são vazias e inúteis diante de Deus. É necessário que nós sejamos pessoalmente tratados pelo Senhor, antes de realmente sermos capazes de utilizar as experiências de outras pessoas. Se tivermos o hábito de nutrir nossas próprias experiências no espírito, podemos lançar mão da experiência de outros. Somente aquilo que preservamos em nosso espírito assume vida.

Você só pode levar outros a conhecer o Corpo de Cristo se você mesmo conhecê-lo e se tiver alimentado esse conhecimento em seu espírito. Você só poderá utilizar as experiências alheias se tiver ativado o seu próprio espírito. Se você tiver uma atitude individualista, sem entendimento e sem noção da realidade do Corpo de Cristo, não deve utilizar as experiências de outras pessoas. Você mesmo deve estar vivendo no Corpo e deve ter nutrido essa experiência em seu espírito antes que possa oferecer a outros as palavras da realidade. De outra forma, tudo o que você disser serão apenas meras teorias, sem aplicação e sem propósito. Você pode considerar seu discurso como lógico e coerente, mas não chegou a tocar naquilo que é real. Aqueles que o ouvirem também serão impossibilitados de tocar a realidade.

Este mesmo princípio é aplicável ao uso da Bíblia. Hoje você deseja usar as Escrituras. Você é tocado por uma passagem em particular; imediatamente cinco ou seis versículos chamam sua atenção. Você deve alimentar seu espírito e não a sua mente com esses versículos. Assim, aquilo que você dedica ao seu espírito é o que depois você poderá oferecer para os outros. Não há utilidade em possuirmos uma verdade e não alimentarmos nosso espírito com ela. As experiências que você teve há cinco anos devem ser alimentadas em seu espírito. Somente dessa forma seu espírito pode usá-las quando for necessário. Até mesmo os versículos bíblicos não poderão ser empregados no ministério se o seu espírito não puder se alimentar deles.

Tudo se resume nisto: o conteúdo de nossas pregações deve ser criado em nós por Deus. Ele não consiste daquilo que concebemos por nós mesmos e não é aprendido com outras pessoas; nossa pregação é criada em nós por Deus. Depois de muitos anos de refinamento, algumas palavras podem ser compartilhadas. Elas são o produto de anos de cinzelamento. Elas são formadas em nós pelo Espírito Santo. Essas palavras são confiadas a nós pelo Senhor. São palavras pronunciadas por nós, mas são verdadeiramente palavras de Deus. Nós as aprendemos atravessando vales profundos. Essas palavras foram lavadas e purificadas por Deus. É claro que a origem dessas palavras pode ser traçada naquilo que vemos e aprendemos diante do Senhor. Tais palavras iluminadas são baseadas na disciplina do Espírito Santo. Mesmo quando citamos as palavras de outros, elas ainda se baseiam na disciplina do Espírito Santo. A fim de falarmos algo a partir dos lugares elevados, primeiro temos de aprender a descer até os lugares mais profundos. Somente o que vimos em nosso espírito pode se tornar luz para outras pessoas. As palavras que falamos são todas formadas nas profundezas e sob pressão. Somente a pessoa que atravessou um tipo especial de tribulação e aprendeu a lição está apta para falar aquele tipo particular de palavra.

As palavras nascem nas tribulações, nos sofrimentos, derrotas e trevas. O ministro da Palavra não deve ter medo de ser levado por Deus a tais ambientes. Se ele entende os caminhos de Deus, pode começar a louvar ao Senhor dizendo: "Ó Senhor, tu estás me dando novas palavras?". Nas primeiras vezes você pode ser ignorante, e não compreender por que está sendo conduzido a tais ambientes; depois, porém, com certeza entenderá plenamente. Você deve saber que cada tribulação produz uma palavra. À medida que aumenta o número de tribulações, nossas palavras são cada vez mais enriquecidas. No processo de obtenção da palavra, você se torna sábio.

A Disciplina do Espírito Santo e a Palavra

O ministro da Palavra deve se levantar diante da Igreja não somente com palavras, mas especialmente com experiência nas tribulações. Se você falhar em caminhar adiante na disciplina do Espírito Santo, não terá absolutamente nenhuma mensagem para compartilhar com a congregação. Esta questão é muito séria. Se você deseja ter algo para transmitir e servir à Igreja, deve atravessar as tribulações – senão suas palavras serão vazias e você estará enganando as pessoas e a si próprio. Há uma linda canção que se chama "Meditemos na história da vinha", que se eleva cada vez mais alto em seus sentimentos até que no final destaca que aquele que faz as maiores renúncias é o que tem mais a oferecer. Se você não renuncia a nada, não tem nada para oferecer. O ministério da Palavra está fundamentado nas palavras interiores. Esta é a fonte de nossas mensagens.

Finalmente, não devemos esquecer que a lei fundamental que Paulo nos ensina em 2 Coríntios 1 é: *Não queremos, irmãos, que ignoreis a natureza da tribulação que nos sobreveio na Ásia, porquanto foi acima das nossas forças, a ponto de desesperarmos até da própria vida. Contudo, já em nós mesmos, tivemos a sentença de morte, para que não confiemos em nós, e sim no Deus que ressuscita os mortos* (vv. 8, 9). O que uma sentença de morte opera nele? Ele diz que Deus tem um propósito definido e que esse propósito é que nas adversidades ele será capaz de confiar não em si próprio, mas em Deus, que ressuscita os mortos; além disso, será confortado por Deus de tal forma que poderá confortar outros que passam pelas mesmas situações: *Porque, assim como os sofrimentos de Cristo se manifestam em grande medida a nosso favor, assim também a nossa consolação transborda por meio de Cristo. Mas, se somos atribulados, é para o vosso conforto e salvação; se somos confortados, é também para o vosso conforto, o qual se torna eficaz, suportando vós com paciência os mesmos sofrimentos que nós também padecemos. A nossa esperança a respeito de vós está firme, sabendo que, como sois participantes dos sofrimentos, assim o sereis da consolação* (vv. 5-7).

Isso explica o princípio fundamental do ministério da Palavra. Primeiro nós somos testados em todos os tipos de provações, a fim de que depois possamos abençoar outros com o que aprendemos. Nós mesmos somos confortados, de modo que podemos confortar outros com o mesmo conforto que recebemos. Ousaremos falar num nível inferior? Temos de pregar usando palavras aprendidas em meio a muitos sofrimentos. Há muitas palavras e muitas ilustrações que nós não podemos usar, pois fazendo isso nós diminuímos o poder de nossa pregação. Temos de aprender a falar com precisão em nossas conversas comuns. O Senhor nos refinará até que nossas palavras caminhem bem próximas das palavras da Bíblia. Aprenda a usar as palavras e frases que Deus usa. As palavras de um ministro da Palavra devem ser interiormente refinadas.

Uma vez que nossas palavras têm sua fonte na disciplina, como podemos desprezar a disciplina do Espírito Santo? Tudo aquilo que não procede dessa fonte consiste apenas em palavras vazias, que jamais poderão suprir as necessidades da Igreja. Não despreze a disciplina e o tratamento do Senhor, mas aprenda as lições ensinadas em cada tribulação.

Capítulo 14

A Palavra e a Memória

Outra coisa da qual o ministro da Palavra deve tomar nota é a memória, ou seja, o poder de lembrar. Esse elemento ocupa no ministério um espaço muito maior do que nós geralmente imaginamos. Temos muito que aprender sobre esta questão.

A Necessidade da Memória

Quando um indivíduo está ministrando, invariavelmente ele sente a inadequação de sua memória. Ele pode ser naturalmente dotado de uma excelente memória, mas quando se trata de ministério, descobre sua impotência. Esta incompetência afeta a transmissão das palavras, parecendo mantê-las cobertas por um véu e atrapalha a liberação da carga. Nós só podemos falar daquilo que lembramos. Como a palavra interior precede a palavra falada? Como a primeira flui para fora? Sem o suporte da palavra interior não haverá palavra falada. Se a palavra interior não estiver presente, a palavra falada deve mudar seu assunto, pois o conteúdo está na palavra interior e não na exterior. A segunda precisa do apoio da primeira, ou então ela se resseca. Aqui, então, vemos a importância da memória. É por meio das lembranças que a palavra interior é transportada para o exterior. Sempre que a nossa memória falha, nossa carga cessa de ser descarregada.

Uma experiência estranha e comum a todos os ministros da Palavra é que quanto mais lembramos das doutrinas, menos lembramos das revelações. Você pode entender o ensino com clareza e lembrá-lo apropriadamente. Com a revelação, porém, é diferente. Você recebe uma revelação interior, enxerga a luz e tem êxito na fixação da luz; você também recebe algumas palavras com as quais expressa o que viu. O estranho, porém, é que você acha difícil lembrar dessas palavras. Elas podem ser simples, talvez apenas cinco ou dez. Humanamente falando, deveria ser fácil lembrá-las. Entretanto, para sua surpresa, quanto mais verdadeira for a revelação e maior for a visão interior, mais difícil (de fato) será você lembrar das palavras. Quando se levanta para ministrar, você esquece das palavras dentro de poucos minutos. Com freqüência você mistura a ordem das palavras; ocasionalmente exclui algumas delas; outras vezes é capaz de lembrar com grande esforço, mas esquece o assunto. Assim você começa a perceber o quanto é difícil preservar a revelação divina na memória humana. Você aprende a orar "ó Senhor, dá-me da Tua graça para que eu me lembre".

Você deve sustentar a palavra falada com a palavra interior. Devido, porém, à ineficácia da memória natural, muitas vezes você falhará em suprir prontamente as necessidades. Quanto mais você fala, mais se distancia da palavra interior. Depois que termina de pregar o sermão, descobre que a palavra interior permaneceu intocada. Você chegou com uma carga, mas vai embora carregando a mesma carga. Não foi capaz de aliviá-la. Essa situação torna-se um grande sofrimento. Talvez você diga: "Vou anotar em meu caderno; então poderei lembrar". Isso pode ajudar ou não, pois acontece algo incomum: enquanto você lê suas anotações, reconhece cada palavra que escreveu, mas não consegue lembrar do que havia por trás das palavras. Sua memória é totalmente inadequada. Se o que você tiver for mera doutrina ou informação, será capaz de pregar. Quanto maior for o teor doutrinário, mais fácil será de lembrar. No entanto, não é fácil lembrar da revelação. Ao tentar comunicar sua revelação interior, você deve reconhecer que não pode se lembrar do que acabou de ver. Pode lembrar das palavras, mas o assunto em si é esquecido. Nosso problema no púlpito é que esquecemos aquilo que enxergamos. Podemos pronunciar muitas palavras, mas nenhuma delas comunicará aquilo que vimos. O ministério sofre um grande prejuízo. Por isso é extremamente necessário termos memória.

    Precisamos de dois tipos de memória: a memória exterior e a memória do Espírito Santo. Um ministro da Palavra precisa das duas. A memória exterior aponta para a memória do homem exterior, para aquilo que é produzido no cérebro humano. Ela ocupa um lugar muito importante no testemunho da Palavra de Deus. A memória do Espírito Santo é o que o Senhor Jesus menciona em João 14.26: *O Consolador, o Espírito Santo, a quem o Pai enviará em meu nome, esse vos ensinará todas as coisas e vos fará lembrar de tudo o que vos tenho dito.* Esta é a memória do Espírito Santo, pois é Ele quem traz as verdades à nossa lembrança e não nós mesmos.

A Memória do Espírito Santo

Nós enxergamos algo em nosso espírito; somos capazes de fixar em nossa mente e ao mesmo tempo recebemos palavras interiores. Essas palavras interiores contêm o pensamento que temos, bem como a luz que recebemos. Deus nos dá algumas palavras que são chamadas de palavras de revelação. Revelação significa enxergar, levantar o véu de modo que a luz brilhe e possamos ver aquilo que estava oculto. Quando enxergamos essa realidade interior, a princípio não podemos expressá-la. Deus nos concede poder mental suficiente para retermos a luz e traduzi-la em nossos próprios pensamentos – como se fosse uma fotografia. Ele também nos concede palavras a fim de abrangermos todo o significado da revelação. As palavras que Deus nos dá incluem o total significado daquilo que está por trás da iluminação. Portanto, as palavras da revelação são palavras visíveis. São mais do que palavras, pois falam de nossa visão e de nossa revelação interior. Essas palavras são simultaneamente uma visão.

O que na verdade são essas palavras interiores? Elas são o pronunciamento da revelação em nós. São mais do que simplesmente cinco ou dez palavras; elas pronunciam aquilo que eu percebi no meu interior. Originalmente a visão é função dos olhos e não dos meus lábios. Eu posso ver com total clareza no meu interior, mas não ser capaz de pronunciar verbalmente aquilo que estou vendo. Então Deus me dá palavras que incorporam aquela luz e me capacitam a expressar o que eu vi.

Tais palavras precisam ser acomodadas na memória. Eu tenho de lembrar de duas coisas: as palavras e a luz. Vamos chamar a lembrança das palavras de memória exterior e a lembrança da luz de memória do Espírito Santo. Onde está a nossa dificuldade hoje em dia? É que muitas vezes nós lembramos das palavras com nossa memória exterior, mas perdemos a memória do Espírito Santo – quer dizer, não conseguimos lembrar da luz. Lembramos das palavras, mas esquecemos da luz. Não existe tal problema na esfera da doutrina ou da informação, porque nós podemos memorizar e transmitir todas as palavras e cumprir nossas tarefas. A doutrina completa-se com a transmissão exterior. O ministério da Palavra, porém, consiste em tocar vidas. Quanto mais doutrinário for o conteúdo, mais fácil será de ser memorizado e transmitido. Quanto mais cheia de vida for a visão interior, mais fácil será de ser esquecida. Podemos lembrar de cada palavra, mas perder de vista a realidade. Isso se deve a algum defeito em nossa memória do Espírito Santo. Somente dessa forma as palavras serão vivas. Sempre que essas palavras forem separadas da memória do Espírito Santo, elas mudam de espiritual para material. Se não forem manuseadas com cuidado, todas as coisas espirituais podem se transformar em materiais.

As palavras interiores podem ser facilmente transformadas em morte exterior. As palavras espirituais podem se materializar bem rápido. Para garantir sua efetividade, a palavra espiritual deve ser mantida viva no Espírito. As palavras de revelação precisam ser nutridas no Espírito Santo, caso contrário poderemos lembrar das palavras, mas não da revelação. É relativamente comum, por exemplo, conhecermos a impureza e a repugnância do pecado. Algumas pessoas percebem isso logo que recebem Jesus; outras são despertadas para este fato em tempos de avivamento. O primeiro grupo enxerga a repugnância do pecado imediatamente depois de ouvirem as alegres Boas Novas, enquanto os membros do segundo grupo vivem de tal forma que somente três ou quatro anos mais tarde são reavivados pelo Espírito Santo e convencidos desses fatos.

Certa vez um irmão foi convencido do pecado. Ele ficou tão comovido que rolou pelo chão das oito horas da noite até a manhã do dia seguinte, muito tempo depois do término do culto. Ele ficou rolando no chão como se tivesse chegado aos portões do Hades. "Mesmo que eu vá para o inferno", ele gritava, "isso ainda será menos do que eu mereço". Durante aquela noite o Senhor mostrou-lhe a repugnância do pecado. Ele viu isso em seu espírito e foi capaz de alertar outras pessoas quanto à abominação do pecado. Como escreveu depois em um hino, ele viu o pecado negro como fumaça e não há nada mais escuro do que a fumaça. Com aquelas poucas palavras ele foi capaz de expressar sua revelação interior. Muitas pessoas foram ajudadas. Apesar disso, depois de dois ou três anos sua revelação gradualmente foi se dissipando. As palavras "negro como fumaça" ainda estavam com ele, mas quando ele se levantava para falar, o quadro não estava mais lá. A revelação do Espírito Santo tinha se dissipado; não era mais tão distinta e poderosa como antes. Anteriormente, quando ele pregava sobre a negridão do pecado, era com lágrimas nos olhos; agora pregava com um sorriso. O sabor era diferente. As palavras eram as mesmas, mas a memória do Espírito Santo estava ausente.

Um dia o Senhor pode mostrar a você a malignidade do pecado conforme mostrado em Romanos 7.13: *"Pelo contrário, o pecado, para revelar-se como pecado, por meio de uma coisa boa, causou-me a morte, a fim de que, pelo mandamento, se mostrasse sobremaneira maligno"*. Você enxerga a malignidade do pecado e fica aterrorizado com a palavra "pecado". É possível, porém, que poucos dias mais tarde você ainda se lembre das palavras "pecado... sobremaneira maligno", mas a visão não exista mais. No momento você enxerga a malignidade do pecado diante de Deus; o pecado está presente e representa a imagem diante de você. Mais tarde, porém, quando você se levanta para pregar sobre o assunto, as palavras podem permanecer com você, mas a visão desapareceu. Chamamos esse tipo de visão de memória do Espírito Santo.

Como ministro da Palavra, você precisa da memória do Espírito Santo, a qual capacita a lembrar não somente das palavras, mas também da visão. Por isso, cada vez que você se levanta para pregar, deve pedir ao Senhor que lhe conceda a memória do Espírito Santo a fim de que quando as palavras forem pronunciadas, a realidade também possa ser proclamada. Caso contrário, depois que você tiver falado dez ou vinte vezes sobre a repugnância do pecado, você mesmo ficará confuso. Somente quando enxerga novamente a malignidade do pecado na memória do Espírito Santo você se capacita a apresentar a visão junto com as palavras. Esta é a Palavra de Deus. *Palavras mais visão*. Você percebe que a Palavra de Deus precisa ter uma visão? Palavras sozinhas não podem ser consideradas Palavra de Deus. Deve haver uma realidade por trás delas.

Vamos usar outro exemplo. Suponha que você está pregando sobre o amor de Deus. Enquanto fala, você tem também uma visão. Você fala de acordo com a visão; o resultado é positivo. Freqüentemente, porém, você fala sobre o grande amor de Deus, mas você mesmo não sente esse amor. Como então você espera que outros creiam? Você precisa da memória do Espírito Santo. É Ele quem concede a visão, ou seja, a realidade do amor divino. Quando você apresenta essa realidade às outras pessoas, quanto mais você fala, mais esta realidade é tocada e mais abundantemente a vida flui. Sem a memória do Espírito Santo, as palavras são apenas palavras – corretas, mas não reais. Portanto, quando pregar a Palavra de Deus, você deve buscar a memória do Espírito Santo que o capacita a lembrar da revelação e das palavras interiores que Deus lhe deu. A pregação segundo as palavras interiores trará vida, e as pessoas verão o que você viu.

Provavelmente muitas pessoas já foram salvas mediante as palavras de João 3.16. Entretanto, suponha que você meramente recite as palavras, talvez pela décima vez; você acha que elas serão efetivas? Para que sejam efetivas mais uma vez é preciso que o Espírito Santo traga novamente à sua memória o que você viu nesse versículo quando você mesmo foi salvo.

Muitas pessoas sentem a misericórdia e o amor do Senhor depois que os pecados são perdoados. Elas recebem uma revelação interior que mostra distintamente como o Senhor é precioso, pois aquele que tem muitos pecados perdoados é o que mais ama. Essa pessoa viu o Senhor e tem as palavras e os pensamentos dentro de si. Pode falar durante uma ou duas horas, derramando o que tem dentro de si, e os ouvintes sentem a unção e são ajudados. Depois de alguns dias, o pregador pode falar novamente sobre o mesmo assunto. Ele lembra as palavras perfeitamente; elas são as mesmas e apesar disso, quanto mais ele fala, menos parece ocorrer algo real. Ele esqueceu da realidade. As palavras estão lá, mas falta o amor. O pregador carece da memória do Espírito Santo. Todas as revelações devem ser guardadas em Sua memória.

Por isso aquele que deseja ser ministro da Palavra precisa ser alguém que possui uma boa memória do Espírito Santo. Quanto melhor for a memória, mais rico será o pregador, porque haverá mais elementos vivos no ministério. Se a nossa memória do Espírito Santo for débil, muitas das revelações que recebemos se perderão e terão de ser repetidas. Esta é uma situação deplorável. Diante de Deus o indivíduo precisa não somente ter a revelação do Espírito, mas deve ter repetidamente e numa medida crescente. Há trinta anos, quando se converteu, você recebeu uma revelação do Senhor. Posteriormente Ele lhe deu mais e mais revelações. Em outras palavras, a revelação cresce. O que você viu na época da salvação é a revelação básica que deve crescer progressivamente. Um ministro da Palavra alimenta todas as revelações que recebe em sua memória do Espírito Santo. Conseqüentemente, tudo o que ele possui é vivo.

Vamos usar a abominação ou a malignidade do pecado novamente como ilustração. Tal abominação precisa ser refrescada em sua memória quando você prega; caso contrário, você poderá falar a respeito dela, mas será totalmente ineficaz, porque estará servindo maná do dia anterior ou até do ano anterior. Muitos irmãos levantam-se para pregar o evangelho; podemos notar que alguns possuem a memória do Espírito Santo, outros não. Não é algo que temos de supor. A presença ou a ausência da memória do Espírito Santo é clara e inequívoca. Por mais elevada e profunda que seja a revelação, ela deve ser mantida viva na memória do Espírito Santo. Parece estranho que quando proferimos a primeira palavra numa pregação podemos já ter esquecido o que contemplamos no espírito. É perdoável você ter esquecido da abominação do pecado que você viu há dez ou quinze anos, mas e quanto a esquecer a revelação que recebeu na noite anterior? Portanto, uma revelação deve ser lembrada em nós pelo Espírito Santo.

Podemos usar outro exemplo. Há alguns anos, um irmão viu a grande diferença entre tocar no Senhor e pressionar o Senhor no meio de uma multidão, entre aquilo que é espiritual e aquilo que é meramente objetivo. Ele viu isso vividamente na ocasião e ficou cheio de alegria. Passaram-se alguns dias. Ele foi visitar um irmão doente e tentou compartilhar com ele o que tinha visto. No entanto, só conseguiu ficar fazendo rodeios. Ele tentou desesperadamente lembrar o que tinha visto; começou até a transpirar; entretanto, quanto mais falava, mais sentia que suas palavras não estavam fazendo sentido. Isso ocorreu porque ele não aprendeu a alimentar a revelação na memória do Espírito Santo. Somente quando a palavra da revelação é nutrida ali você pode usá-la quando ministra.

Além da revelação, pensamentos e das palavras interiores e faladas, também precisamos da memória do Espírito Santo. Sua ausência afeta as palavras interiores e as exteriores. Ninguém pode depender de sua força natural. Por mais forte que você seja, sua força natural não é útil no ministério da Palavra. Somente o tolo sente orgulho de si mesmo. Como você pode se gabar se não é capaz de lembrar de algo que recebeu no dia anterior? Você pode tentar lembrar até sua cabeça doer, mas mesmo assim não conseguirá lembrar. Para suprir as palavras faladas com as palavras interiores de revelação, precisamos da memória do Espírito Santo. Somente ela nos capacita a falarmos o que o Senhor deseja que falemos e a usarmos as palavras espirituais em vez das palavras meramente humanas. Se não for assim, nosso espírito se desvanecerá enquanto pregamos.

Portanto, é evidente que quando o Senhor está operando em nós, é fácil sermos ministros da Palavra, mas quando Ele não está trabalhando em nós, nada é mais difícil do que sermos ministros. A exigência de Deus sobre um ministro da Palavra é severa. Que Ele seja misericordioso para conosco a fim de que tenhamos a memória do Seu Espírito e possamos lembrar das revelações junto com as palavras. Enquanto falamos teremos a realidade conosco. Ficaremos incomodados quando perdermos de vista a revelação enquanto falamos. Quanto mais falarmos, mais ficaremos confusos. Não saberemos sobre o que estaremos falando. Reconheçamos a futilidade de nosso cérebro natural nas questões de revelação espiritual.

A Memória Exterior

A seguir consideraremos a memória exterior. Ela pode ou não ser empregada pelo Senhor, conforme a Sua vontade. Nós não temos como explicar esse processo; só podemos mencionar o fato.

Com freqüência a sua condição pode ser a seguinte: você tem as palavras interiores, as palavras de revelação; tem também a memória do Espírito Santo. Esta última, porém, precisa da ajuda de sua própria memória. O Espírito trará coisas à sua memória, mas Ele não cria outra memória dentro de você. Veja novamente a declaração de João 14.26: "O *Espírito Santo... vos fará lembrar de tudo o que vos tenho dito*". O Espírito de Deus é vivo, e a revelação que Deus nos dá é nutrida por Ele. Antes de você se levantar para pregar, Deus lhe dá duas palavras, duas palavras-chave. Se você for capaz de lembrar dessas duas palavras, a memória do Espírito Santo pode também lembrar da revelação. Se você esquecer essas duas palavras, a memória do Espírito Santo também será perdida. Para se proteger e evitar esquecer, você deve anotar essas palavras importantes. Muitas vezes, ao olhar para essas palavras, a visão interior reaparece e você tem novamente a revelação.

A memória exterior, portanto, às vezes é usada pelo Espírito Santo. Às vezes, contudo, aquilo que você escreveu falha em trazer a visão de volta. Por isso essa memória exterior pode ou não ser usada por Deus. Se somente a memória exterior permanecer e a revelação interior se for, então é claro que nada poderá ser feito. Em geral, quanto mais revelação você recebe, mais efetiva se torna a sua memória exterior. À medida que a memória do Espírito Santo aumenta em você, sua memória exterior é purificada na mesma proporção. Quanto mais pura for a revelação, mais fácil será de ser lembrada, interior e exteriormente. A princípio sua memória interior pode não ser capaz de se comparar com sua memória exterior. Não desanime, pois à medida que suas experiências forem se multiplicando, você sentirá que as duas memórias se aproximam até que se tornam uma única unidade. Por isso precisamos nos humilhar diante de Deus. Precisamos orar mais e esperar mais tempo. Quando você estiver mais purificado interiormente, levante-se e pregue a Palavra. As palavras interiores devem estar na revelação do Espírito Santo antes que possamos falar.

Ocasionalmente as pessoas o elogiarão depois de uma pregação, mas você mesmo saberá que não foi capaz de lembrar de alguns elementos. Sua memória interior estava desconectada de sua memória exterior. O que você disse estava totalmente correto, mas a revelação estava difusa e obscura. Como ministros da Palavra, precisamos aprender diante de Deus a ter a memória do Espírito e a memória exterior. A memória do Espírito Santo deve ser colocada entre a revelação e a palavra de modo que supra as palavras interiores; nossa própria memória deve ser colocada entre as palavras interiores e as palavras faladas, de modo que possa dar-lhes apoio.

Nós citamos três passos (deixados temporariamente de lado): primeiro, iluminação; segundo, as palavras interiores; terceiro, as palavras exteriores. Coloque a memória do Espírito Santo entre os dois primeiros passos e nossa própria memória entre o segundo e o terceiro. Entre a iluminação e as palavras interiores permanece a memória do Espírito Santo, pois ela utiliza a iluminação para suprir as palavras interiores. As palavras interiores precisam ser supridas com a iluminação do Espírito Santo. Sem isso, as palavras são mortas – meramente palavras humanas desprovidas de espiritualidade. Por meio da memória do Espírito Santo, a luz brilha sobre as palavras interiores, as quais por sua vez vivem na iluminação.

A Palavra e a Memória

Então a nossa própria memória supre as palavras exteriores, tornando-nos claros em nosso discurso.

Lembremos, porém, que essa memória exterior jamais pode ser substituída pela memória interior, visto que muitas vezes a memória do Espírito Santo não usa nossa memória exterior.

Aqui devemos fazer uma advertência. Às vezes a nossa memória exterior pode obstruir fortemente a memória do Espírito Santo. Nossas palavras interiores podem ser cheias de luz e de vida enquanto o Espírito Santo nos capacita a lembrar dessa iluminação; entretanto, quando não conseguimos lembrar externamente daquelas poucas palavras-chave, então elas são bloqueadas e não podem sair. Não há nada de errado no interior; o problema é exterior. Se você passar os dias e as noites ocupado com muitas coisas, naturalmente será incapaz de lembrar muitas palavras. Ou se os seus pensamentos estiverem soltos ou você tiver muitas preocupações, as três ou quatro palavras que o Senhor lhe dá logo serão esquecidas. Será uma grande ajuda se você escrever essas palavras de modo que possa restaurá-las e revitalizar a revelação interior.

Cada vez que você ministra a Palavra, o Espírito Santo tem muito a dizer. Você precisa ser cuidadoso para não enfatizar demais uma parte da mensagem e ignorar outra. Por exemplo, o Espírito Santo pode ter três coisas em mente, mas você lembra apenas de duas delas. Essas duas serão a carga de sua mensagem. Como você pode ministrar bem se perder uma parte da mensagem? Dentro de uma determinada revelação, Deus pode querer que você mencione dois ou três problemas. Se você esquecer algum elemento, vai se sentir bem incomodado. Por isso, ao reunir os elementos de sua mensagem, certifique-se de que eles cobrem tudo o que deve ser mencionado, ou você poderá pular algo. Se você esquecer o último ponto, a situação será contornável; entretanto, se esquecer logo o primeiro, será um desastre. Toda a mensagem poderá ser prejudicada ou perdida.

O ministério da Palavra é extremamente sério! Não devemos ofender o Espírito Santo. Não pense que não há problema em pular uma parte da mensagem. Se você deixar de falar algo que deveria ter falado, passará a se sentir cada vez mais pesado à medida que prossegue. Isso ocorre porque você falhou em compartilhar as palavras que o Senhor deu aos Seus filhos.

Um ministro da Palavra não deve falhar neste aspecto. Se Deus quiser que você fale três coisas, fale sobre três coisas; se Ele quiser que sejam cinco, que sejam cinco. Qualquer falha intensificará a carga. Se tudo for dito, exceto a única coisa que deveria ser dita, a luz vinculada a esse elemento abaterá o pregador e fará com que se sinta miserável. Portanto, exercitemos nossa memória. Temos de nos guardar contra qualquer desvio nesse aspecto. Que Deus nos mostre a forma de ministrarmos. Nossa memória exterior é somente uma serva da memória do Espírito Santo. Entretanto, se essa serva falhar, ela impede a plena utilidade da memória do Espírito Santo. Que a nossa memória seja renovada para o uso do Espírito Santo. Por isso nossa vida de pensamento deve ser tratada. Nossa memória deve ser disciplinada até o ponto de se tornar útil. A boa memória é muito importante no ministério da Palavra. O seu fracasso significa o fim de uma revelação.

Memória e Citação das Escrituras

Quando ministramos a Palavra de Deus, temos de ser como os apóstolos – quer dizer, devemos citar os textos bíblicos. Eles citavam apenas o Antigo Testamento, mas nós citamos os dois, o Antigo e o Novo. Aquilo que dizemos deve ser baseado na Palavra escrita, no Antigo e no Novo Testamento. Entretanto, uma dificuldade que enfrentamos hoje é que se não tivermos cuidado podemos fugir da Bíblia – i.e., podemos falar sobre o Novo e sobre o Antigo Testamento, mas falharmos em aliviar as cargas atuais. Se assim for, nossa carga se tornará mais pesada quando voltamos para casa. Freqüentemente nós não temos controle sobre a nossa memória no momento em que estamos falando. Com facilidade podemos ser arrastados por uma passagem do Antigo ou do Novo Testamento. Voltamos para casa nos sentindo profundamente reprovados em nossa consciência, porque gastamos todo o tempo disponível falando sobre a Bíblia, pregando sobre doutrina, embora não tenhamos aliviado a carga que Deus colocara sobre nós.

Conseqüentemente, durante todo o tempo em que falamos temos de checar se a carga foi aliviada. Nós falamos uma palavra ou muitas palavras; fazemos citações do Antigo e do Novo Testamento; no entanto, todos esses recursos são empregados apenas para expressar a palavra que Deus nos deu. Caso contrário, as pessoas poderiam simplesmente ler a Bíblia; por que os pregadores precisariam pregar? Nós temos de pregar não somente o que o Antigo e o Novo Testamento dizem; temos de compartilhar também as revelações que recebemos de Deus.

O ministério da Palavra é um elemento extremamente subjetivo num homem. Temos as palavras que recebemos anteriormente com Deus para pregar e temos palavras que Deus nos deu na hora. Temos de compartilhar não somente as palavras do Antigo e do Novo Testamento, mas também nossas próprias palavras. Nós pregamos a Palavra por meio do Antigo e do Novo Testamento, e por meio de nossas próprias palavras. As nossas palavras devem ser fortes e ricas. Quando são transmitidas, devem poder esmigalhar e cortar, a fim de compartilhar vida. Quando a vida continua a fluir, a carga é gradualmente aliviada. Quando terminamos de pregar, a carga foi totalmente aliviada. Mesmo que a palavra não seja como desejamos, assim que a carga é aliviada nossa tarefa está terminada. Haverá fruto. Uma coisa é certa: se uma carga for aliviada, os filhos Deus com certeza verão a luz. Sob tais circunstâncias a falha em enxergar a luz se deve a alguma dificuldade na audiência e não no pregador. No entanto, se a carga não for aliviada a dificuldade está com o pregador e não com a audiência.

Temos de aprender algo importante diante de Deus: o ministro da Palavra tem uma carga, palavras são usadas para aliviar essa carga e a memória do Espírito Santo é necessária para que isso aconteça. No entanto, mesmo com a memória do Espírito Santo, temos de tomar cuidado para não sermos atraídos pelas verdades encontradas no Antigo e no Novo Testamento. Sempre temos de ter em mente que a nossa responsabilidade é trazer a Palavra de Deus aos homens. Não é ensinar a Bíblia, esquecendo daquilo que Deus nos mostrou. Se esquecermos a palavra que recebemos, então não importa o quanto falemos e o quanto possa parecer estranho, continuaremos sentindo algo nos pressionando. É possível que Satanás esteja tentando nos obstruir. Nossos pensamentos devem ser ricos e nossa memória deve ser forte a fim de darmos o nosso melhor para que a carga seja aliviada.

Capítulo 15

A Palavra e os Sentimentos

Como já mencionamos antes, o ministro da Palavra deve prestar atenção a quatro coisas. Duas delas procedem de Deus: iluminação e as palavras interiores. Duas procedem do próprio ministro: o pensamento e a memória. Além disso, no processo da pregação ele precisa de duas outras coisas: um sentimento útil e um espírito útil.

O Espírito Flui por Intermédio do Canal dos Sentimentos

Ao ler a Bíblia nós descobrimos que aqueles que foram usados para escrever suas palavras compartilharam uma característica comum: seus sentimentos não obstruíram a palavra. Pelo contrário, seus sentimentos foram *impressos* nos escritos. É digno de nota que o que determina se o espírito irá ou não ser expressado são os nossos sentimentos. Se os sentimentos do indivíduo forem inúteis, seu espírito não tem como fluir livremente. O fluir do espírito do indivíduo depende não tanto de sua vontade ou de sua mente, mas sim de suas emoções, pois o espírito flui principalmente por meio do canal dos sentimentos. Se o sentimento for bloqueado, o espírito também fica obstruído. Se o sentimento for frio, o espírito também será frio; se o sentimento for árido, o espírito também será; se o sentimento estiver calmo, o espírito também estará.

Por que os filhos de Deus com freqüência misturam sentimentos e espírito? Eles conseguem fazer distinção entre espírito e vontade, uma vez que a diferença é grande. Também podem fazer distinção entre espírito e mente, porque neste caso o contraste é bem agudo. Entretanto, fazer distinção entre o que pertence ao espírito e o que pertence às emoções parece ser extremamente difícil. Por quê? Porque o espírito não pode fluir independentemente; muitas vezes ele flui por meio dos sentimentos. Ao se expressar, o espírito não se baseia nos pensamentos ou na vontade do indivíduo, mas em suas emoções. Por isso muitos acham difícil fazer distinção entre espírito e sentimentos. Embora sejam duas faculdades absolutamente diferentes, mesmo assim uma se expressa por meio da outra. Vamos usar a ilustração da luz e da lâmpada. Eletricidade e lâmpada são duas coisas totalmente diferentes, embora não possam ser separadas. O mesmo ocorre no relacionamento entre espírito e sentimentos. São duas entidades separadas; apesar disso, com freqüência o espírito se expressa por meio dos sentimentos; os dois são inseparáveis. No entanto, isso não implica que espírito e sentimento são um só ou que são a mesma coisa. Somente para aqueles que não conhecem os caminhos do Senhor os sentimentos parecem iguais ao espírito e vice-versa, como alguém poderia considerar a lâmpada e a eletricidade como uma coisa só.

Quando um ministro está pregando, seu homem interior deve ser liberado; isso, por sua vez, depende dos sentimentos. Se estes forem inúteis, o espírito fica travado. Não importa quanta eletricidade esteja armazenada na companhia de energia, se não houver lâmpadas, não haverá iluminação. Pelo mesmo princípio, não importa o quanto a condição de nosso espírito seja excelente, se nossos sentimentos forem inúteis, ela será severamente prejudicada. O espírito flui através do canal das emoções. Portanto, o ministro da Palavra deve ter sentimentos úteis, além de um espírito liberto. Se as emoções se recusarem a ouvir o espírito ou não conseguirem cooperar com ele, o espírito inevitavelmente será preso. A fim de que o ser interior flua livremente, o pregador deve ter sentimentos úteis. Agora veremos como um sentimento pode ser útil.

Todo ser humano tem uma vontade, mas a vontade humana é bem rústica. Assim, nós temos uma mente, a qual, embora seja mais refinada do que nossa vontade, também é rústica. Entretanto, a emoção que possuímos é a parte mais delicada do nosso ser. Podemos tomar uma decisão rústica com nossa vontade, podemos pensar cuidadosamente sobre um assunto, mas tocamos no seu lado mais sensível quando algo toca os nossos sentimentos. Coerentemente, no Antigo Testamento, mais especificamente em Cantares de Salomão, o Espírito de Deus emprega fragrâncias e sabores para expressar o terno sentimento humano, pois ele só pode ser sentido com o olfato. O olfato é um dos sentidos mais delicados. O sentimento humano é ainda mais delicado, embora possa ou não ser útil.

Toda vez que um ministro prega, ele precisa mesclar seus sentimentos com as palavras faladas, ou então sua pregação será morta. Antes de falar, ele deve ter memória e pensamento; quando fala, o primeiro elemento será acrescentado aos seus sentimentos. Se ele falhar em permitir que o sentimento flua junto com as palavras, estará acabado.

O Senhor Jesus contou uma parábola aos Seus discípulos: *A quem hei de comparar esta geração? É semelhante a meninos que, sentados nas praças, gritam aos companheiros: Nós vos tocamos flauta, e não dançastes; entoamos lamentações, e não pranteastes* (Mt 11.16-17). Isso implica que se houver sentimentos, o indivíduo dança quando ouve música e chora quando ouve notícias ruins. Apesar disso, o ministro da Palavra não pode permitir que seus sentimentos sejam diferentes e separados das palavras. Caso contrário, será desqualificado para falar em nome de Deus. Você não pode proferir palavras tristes sem ter emoções tristes. Se você não possuir a emoção correta, não pode ser ministro da Palavra.

É evidente que a emoção à qual nos referimos não é uma questão de desempenho. Em qualquer desempenho teatral o sentimento é algo acrescentado. Um ministro da Palavra jamais deve tirar proveito da ingenuidade humana para fazer encenações enquanto prega. Ao pregar, ele deve ter de fato o sentimento apropriado para cada palavra. Ao falar de coisas tristes, deve lamentar em seus sentimentos. Como o espírito humano expressa a tristeza? Por meio dos sentimentos de tristeza. Quando palavras alegres são proferidas, seu sentimento deve ser de alegria, pois a alegria no espírito procede de emoções alegres.

Temos de entender que a expressão apenas de palavras não é suficiente; o espírito também deve se manifestar juntamente com os sentimentos. Se o nosso sentimento fica para trás, nossas palavras são desprovidas de espírito. Se o nosso sentimento for duro demais, ele se torna inútil. O sentimento é a parte mais delicada do homem. Um pouco de endurecimento privará as palavras do seu espírito. Para ser útil, certo tipo de palavra deve ser acompanhada pelo mesmo tipo de espírito. Se não houver harmonia entre os dois, o segundo é prejudicado e torna-se inútil.

Quando pregamos, temos de pronunciar o tipo certo de espírito com o tipo certo de palavra. Qualquer discrepância tornará a mensagem ineficaz no ministério da Palavra. A palavra e o espírito devem ser um. Apesar disso, o espírito não pode se expressar sozinho; ele precisa ser expresso por meio dos sentimentos. Como, então, o seu espírito pode fluir se você tiver um sentimento diferente? É preciso que o nosso sentimento e o nosso espírito sejam um com a Palavra de Deus.

O Sentimento Deve Acompanhar a Palavra

Não é só porque temos uma palavra que podemos começar a pregar. Se houver qualquer obstrução na esfera das emoções, ela deve ser removida a fim de que nossas palavras sejam efetivas. Surge uma dificuldade real se a Palavra de Deus exigir um tipo de sentimento e nós tivermos outro. Hoje nós não estamos tocando o sentimento da Bíblia de fora; estamos falando as palavras da Bíblia a partir do seu interior, com base em nossos sentimentos. O sentimento de Deus é incorporado em Sua palavra; Ele exige que tenhamos o mesmo sentimento em nós mesmos. Então, quando pregamos, nossos sentimentos serão um com nossas palavras. Assim seremos capazes de compartilhar nossos sentimentos às outras pessoas. Por isso nossos sentimentos saem junto com nossas palavras e o Espírito Santo sai com nossos sentimentos.

Onde surgem os nossos problemas atuais? Nós temos revelação e a Palavra, mas não vemos frutos. Por que é assim? Porque nosso espírito não se expressa. Isso, por sua vez, se deve ao fracasso de nossos sentimentos. O Espírito Santo não encontra a emoção apropriada em nós, sobre a qual ele pode "navegar". Se a emoção humana não estiver pronta para ser usada, pode não haver fruto, apesar de termos luz e uma palavra. Tenha em mente que o sentimento é mais necessário na transmissão da Palavra. Antes da liberação, nós tocamos a iluminação, o pensamento, as palavras interiores, a memória e as palavras faladas; depois, na hora da transmissão, o sentimento deve ter liberdade de expressão.

O Espírito Santo toca os homens por meio do tipo certo de sentimento. Repetimos que tentarmos mover as pessoas apenas com nossas emoções é um mero desempenho teatral, resultando num ministério estéril. Apesar disso, nós usamos nossas emoções para mover as pessoas enquanto nosso espírito é liberado juntamente com o Espírito Santo. Em outras palavras, a expressão das palavras é poderosa somente quando está ligada à emoção correspondente, pois então o Espírito Santo opera nas pessoas. O primeiro obstáculo que o ministro da Palavra deve superar quando prega é dentro dele mesmo – suas próprias limitações no que concerne aos sentimentos.

Um cristão pode se levantar para pregar quando sente uma carga, mas o primeiro obstáculo que encontrará será nele mesmo. Sua palavra não flui; está obstruída; não pode ser liberada; não tem saída. A principal dificuldade está dentro dele. Pode estar falando do amor do Senhor, mas não consegue sentir esse amor. A questão não é tanto se ele já experimentou o amor do Senhor, mas sim se ele é capaz de sentir o amor naquele momento. Ou, tomando outro exemplo, ele pode ter experimentado a abominação do pecado, mas quando se levanta para pregar, carece do sentimento correspondente. Sua emoção não está em unidade com suas palavras. A falta de sentimento de sua parte resultará numa falta de sentimento por parte da audiência.

Qual exatamente é o propósito de suprir as pessoas com a palavra? Não é porque elas estão carecendo de um sentimento particular, pensamento ou luz? Você já experimentou a abominação do pecado; elas nunca experimentaram. Apesar disso, a menos que você tenha o senso da abominação do pecado enquanto prega, suas palavras não produzirão o mesmo sentimento nos outros. Seu propósito é tocar nos sentimentos das pessoas, para que elas também possam sentir. Como você poderá tocar o sentimento delas se você mesmo carece do sentimento ou se os seus sentimentos não estão prontos para serem usados?

George Whitefield especializou-se em pregações sobre o inferno. Certa vez, ele estava pregando sobre este assunto e antes de terminar a pregação algumas pessoas estavam se agarrando às pilastras do recinto para não caírem no inferno. Isso ocorreu porque, quando falava, Whitefield via os pecadores sendo arrastados para o inferno. Quando suas palavras eram proferidas junto com seus sentimentos, o Espírito Santo e o seu próprio espírito agiam para convencer as pessoas sobre a realidade do inferno.

Se você for descuidado no falar, não sentirá a inadequação de seus sentimentos, pois tudo estará basicamente errado. No entanto, se você verdadeiramente se levantar para ministrar a Palavra de Deus, verá em primeiro lugar que seus sentimentos não estão ajudando. Então saberá que o obstáculo mais formidável para sua pregação está dentro de você. Você pode ter uma palavra de peso no seu interior, contudo sente-se frustrado quando fala, uma vez que seus sentimentos ficaram para trás. Suas palavras podem ser sérias, mas mesmo assim quanto mais tempo você falar menos sérias elas se tornarão. Você simplesmente carece de um sentimento sério. À medida que prossegue, você se sente cada vez mais preocupado. Visto que suas emoções não correspondem à mensagem que está transmitindo, você tenta elevar a voz e gritar. Por isso muitos pregadores gritam. Eles gritam não para serem ouvidos pelas outras pessoas, mas para serem ouvidos por si mesmos. Você se sente impotente e por isso grita. Na verdade, grita porque tem consciência de que seus sentimentos são inadequados.

Muitos pregadores gastam muita energia convencendo a si mesmos enquanto estão no púlpito. Isso ocorre porque seus sentimentos não estão prontos para serem usados. Precisamos estar convictos dos nossos próprios sentimentos antes de podermos comunicar a Palavra de Deus para os outros. Embora suas palavras pareçam dirigidas à audiência, na verdade o pregador está falando consigo mesmo, pois ele é o maior obstáculo na transmissão da mensagem. Por isso é extremamente necessário que, quando estamos no púlpito, descubramos que nós somos o obstáculo. Nós realmente desejamos compartilhar a Palavra de Deus, mas carecemos do sentimento correspondente. Nossos sentimentos não são úteis, e o resultado é que atrapalhamos a transmissão da mensagem.

Para que haja ministério da Palavra, é absolutamente necessário que haja sentimentos prontos para serem usados. Qualquer inadequação atrapalhará a expressão da Palavra. Isso é muitíssimo sério. Com freqüência o problema é que embora tenhamos uma mensagem, nossos sentimentos não combinam com ela. Nós entendemos muito bem a seriedade da Palavra, mas nossos sentimentos não são muito sérios. Ao pregarmos, deve haver sentimentos sendo transmitidos junto com as palavras; muitas vezes, porém, nossos sentimentos não conseguem acompanhar. Quem acreditará em nossa palavra se falarmos sem sentimento? Podemos gritar ainda mais alto, mas nada disso adiantará. Nós mesmos sentimos que nossa pregação está sem sabor; podemos até sentir vontade de rir, mas será apenas uma representação teatral. Num caso desses, como podemos esperar que as outras pessoas creiam em nossas palavras? Somente quando sentimos nossas próprias palavras e cremos nelas podemos esperar que as outras pessoas também creiam. Caso contrário nossas palavras serão impotentes; o Espírito Santo e o nosso espírito não são liberados.

Como Cultivar um Sentimento Sensível

Precisamos saber não somente como usar nossos sentimentos, mas também como assegurar que os sentimentos poderão ser usados. Isso nos leva de volta à experiência fundamental de ter nosso homem exterior quebrantado pelo Senhor. Quando falamos sobre o próprio ministro, destacamos especificamente o significado de nosso homem exterior ser quebrantado. Só esse processo assegura a transmissão da Palavra do Senhor por nosso intermédio. Se o nosso homem exterior não for quebrantado, o Senhor poderá nos usar muito pouco. Aqui também temos de enfatizar a necessidade de o Senhor quebrantar nosso homem exterior a fim de que nossas emoções possam estar prontas para o ministério da Palavra.

Para aquele que está sob o Seu tratamento, Deus ordena toda sorte de circunstâncias com o propósito de quebrantá-lo

Cada tratamento abre uma ferida que produz dor. Automaticamente seus sentimentos são feridos, tornando-se mais sensíveis do que antes. Naturalmente a emoção humana é a área mais sensível da alma. Ela é mais terna do que a vontade e a mente. Mesmo assim, ela não possui sensibilidade suficiente para ser útil para Deus. Ela não possui o nível de suavidade exigido pela Palavra de Deus. Se a Palavra de Deus deve ser manifestada por nosso intermédio, temos de estar cheios do sentimento dela. Nosso sentimento deve ser capaz de lidar com nossas palavras. Qualquer que seja a emoção que a palavra exija de nós, deve ser totalmente suprida, senão a mensagem não causará impacto sobre os ouvintes.

Depois de muito tratamento, começamos a perceber quão rústicos são os nossos sentimentos . Embora sejam a parte mais sensível da nossa alma, mesmo assim são grosseiros demais para serem empregados nos projetos de Deus. Por causa da rusticidade dos nossos sentimentos, a Palavra de Deus que sai de nossos lábios não tem o suporte das emoções.

Quando o pintor mistura algumas tintas, o pó deve ser bem fino. Se for grosso, o pincel não deslizará com facilidade. Quando o pó é bem fino, a tinta se espalha de forma uniforme pela superfície a ser pintada. O mesmo ocorre com o ministro da palavra. Se os seus sentimentos forem grosseiros, ele pode articular dez frases, mas oito delas serão desprovidas de emoção. Se o seu sentimento for delicado, cada frase será acompanhada pela carga emocional apropriada. A Bíblia usa figurativamente a farinha de trigo para falar sobre a vida do Senhor Jesus. Isso mostra como os sentimentos dele eram sensíveis. É terrível quando um pregador articula muitas palavras sem comunicar o sentimento correspondente. Sua emoção não é útil. Ela não acompanha suas palavras. Não é sensível o bastante. Lembre-se sempre: a Palavra de Deus não causará impacto quando for pregada se nossos sentimentos não estiverem adequadamente envolvidos.

Precisamos que o Senhor trabalhe em nossas vidas a fim de que nossos sentimentos sejam levados a um estado de sensibilidade. Teremos de ser quebrantados antes que nossos sentimentos se tornem mais suaves. Ao lermos a Bíblia nós não somente vemos as experiências da vida dos escritores e os pensamentos do Espírito Santo; nós tocamos também em muitos sentimentos espirituais. As emoções daqueles que ministraram a Palavra vieram junto com suas palavras. O mesmo deve acontecer conosco.

Se os nossos sentimentos não acompanharem nossas palavras, não podemos esperar que a audiência nos ouça com atenção. Se o nosso homem exterior não foi quebrantado sob a mão do Senhor, nossos sentimentos não serão suaves e sensíveis, pois não experimentamos feridas nem sofrimento. Onde há sentimentos suaves há também feridas e sofrimentos. O grão deve ser moído e morto antes que seu poder possa ser liberado. Sob pressão, um único grão de trigo não é mais somente um grão. Ele se torna três, cinco, sete e até mesmo centenas de partículas. Assim ele se torna realmente útil. Quanto maior o número de feridas e de sofrimento, mais sensível será o nosso sentimento. Nunca espere ter sentimentos sensíveis se não estiver disposto a passar por tribulações, se não experimentar sofrimentos diante de Deus. Para ter experiência, você precisa ser tratado.

Suponha que algum irmão já aprendeu algumas coisas na vida. Ele já progrediu bastante na leitura da Bíblia e em outras áreas. No entanto, ele não desenvolveu um sentimento sensível. Diante de Deus, ele carece de algo; há uma área em sua vida que Deus não pode usar. Não importa o quanto ele melhore seu comportamento e quanta luz receba, tudo o que aprendeu até aqui se torna superficial, pois o seu sentimento permanece inadequado. Ele ainda não aprendeu o bastante. Alguém que recebeu a obra da cruz em sua vida já foi quebrantado diante do Senhor. Sua teimosia não será mais teimosia; sua inteligência não será mais motivo de vaidade. O Senhor lida com a nossa vontade; Ele pode usar uma grande luz para nos quebrantar. Nós podemos nos considerar espertos e capazes. O Senhor tratará com nossa sabedoria humana. Com um único foco de luz brilhante, Ele pode nos derrubar por terra.

Apesar disso, nossas emoções não são transformadas por uma única iluminação. A sensibilidade é o resultado de muito tratamento. Antes de enfrentarmos um problema, nosso sentimento não é sensível o bastante. Não nos importamos muito com a questão. Coerentemente, o Senhor trabalha em nossas circunstâncias a fim de criar situações que nos refinem naquela área em particular. Repetidamente nós somos moídos como trigo até que estejamos suficientemente quebrantados.

Precisamos de um espírito quebrantado diante de Deus. O que é um espírito quebrantado? Significa que em nós há um sentimento quebrantado, pois o espírito se expressa nos sentimentos. O Senhor deseja que vivamos com um espírito quebrantado, pois quer que tenhamos sensibilidade. Não podemos ter isso até que tenhamos sido atingidos. Precisamos experimentar continuamente um quebrantamento como se tivéssemos sido derrubados. Assim jamais esqueceremos o que significa ser derrubado por Deus. Teremos um temor piedoso, com tremor. Não ousaremos ser descuidados ou leviano. Cada tratamento, cada tribulação tem como propósito tornar nossas emoções mais sensíveis e mais ternas do que antes. Essa é uma das mais profundas lições no quebrantamento do homem exterior. O quebrantamento dos sentimentos não é tão dramático e proeminente quanto o quebrantamento da vontade ou da mente, mas certamente é tão profundo quanto esses.

Se vivermos com um espírito quebrantado teremos uma ferida permanente em nós e sentiremos sua dor. Essa dor, por sua vez, criará em nós um temor piedoso e nos tornará sensíveis. Depois de muitos desses tratamentos, você será capaz de expressar seus sentimentos de forma plena e exata como é o seu coração. Você verdadeiramente será feliz quando seu coração estiver contente e sentirá verdadeira tristeza quando seu coração estiver triste. Sempre que a Palavra de Deus vier a você, e qualquer que seja o sabor que ela tenha, você terá o sentimento correspondente. Seus sentimentos são capazes de se alinhar com a Palavra. É algo glorioso!

A eficácia de sermos derrubados é mostrada na nossa unidade com a Palavra de Deus. Aquilo que Deus deseja falar combina com os nossos sentimentos. Assim que a Palavra de Deus vem ao nosso coração, imediatamente nós a sentimos. Quando Deus se move, nós respondemos. O sentimento do pregador é capaz de seguir a Palavra de Deus. Quando o Senhor aumenta Seu tratamento, progressivamente somos transformados até que todas as nossas emoções são úteis para Ele. Depois que somos treinados dessa maneira na questão dos sentimentos, descobrimos algo maravilhoso – nós não só falamos a Palavra de Deus, mas começamos também a sentir a Palavra de Deus.

Juntamente com o sentimento interior vem também a expressão exterior. Ao se dirigir à sua audiência no Dia de Pentecostes, Pedro "ergueu sua voz". Ele falou mais alto do que o normal porque estava emocionado. Há pregadores que jamais mudam a entonação da voz enquanto pregam, o que demonstra o quanto seus sentimentos são inadequados. A profundidade das emoções de Pedro fez com que ele falasse mais alto do que o normal.

A Palavra de Deus está repleta de emoções. Não deve ser recitada nem gravada em fita cassete, de forma mecânica. Ela deve ser transmitida com profunda emoção. Paulo exortou a igreja de Corinto "com muitas lágrimas". Alguns pregadores jamais derramaram uma lágrima durante uma pregação, pois não são suficientemente sensíveis. Uma voz alta em si não é nada; lágrimas também não são nada; mas se o pregador *nunca* eleva o tom de voz e nunca derrama uma lágrima há algo errado em seu interior. Não há mérito algum em gritos nem há nenhum crédito especial em lágrimas; no entanto, a falta dessas coisas pode ser uma indicação de falta de quebrantamento.

As emoções do pregador devem ser refinadas de tal modo que ele se alegre quando a mensagem de Deus é positiva e lamente quando ela for triste. Seus sentimentos seguem a Palavra de Deus de perto. Não se trata de representação teatral. Por favor, jamais apele para a representação em suas pregações. Pessoas com discernimento imediatamente reconhecem uma representação teatral, ou seja, emoções que não são verdadeiras. Jamais deve haver esse tipo de coisa na pregação, pois diminui o poder e a eficácia da Palavra de Deus. O que enfatizamos é a necessidade dos sentimentos. Qualquer que seja o sentimento que a Palavra de Deus transmita, o pregador deve ter o mesmo sentimento. Alegria e tristeza são dois exemplos distintos. Quando a Bíblia diz para nos alegrarmos, o pregador deve estar alegre; quando ela indica tristeza, devemos demonstrar tristeza. Isso é normal e apropriado. Algumas pessoas passam a vida reprimindo as próprias emoções. Tornam-se tão frias que não conseguem dançar quando estão alegres nem conseguem chorar quando estão tristes. Se os sentimentos do pregador ficarem para trás, a Palavra de Deus é obstruída em sua transmissão.

Por que as emoções de muitos pregadores não podem ser usadas? Por que o Senhor tem de submeter as pessoas a tantas tribulações? Tudo isso se deve ao fato de que os sentimentos são essencialmente a própria pessoa. A questão com a emoção é bem diferente da questão da mente ou da vontade. A mente é a mais complicada; a vontade é simples porque é usada pelo próprio indivíduo. A maioria das emoções de uma pessoa é usada em seu próprio favor. Podem sentir facilmente as coisas que dizem respeito a elas mesmas, mas não têm sensibilidade nas coisas que concernem aos outros. Algumas podem ser extremamente insensíveis em todas as coisas, mas quando se trata de seus próprios interesses são bem sensíveis. Um cristão pode ser bem rude com as outras pessoas, mas suponha que alguém seja rude com *ele*; certamente ficará ferido e ressentido. Todos os sentimentos dessa pessoa estão voltados para ela mesma. Ela ama apenas a si mesma e vive para si. Ao enfrentar qualquer dificuldade pessoal, ela chora, embora não tenha absolutamente nenhum sentimento para com as outras pessoas.

Se não permitirmos que o Senhor quebrante nossos sentimentos, seremos inúteis no ministério da Palavra. Muitas vezes, sob a disciplina do Espírito Santo, a mão do Senhor permanece sobre nós até que nos tornemos sensíveis às outras pessoas. Precisamos canalizar toda a nossa emoção ao ministério da Palavra. Não temos tempo para dedicá-la a nós mesmos. Nossos sentimentos devem crescer em sensibilidade. Não devem ser exauridos. Muitas pessoas acreditam erroneamente somente em si mesmas: consideram-se o centro do universo; por isso todos os seus sentimentos giram em torno delas mesmas. Precisam ser libertadas por Deus desse confinamento. Os sentimentos são limitados por tais reservas. Se gastarmos nossas emoções de forma imprópria, nada sobrará para o ministério da Palavra. Deus nos derrubará e tratará conosco até que não nos concentremos mais apenas em nós mesmos, até que nos tornemos mais sensíveis. O segredo da sensibilidade está em não nos colocarmos como centro de tudo. Quanto mais sensíveis nós somos, menos egocêntricos nos tornamos e mais efetivos serão os nossos sentimentos.

Um ministro da Palavra precisa possuir um sentimento suficientemente sensível e rico para que Deus possa usá-lo. Tenha sempre em mente que quanto mais ricas forem as nossas emoções, mais rica será a nossa pregação, uma vez que a qualidade das palavras é controlada pelas nossas emoções. A quantidade de sentimentos interiores determina a eficácia das palavras faladas. Se tivermos mais palavras do que sentimentos, nossas palavras serão restritas pelos nossos sentimentos. A palavra de um homem é medida pelo seu quebrantamento diante de Deus. Um homem espiritual é abundante em toda sorte de sentimentos. Quanto mais espiritual ele for, mais abundantes serão os seus sentimentos. Não é verdade que quanto mais espiritual for o indivíduo menos sentimentos terá. Quanto mais lições ele aprende diante de Deus, mais os sentimentos se tornam enriquecidos. Compare os sentimentos de um pecador com os sentimentos de Paulo. Imediatamente você verá que Paulo é superior em espiritualidade e assim também é superior em sentimentos. O tratamento crescente de Deus aumenta os sentimentos. Se nosso sentimento for rico, podemos acompanhar qualquer sentimento que a Palavra de Deus exigir enquanto pregamos. A Palavra de Deus então encontra seu caminho qualquer que seja o sentimento necessário. Caso contrário, não importa o que digamos, não seremos compreendidos.

Aquele que deseja ser ministro da Palavra deve receber tratamento divino. Qualquer negligência pode desqualificá-lo. Temos de ser quebrantados diante de Deus ou então não conseguiremos realizar nosso ministério. Sem disciplina não há trabalho. Mesmo que você seja a pessoa mais inteligente do mundo, não haverá utilidade nisso. Somente o homem quebrantado é útil para Deus. Trata-se de uma questão extremamente séria. Nossas afeições e sentimentos devem ser repetidamente tratados a fim de que, quando pregarmos, nossos sentimentos estejam prontos para serem usados. Suponha, por exemplo, que o Senhor tenha tratado com você na questão do amor-próprio. Depois de várias provações, quando você tiver de se levantar para pregar sobre amor-próprio, seus sentimentos podem acompanhar a Palavra. Não haverá obstáculos na transmissão da mensagem. Ou suponha que seu orgulho tenha sido quebrado diante de Deus. Seus sentimentos podem facilmente acompanhar a palavra que você fala sobre como o Senhor resiste aos soberbos. Em resumo, somente depois que nossa emoção foi tocada pelo Senhor ela pode fluir juntamente com a Palavra que pregamos. Este é um requisito necessário para um ministro da Palavra. Combinar a Palavra com sentimentos. Igualar a quantidade de palavras com a mesma quantidade de sentimentos. Quanto mais alto nossas palavras tocarem, mais sensíveis deverão ser os nossos sentimentos. Que Deus seja gracioso conosco a fim de que nossos sentimentos possam ser usados como suporte para a nossa palavra.

Capítulo 16

A Palavra e a Liberação do Espírito

A Relação entre o Espírito e a Palavra

Agora nos voltaremos para o assunto da palavra e a liberação do espírito. Se a palavra será transmitida como uma revelação ou como doutrina dependerá da capacidade do pregador de liberar ou não seu espírito. Se as pessoas receberão ou não vida por meio da pregação também dependerá da capacidade do pregador de liberar seu espírito. Se o homem verá a luz e será derrubado ou se somente ouvirá palavras e continuará o mesmo também é determinado por esse mesmo fator da emancipação do espírito. Se a palavra e até mesmo o sentimento estiverem corretos, mas o espírito não for liberado, então o que as pessoas encontram não é Deus, mas somente uma doutrina bem elaborada.

A palavra pode ser transmitida desprovida de espírito, ou pode vir com um espírito fraco. Quando liberada por um espírito fraco, a mensagem mais séria pode se tornar banal. Quando o homem interior é forte, a palavra também será forte. Se a palavra já estiver correta, então será somente uma questão de sob que tipo de espírito ela será transmitida. O ministro da Palavra pode pronunciar a palavra com um espírito fraco, um espírito forte ou até um espírito explosivo. A qualidade da mensagem é determinada pelo tipo de espírito no qual ela é pronunciada. O efeito da palavra sobre as pessoas não é determinado pela palavra em si, mas pelo espírito no qual ela é pronunciada. Um ministro é capaz de liberar seu espírito ou reter seu espírito. Pode fazer seu espírito explodir em poder ou permanecer fraco.

A relação entre o espírito e a palavra é extremamente íntima. Se o espírito for tocado, a pregação torna-se tocante; se o espírito é retido, a mensagem perde seu poder de impacto. Não podemos afirmar quanto o espírito afeta a mensagem. Tudo o que podemos dizer é que o ser interior do pregador é muito delicado, algo que não deve ser ofendido. Na pregação da palavra, você deve estar preparado em todos os outros aspectos, mas se o seu espírito não estiver pronto, sua palavra não tem como ser liberada. A mensagem precisa do espírito do pregador para ser enviada.

Todos aqueles que sabem como pregar a Palavra de Deus têm esta experiência de liberação do espírito. Digamos que haja uma tempestade lá fora; o vento está forte e a chuva é pesada. Também está escuro. Agora suponha que uma pessoa tenta sair, mas é impedida pela tempestade. A fim de ajudá-lo a sair, alguém o empurra para fora e ele consegue sair. É assim que o espírito dá fundamento à palavra. Quando você se levanta para pregar, deve empurrar seu espírito, ou sua pregação sofrerá um grande prejuízo.

Com freqüência o pregador consegue dar um empurrão no espírito e transmite uma mensagem poderosa. As pessoas não somente ouvem as palavras, mas também percebem a

A Palavra e a Liberação do Espírito

realidade dentro dele. Ao ouvirem as palavras, elas tocam o espírito do pregador. Às vezes, depois de ouvir uma pregação, você é capaz de lembrar de cada palavra que foi dita. No entanto, quando você transmite aquela mensagem a outras pessoas, pode recitar as palavras, mas não pode comunicar o espírito.

O mesmo se aplica ao estudo da Bíblia. Algumas pessoas meramente lêem as palavras enquanto outras tocam o espírito por trás delas. Alguns lêem as palavras de Paulo sem ouvir sua voz. São totalmente insensíveis e não conseguem identificar se a voz é alta ou baixa, suave ou forte, se está triste ou alegre. Algumas pessoas, porém, ao lerem a Bíblia reconhecem a voz de Paulo além de suas palavras. Se a oração ou as palavras de Paulo forem tristes, o leitor percebe. Pode distinguir se o apóstolo está falando com alegria ou se está furioso. Essas pessoas tocaram o espírito de Paulo. Quando o indivíduo lê a história de como Paulo expulsou o demônio da garota escrava (At 16), se ele não tiver tocado o espírito, então tudo o que saberá é que o demônio foi expulso. Paulo poderá estar falando com voz alta ou até gritando, mesmo assim o leitor não reconhecerá nada porque não conseguiu tocar o espírito do apóstolo. Se quisermos entender o que eles escreveram, temos de entrar no espírito dos escritores da Bíblia. Todos os escritos são expressões da liberação do espírito. Não podemos ser bons estudiosos da Bíblia a menos que aprendamos a tocar seu espírito, além de suas palavras.

Indo um pouco mais adiante, também temos de enfatizar que na pregação precisamos ser tratados por Deus. É assim que liberamos nosso espírito. Se um pregador for carente nesta disciplina, ou se ela não for suficientemente profunda e pura, seu espírito não será capaz de seguir a Palavra de Deus e ele não terá a força para colocar seu espírito para fora. O pregador pode ser capaz de colocar para fora seu conhecimento teórico, mas será totalmente incapaz de expressar o espírito que está por trás da Palavra de Deus. Temos de compreender claramente a natureza da pregação. Pregar não é simplesmente transmitir palavras; é liberar o espírito juntamente com as palavras. Quando um ministro da Palavra fala, ele ao mesmo tempo compartilha seu espírito por intermédio das palavras. É claro que o Espírito de Deus também é liberado por meio do espírito do pregador. Quando não há essa liberação, surge um grande problema, porque o Espírito Santo também não pode agir. Não esqueça que ouvir uma pregação não é simplesmente ouvir palavras, mas é tentar captar o espírito do orador.

Notemos este princípio: se houver um ministro da Palavra, quando a mensagem é pregada, deve haver espírito junto com as palavras. Enquanto as palavras são pronunciadas, o espírito do pregador é liberado. Aqueles que ouvem não somente captam as palavras, mas tocam também no espírito. Se apenas as palavras fossem tocadas, a mensagem seria comum e fraca. Mesmo em relação à Palavra registrada de Deus, se um indivíduo não toca seu espírito, ela lhe parece apenas um livro comum. Quando o espírito é tocado, a vida é tocada. "As palavras que eu vos tenho dito", disse Jesus, "são espírito e são vida" (Jo 6.63). Somente quando toca o espírito o leitor pode compreender o verdadeiro significado das palavras.

Por isso, ao pregarmos a Palavra de Deus nós temos de aprender a liberar nosso espírito. Não quer dizer que uma pessoa será capaz de fazer isso a qualquer hora, pois exige um alto preço. Com freqüência os ministros da Palavra falham em pagar esse preço. Quanto mais forte for o nosso espírito diante de Deus, mais capazes seremos de liberá-lo. Cremos que todos aqueles que falam em nome de Deus já experimentaram essa liberação. Nenhuma pessoa será afetada apenas por causa das palavras; somente quando é tocada no seu espírito ela é quebrantada. A palavra sozinha pode se degenerar e se transformar em simples doutrina; até mesmo palavras recebidas mediante revelação correm esse risco. Temos de proclamar as mensagens de revelação com nosso espírito, a fim de que as pessoas recebam não somente palavras, mas também espírito. O Espírito de Deus desce sobre as pessoas por intermédio do nosso espírito.

O Treinamento do Espírito

O exercício do espírito no ministro da Palavra baseia-se em dois fatores: o treinamento do espírito e a disposição do ministro. Se ele é ou não capaz de usar seu espírito nas pregações e até que ponto é capaz de liberá-lo quando está ministrando dependerá inteiramente de quanto ele aprendeu essas duas matérias.

Em primeiro lugar nós comentaremos sobre o treinamento do espírito. O ministro da Palavra só pode liberar seu espírito na mesma proporção em que aprendeu diante de Deus. Se ele tiver pouco treinamento nessa área, poderá exercitar muito pouco seu espírito. Se for profundamente treinado, é óbvio que poderá exercitar muito mais o seu espírito. Nenhum pregador pode forçar uma medida do seu espírito que não possui. Esta é uma lição importante que temos de entender.

Coerentemente, Deus dedica muito tempo conosco treinando nosso espírito a fim de que esteja pronto para ser usado. Ele arranja as situações de tal forma à nossa volta para que nosso homem exterior seja quebrantado. Ele nos coloca em circunstâncias sérias como a que o apóstolo Paulo descreve em 2 Coríntios 1.8-9: "Não queremos, irmãos, que ignoreis a natureza da tribulação que nos sobreveio na Ásia, porquanto foi acima das nossas forças, a ponto de desesperarmos até da própria vida. Contudo, já em nós mesmos tivemos a sentença de morte".

A situação que o Senhor arranja em geral é maior do que nós podemos suportar. Está além de nossas forças. Sempre que um espinho vem até nós para nos afligir, é algo acima do que podemos suportar. Não temos meios de nos livrar. Tais circunstâncias divinamente ordenadas produzem um resultado duplo. Por um lado, o Senhor usa as situações para quebrantar nosso homem exterior. Às vezes é o nosso pensamento que é quebrantado, outras vezes é a nossa emoção; com mais freqüência é a nossa vontade que é humilhada até que se submete totalmente ao Senhor e reconhece a total incapacidade humana. Esses aspectos, porém, formam o lado negativo. Por outro lado, sob a disciplina do Espírito Santo, Deus opera em nós algo bem positivo. Ao sermos quebrantados, somos derrubados ou somos elevados? Ficamos prostrados por causa do espinho ou nós o superamos? Quando dizemos que estamos sendo pressionados de forma insuportável a ponto de desistirmos da própria vida, não é a partir daí que confiamos totalmente em Deus, que ressuscita os mortos?

Temos de lembrar que as adversidades ordenadas pelo Senhor são algo além das nossas forças. Elas de fato nos dão uma sentença de morte e nos mostram nossa incapacidade. No entanto, em nossa extrema desesperança, nós aprendemos um pouco sobre crer, sobre esperança e confiança. Quando tudo está bem à nossa volta, é fácil dizermos que cremos, que temos esperança e que confiamos; no entanto, somente depois que somos colocados em situações desesperadoras nós começamos a aprender a crer, esperar e confiar um pouco mais.

Nesse ponto nós tocamos na graça de Deus, o poder pelo qual inconscientemente somos levados adiante. Você pode sentir que sua fé está enfraquecida, que sua esperança está abalada e que perdeu um pouco de sua confiança. Você conclui que sua fé, esperança e confiança são inúteis, por serem muito fracas. Para sua surpresa, com essa pequena fé, esperança e confiança, você involuntariamente descobre a verdadeira graça e o verdadeiro poder. Você recebe misericórdia em suas tribulações e consegue superá-las. E o seu espírito recebe outra sessão de treinamento.

No entanto, é mais do que ter o homem exterior quebrantado, uma vez que o propósito alcançado foi o treinamento do espírito. Sem dúvida, há um aspecto negativo de sermos derrubados, mas sem dúvida há um aspecto positivo de sermos edificados. Nesse ponto, ao olhar para uma tribulação que você conseguiu superar percebe que foi o Senhor quem o ajudou a superar. Ele o capacitou a subir mais alto do que a tribulação e estranhamente você resolveu o problema. Embora Satanás tenha dedicado todo o seu esforço àquela situação, sua fé fraca e sua pouca confiança tocaram o poder de Deus. O resultado é que você pode dizer a Satanás: "Você usou toda a sua força; embora com minha própria força eu não consiga vencê-lo, graças a Deus, eu *venci*. O Senhor me deu esperança, pois Ele ressuscita os mortos e fortalece os fracos". Ao passar por esse tipo de experiência, seu espírito adquire um pouco mais de força, recebe um pouco mais de treinamento e torna-se um pouco mais rico, o que o torna mais apto para ser usado por Deus.

Deus opera em nossa vida não somente uma vez, mas muitas vezes. Depois desses muitos tratamentos, nosso espírito torna-se cada vez mais forte. O Senhor edifica o nosso homem interior e ao mesmo tempo derruba o homem exterior. Cada vez que saímos de uma tribulação é porque houve uma liberação do espírito. Tendo sido tratado e treinado pelo Senhor, nosso espírito é capaz de emergir primeiro, e então todo o nosso ser segue logo atrás. Diariamente o Senhor nos edifica. Quando entramos em adversidades somos profundamente pressionados, mas quando emergimos, nós superamos as circunstâncias e as deixamos para trás. Entramos enfraquecidos, mas saímos fortalecidos. Entramos em morte, mas saímos com a ressurreição para a vida.

Nenhuma tribulação pode nos segurar para sempre; e nós nunca saímos da mesma maneira que entramos. Ou a tribulação nos quebrará como um vaso inútil, ou nos tornará ainda mais gloriosos. Se ela não nos torna melhores, ela nos torna piores. Aquele que não suporta tribulações é um vaso inútil para Deus. Aquele que vence as provações acrescenta mais uma vitória à sua vida.

Repetidamente o Senhor nos coloca em certo tipo de circunstância e nos ajuda a passar por ela. Ele nos concede vitória sobre vitória. Sempre haverá uma próxima vez, quando Ele arranjará novas circunstâncias, novas dificuldades, a fim de nos conceder novas vitórias. Em outras palavras, nosso espírito sempre tem algo novo para aprender. Cada tribulação nos capacita a nos erguer novamente acima das adversidades. As tribulações nos dão novas forças para lidar com situações similares. Assim o espírito vai se tornando cada vez mais forte. Ele emerge de cada tribulação mais robusto do que antes. O Senhor usa a disciplina do Espírito Santo para quebrantar nosso homem exterior; e quando nosso homem exterior é quebrantado, nosso homem interior é fortalecido e torna-se mais apto para superar adversidades.

A Palavra e a Liberação do Espírito

Quando um martelo cai sobre nós, ele quebra nosso homem exterior em pedaços; apesar disso, é o mesmo instrumento pelo qual nosso homem interior deve vencer. O Senhor nos coloca numa determinada situação, a qual quebra o nosso homem exterior, pois ele não consegue suportar nenhuma provação. Cada teste que enfrentamos faz com que o homem exterior entre em novo colapso e ao mesmo tempo oferece ao nosso espírito a oportunidade de assegurar mais uma vitória. Nós saímos das tribulações por meio desse processo duplo de a adversidade vencer o nosso homem exterior e o nosso homem interior vencer a adversidade. É assim que superamos as dificuldades. O Senhor nos coloca numa tribulação; Ele permite que o nosso homem exterior seja quebrantado. No entanto, Sua obra não termina aí; nosso homem interior tem de se levantar e superar a tribulação. A adversidade que vence o nosso homem exterior é a mesma que o nosso homem interior deve vencer. Cada vez que isso acontece nosso espírito recebe mais treinamento e assim aprende mais sobre a graça de Deus. Nosso espírito torna-se mais forte do que antes e por meio desse treinamento ele se torna mais útil na hora da pregação da Palavra.

Por isso o ministro da Palavra precisa permitir que o Senhor quebrante o seu homem exterior e fortaleça o seu espírito por meio do treinamento. Essas duas coisas são feitas mediante a disciplina do Espírito Santo. Por favor, note que sempre saímos de uma tribulação como uma pessoa diferente: mais forte ou mais fraca. Você pode emergir murmurando contra Deus ou pode emergir vitorioso.

O texto de 2 Coríntios 12 mostra-nos que quando o espinho está em nossa carne, Deus nos dá graça para suportá-lo. É verdade que podemos já ter aprendido algo sobre a graça divina antes, mas também é verdade que não conhecíamos a graça em relação a espinhos. Em cada tribulação em que temos de enfrentar espinhos nós também aprendemos mais da graça sobre os espinhos. Antes você podia conhecer a graça sem tribulações, mas agora você conhece o triunfo da graça sobre elas. Suponha que um barco necessite de uma profundidade de dois metros de água para navegar. Você pode navegar num rio que tenha dois metros de profundidade, no entanto, se houver um monte de areia que se erga a um metro a partir do fundo do rio, o barco não poderá passar a menos que alguém acrescente mais água ao rio para aumentar sua profundidade. O mesmo acontece conosco: aprendemos a experimentar a graça como nunca antes. Nosso espírito é fortalecido cada vez mais. Paulo afirmou: "De boa vontade, pois, mais me gloriarei nas fraquezas". Quando experimentamos esse tipo de fraqueza, encontramos novas forças. A capacidade de cada ministro da Palavra de extrair forças do seu espírito varia em cada indivíduo, porque a obra de edificação de Deus é diferente em cada um. A mensagem pode ser a mesma, mas o espírito é diferente. Se desejarmos usar nosso espírito nas pregações, ele deve estar firme. É verdade que já fomos treinados. Mesmo assim, notemos a profundidade do nosso treinamento, pois é ela que determina a utilidade do nosso espírito. Só podemos exercitar nosso espírito até o limite do nosso treinamento.

Um ministro da Palavra deve saber que Deus está edificando seu ministério por meio de cada tribulação e adversidade que ele enfrenta. Não seja tolo a ponto de achar que a melhor coisa é fugir das tribulações. Sem espinho não há graça; daí não há poder e o ministério torna-se fraco. Você pode pregar a Palavra, mas não terá força para expressar seu espírito junto com ela. Você precisa da Palavra; mas também precisa de um espírito pronto para ser usado.

A Palavra e a Liberação do Espírito

A Disposição do Ministro

Quando o ministro da Palavra engaja seu espírito ele também emprega sua vida, pois o processo na verdade exige vida. Ministrar diante de Deus não é somente uma questão de ter um espírito pronto para ser usado; é também uma questão de quanta disposição o ministro tem de exercitar seu espírito. Cada vez que uma pessoa ministra a Palavra usando seu espírito, ela derrama sua vida – como o próprio Senhor Jesus fez. Durante a noite de oração no Getsêmani, Ele advertiu os discípulos: "O espírito, na verdade, está pronto, mas a carne é fraca" (Mt 26.41). No caso dos discípulos, era um caso de simples disposição; o Senhor Jesus, porém, não somente tinha um espírito disposto – Ele também estava pronto para derramar Sua vida. Seu suor tornou-se em grandes gotas de sangue caindo no solo.

Conseqüentemente, o exercício do espírito é o derramamento da nossa vida. Dedicamos todas as nossas forças para alcançar os espiritualmente fracos ou mortos. Cada vez que o espírito é lançado à obra, ele toca na fraqueza e na morte dos homens. Ele é lançado mediante um alto preço. Ele sai como uma carga, à custa de muita dor e privação. A doação do espírito exige que o indivíduo abandone algo. Seja em conversas privativas ou nas pregações, o ministro da Palavra depara-se com muitas pessoas fracas. Assim, ele permite que o seu espírito seja lançado, ele o derrama para ministrar essas pessoas, ajudando-as a superar suas fraquezas. É como se aquele que ministra a essas necessidades e carências estivesse lutando contra elas. Ele sente a morte espiritual, a frieza, dureza e aridez na vida de muitas pessoas. Portanto, seu espírito é derramado para suprimir e vencer esse quadro. Ele se levanta diante das pessoas e engole a morte.

Suponhamos que um indivíduo tem uma mensagem vinda de Deus e vê as pessoas que estão sentadas diante dele cheias de trevas; sua reação será de derramar seu espírito, impelindo-o para fora para romper as trevas. Enquanto prega a Palavra de Deus, ele estará continuamente sob o ataque das trevas. A cegueira das trevas poderá consumir sua energia espiritual; a morte e a fraqueza das pessoas podem engolir todo o seu poder espiritual. Mesmo assim, ele se levanta impelindo seu espírito para romper as trevas e vencê-las. Trata-se de uma tarefa extremamente custosa. É cansativa e exige o pagamento de um alto preço. Um ministro da Palavra pode não achar necessário pagar um preço tão pesado cada vez que prega; mesmo assim, deve estar disposto a pagar, caso seja necessário.

Esse exercício do espírito é governado pelo grau em que o espírito está pronto para ser usado, pois nós só podemos usar a parte do espírito que estiver treinada. Além desse ponto, somos impotentes. Entretanto, quanto do nosso espírito *podemos* usar depende de nossa disposição. Às vezes nós somos profundamente pressionados diante do Senhor, e por isso temos disposição de pagar um preço elevado para seguir adiante. Outras vezes podemos não estar dispostos a pagar o preço e o resultado é que usamos nosso espírito de forma descuidada.

Não é fácil para um ministro gastar seu espírito até o limite. O pregador que faz isso ou chega perto descobre que é muito cansativo. Por isso os pregadores correm o risco de serem um pouco indolentes e perderem a disposição de se esforçarem até o limite. Esta afirmação só poderá ser compreendida por aqueles que conhecem o preço para exercitar o espírito. Somente aqueles que conhecem o peso de uma carga podem apreciar essas palavras. Como alguém que jamais carregou uma carga de 50 quilos poderá entender o seu peso? Somente aquele que já carregou tal peso sobre os ombros saberá quanta força é preciso exercitar para fazer isso. Cada ministério espiritual e cada exercício do espírito cria no pregador uma tal carga que literalmente exaure suas forças. Por esta razão, há um fator determinante no exercício do espírito: qual a medida de nossa disposição diante de Deus? Se estivermos dispostos, podemos proclamar a Palavra com grande poder. Nossa palavra será forte ou fraca dependendo da medida em que nosso espírito é liberado. Durante a pregação o espírito é controlado pelo ministro. Ele pode refreá-lo ou liberá-lo. Assim, pode fortalecer ou enfraquecer a mensagem que está entregando. Se o pregador estiver disposto a pagar o preço, pode trazer muito poder à reunião; se não estiver disposto, poderá tornar o culto uma reunião comum. A obra do Espírito Santo pode surpreender os neófitos; no entanto, aquele cuja vida tem passado por profundo tratamento nas mãos do Senhor sabe que o Espírito Santo trabalha de acordo com a disposição do pregador de pagar o preço.

Se numa pregação o ministro não tiver medo de ficar extenuado, não for indolente, não houver nele nada que o desabone e estiver totalmente disposto a pagar o preço, então, como alguém que já foi tratado por Deus, ele estará disposto e apto a liberar firmemente seu espírito. Quando suas palavras são proclamadas, seu espírito vai junto e as pessoas são tocadas pela força da mensagem. No entanto, se o pregador se sentir cansado e for indolente, se não estiver bem disposto a servir ou pretende apenas cumprir uma obrigação, então ele acaba retendo seu espírito. Pode dizer as mesmas palavras, mas com menos espírito – ou nenhum espírito. O que as pessoas recebem naquela reunião são meras palavras, desprovidas de vida. Ouvem as palavras corretas, mas palavras fracas.

Assim, o ministro da Palavra deve se preocupar não somente com o que deve falar, mas também com a sua motivação. Quando ele libera seu espírito, as pessoas ouvem palavras poderosas. Com freqüência, as mensagens pregadas são bem monótonas, porque o espírito do pregador não é capaz de se liberar. Somente o espírito liberado pode causar impacto sobre as pessoas. Um cristão pode estar orando e seu espírito irrompe na oração. Qualquer obstáculo que se colocar no caminho da oração desse irmão será varrido e afastado. As mesmas palavras podem ser proferidas, mas devido à força da liberação do espírito, ninguém consegue resistir.

Um pregador deve aprender como falar bem, mas não deve parar aí. Deve aprender também como liberar seu espírito. Se no momento da pregação seu espírito estiver ferido ou você estiver preocupado com algum problema, então as palavras que você proferir serão ineficazes. Quanto mais você falar, menos vida transmitirá e suas palavras não terão efeito sobre os ouvintes. Suas palavras serão obstruídas pelo seu espírito ferido. Sob tal condição as pessoas não conseguirão ver facilmente a luz de Deus. O pregador está ferido; seu espírito não estará sendo liberado; por isso suas palavras se tornam vazias e fracas. Somente palavras impregnadas pelo espírito são fortes. Seu espírito deve ser mesclado com suas palavras, pois elas são proferidas por intermédio dele. Quando a pregação é feita dessa forma, as pessoas enxergam a luz e tocam a realidade.

Uma vez que a liberação do espírito constitui o conteúdo espiritual do ministério da Palavra, um ministro deve tentar liberar seu espírito da maneira mais forte possível. Ao enviar seu espírito, você deve apelar para todo o poder que houver em seu interior. Toda a sua emoção, pensamentos, memória e palavras devem estar presentes, esperando o espírito. No momento da liberação nenhum pensamento descontente deve ser permitido. Cada pensamento deve ser quieto e atento. Pensamento, memória, sentidos físicos, tudo deve estar concentrado. Numa palavra, todo o seu ser – toda a sua memória, palavra, emoção e sentimentos – está aguardando a oportunidade de ser usado pelo Senhor. Todas as suas atividades pessoais cessam; somente o espírito está no comando; como um soldado aguarda ansiosamente as ordens de batalha do seu comandante, assim nós usamos nossa mente, mas sendo ela a serva e não o mestre.

O mesmo é verdade no que concerne às emoções. A menos que todas as faculdades do ser sejam convocadas juntas para serem comandadas pelo espírito, este não terá como ser liberado. Durante o tempo da pregação, se uma palavra que devia ser dita for esquecida, o espírito sofrerá uma ferida; se um sentimento apropriado for esquecido, também haverá ferida no espírito e ele não poderá ser liberado.

Não há outro trabalho que exija um nível tão elevado de concentração do que a liberação do espírito. Ele exige que cada parte do ser seja focada, não no sentido de funcionar independente das outras, mas sim no sentido de seguir a liderança do espírito. O espírito deve ter seu comando sobre cada palavra e tudo o mais que necessite, assim como cada componente de um exército aguarda a ordem do comandante. Sempre que o espírito dá uma ordem, aquela parte em particular deve estar pronta para obedecer. Se o pensamento do pregador naquele dia estiver um pouco disperso, a emoção estiver meio confusa ou sua memória estiver obtusa, o espírito sofrerá e terá dificuldade para ser liberado.

Portanto, o ministro da Palavra deve aprender a não permitir que seu espírito seja ferido. Sempre que ele desejar falar, todo o seu ser deve estar disponível. Nenhuma parte individual deve ficar para trás. Cada componente deve estar pronto, aguardando para ser engajado pelo espírito. É inquestionável que esse processo exige um alto preço. Por esta razão, às vezes os ministros da Palavra fracassam em exercitar o máximo potencial do espírito. Quando há disposição, há uma liberação maior do espírito; quando não há disposição, há uma diminuição na liberação. Quando o pregador está disposto, ele é capaz de liberar mais bênçãos sobre os ouvintes; quando há falta de disposição, ele traz menos bênçãos. A medida das bênçãos que as pessoas receberão do pregador depende do nível de sua disposição de dar. Se compartilharmos a graça, as pessoas receberão graça; se iluminarmos as pessoas, elas serão tratadas e quebrantadas. A questão é quanto os próprios pregadores já foram tratados pelo Senhor. Quanto mais o nosso espírito aprende diante de Deus, mais o nosso espírito torna-se útil. A quantidade de luz que as pessoas recebem depende de nós; está em nossas mãos determinar quão profundamente as pessoas tocarão a realidade espiritual. O Senhor confiou a nós Sua obra.

A Liberação do Espírito

Os verdadeiros ministros da Palavra sabem o que significa liberar o espírito. Enquanto você está pregando, recebe a força (não a força da carne) para liberar o espírito em seu interior. Quando as suas palavras são proferidas, seu espírito vai junto. Somente assim os ouvintes tocam a realidade espiritual. O que determina se a audiência ouvirá a Palavra de Deus ou ouvirá apenas um bom sermão é como o pregador libera seu espírito. Se ele estiver disposto a pagar o preço, as pessoas ouvirão mais do que uma pregação, porque tocarão

A Palavra e a Liberação do Espírito

a realidade espiritual por trás das palavras. No entanto, se o espírito do pregador não for liberado, as pessoas não tocarão a realidade por trás das palavras. Isso explica por que às vezes o ministério da Palavra parece tão comum e tão ordinário; apesar de haver muitas pregações, há pouco espírito. Muitas palavras são proferidas, mas pouco espírito é liberado.

É muito comum ouvirmos pregações com uma ou duas horas de duração, mas percebermos que durante um tempo muito curto houve uma verdadeira liberação de espírito. Isso torna o ministério da Palavra uma tarefa bem medíocre. Num ministério poderoso, o espírito vigia a palavra. Os dois têm o mesmo peso e a mesma medida. Quando as palavras são proferidas, o espírito é liberado. As palavras são pronunciadas no espírito. Todos aqueles que ouvem tocam o espírito liberado, ao mesmo tempo em que captam as palavras. A força das palavras é totalmente governada pelo pregador. Aquilo que ele aprendeu é o que possui e sua disposição de dar determina o quanto as pessoas receberão. Alguns pregadores têm muitos dons, mas não se sentem dispostos a dar. Temos de possuir algo e também temos de estar dispostos a compartilhar.

O melhor é quando as palavras e o espírito trabalham juntos. Pode existir uma condição especial, quando há mais espírito do que palavras. Isso pode acontecer em ambientes especiais, quando Deus permite que os pregadores liberem mais espírito do que palavras, para suprir uma necessidade especial. Isso, porém, é bem raro. Apesar disso, o ministério da Palavra significa liberação de espírito. Ouvir a palavra significa captar o espírito. O ministro é o servo do espírito. Quando pregamos, além da simples transmissão de palavras, nós liberamos nosso espírito. Não é simplesmente um pregador falando, é alguém compartilhando seu próprio espírito. Não é simplesmente abrir a boca e fazer som; é enviar, mediante o espírito, as palavras que temos no coração.

As palavras sem espírito transformam-se em simples doutrina; não é a Palavra de Deus. É absolutamente impossível alguém ministrar a Palavra sem ter um espírito pronto para ser usado. O ministério da Palavra consiste na liberação do espírito. Deus não deseja que as pessoas ouçam apenas palavras; Ele deseja que as pessoas toquem no espírito por trás das palavras. O espírito viaja junto com a palavra. Deus deseja que os homens toquem Seu Espírito e não somente a Sua palavra. O Espírito Santo trabalha junto com a Palavra. Cada vez que pregamos, precisamos liberar nosso espírito.

Num ministério poderoso, o espírito não é somente liberado – há uma explosão. Quando as palavras são liberadas, o espírito é liberado em tal plenitude que simplesmente explode. Sob tal circunstância, as pessoas se prostram diante de Deus. Quando a sua palavra vai sendo liberada, você vai sobrepujando muitos espíritos contrários, muitos corações frios e endurecidos. O seu espírito vai explodindo ao longo de todo o caminho. Nenhum indivíduo, por mais forte que seja, pode resistir a essa obra de Deus. Todos são derrubados por terra. Notemos, portanto, quanto nosso espírito está sendo liberado quando pregamos. Seu espírito não pode ser mais forte do que aquilo que você possui. Nada pode ser forçado. Nenhuma palavra, tom de voz ou gesto pode imitar ou substituir um espírito forte. Jamais tentemos imitar uma forma de falar ou um tom de voz, pois as pessoas se prostram diante de Deus somente quando o *espírito* é liberado.

O que, então, queremos dizer com liberação do espírito? Agora citaremos alguns pontos para considerarmos juntos.

1. A liberação do espírito é a liberação do Espírito Santo.

O Senhor enviou Seu Espírito Santo à Igreja, pois Ele ordenou que a Igreja fosse às profundezas das quais fluirão rios de água viva (Jo 7). A Igreja é o vaso do Espírito Santo. Temos de saber bem qual é a tarefa atual da Igreja. É funcionar como recipiente do Espírito Santo. Deus não derrama Sua unção sobre as pessoas de forma indiscriminada; Ele a mantém sobre a Igreja, de forma que por meio da Igreja a unção chegue às pessoas. Como vaso do Espírito Santo, a Igreja não é meramente um recipiente a ser usado por Ele; ela é primariamente um vaso que contém o Espírito Santo.

Como exatamente Deus mantém Seu Espírito sobre a Igreja? O Espírito Santo não é mantido em nenhuma parte do nosso ser, exceto em nosso próprio espírito. Isso fica claro na tipologia do Antigo Testamento: (1) A pomba que Noé soltou da arca não pode pousar sobre a velha criação. Ela deve encontrar a nova criação. Em nosso ser, somente o espírito representa a nova criação; por isso, o Espírito só pode habitar aí. (2) Novamente, em Êxodo está escrito: "Este me será o azeite da santa unção nas vossas gerações. Não se ungirá com ele a carne..." (Êx 30.31-32 ARC). Nenhuma parte da carne pode conter o Espírito Santo. Somente o espírito humano pode fazer isso. Esta verdade fica especialmente clara nas palavras de Ezequiel: "Porei dentro de vós o meu Espírito..." (36.26-27). O "coração novo" é o nosso espírito; o "meu Espírito" refere-se ao Espírito Santo. Quando não há um novo espírito em nós, o Espírito Santo não pode habitar dentro de nós. Para termos o Espírito, precisamos de um novo espírito.

Em vista do que foi dito, o significado de liberar nosso espírito é que o Espírito Santo é liberado junto com o nosso espírito. Todos os estudiosos da Bíblia reconhecem que, em muitas passagens bíblicas, no original grego é impossível fazer distinção entre o espírito humano e o Espírito Santo. O lugar onde a palavra "espírito" é usada com mais freqüência é em

Romanos 8. Ali, é extremamente difícil fazer distinção entre o espírito humano e o Espírito Santo. Nas nossas versões nós fazemos a distinção usando letra maiúscula e minúscula, mas no original grego não há tal distinção. O espírito humano já está ligado ao Espírito Santo. Devido ao fato de o Espírito Santo habitar no nosso espírito, quanto mais somos instruídos por Ele, mais o nosso espírito pode ser liberado. Quando o nosso espírito é liberado, o Espírito Santo também é liberado. Assim, a liberação do espírito aponta para algo além dele próprio; aponta também para a liberação do Espírito Santo. O grau em que Ele é liberado depende da medida em que o nosso espírito é liberado. O Espírito Santo é limitado pelo nosso espírito. O problema de hoje não está na unção, mas sim nos vasos.

Não seja tão tolo a ponto de tentar lançar toda a responsabilidade sobre o Espírito Santo. Atualmente Deus colocou a responsabilidade sobre a Igreja. Mateus 18.18 mostra a influência da Igreja. As palavras de Jesus em João 20.23 e na passagem de Mateus 18 são bem semelhantes. "Se você perdoar os pecados de alguém, Eu também perdoarei", Jesus disse; "se você deixar de perdoar os pecados de alguém, Eu também reterei o perdão". Como pode ser isso? Porque nós recebemos o Espírito Santo. O Senhor deseja que a Igreja receba o Espírito Santo. Depois que você O recebe, quem você perdoar será perdoado e quem você não perdoar, o Senhor também não perdoará. O poder do Espírito Santo agora é dado à Igreja para ser usado. Trata-se de uma enorme responsabilidade!

Se Deus estivesse tratando diretamente dessas questões, não importaria se a Igreja fosse incompetente. No entanto, Ele confiou essas questões à Igreja. Seria terrível se ela fra-

A Palavra e a Liberação do Espírito

cassasse. Se toda a autoridade estivesse nas mãos do Espírito Santo, não haveria problemas se a Igreja não fosse capaz; no entanto, o Espírito Santo é limitado pelo ministério da Igreja; se esse ministério for incompetente, o poder do Espírito Santo é bloqueado. Se Deus retivesse a autoridade para Si, mesmo que todos nós falhássemos, não faria diferença. No entanto, Deus não retém a obra do Espírito Santo em Suas mãos; em vez disso, Ele confia esta obra aos Seus ministros da Palavra. Quando o espírito do ministro é liberado, o Espírito de Deus também é liberado. Se o espírito do pregador não é liberado, o Espírito também fica obstruído.

Deus se agrada hoje de confiar Sua autoridade aos ministros da Palavra. Somente os tolos são descuidados nesta questão. Lembremos que o problema hoje está totalmente sobre os ministros da Palavra. Os ministros é que determinam se o Espírito Santo será ou não liberado nas pregações.

2. A liberação do espírito é liberação de poder.

A quantidade de poder que o espírito humano libera determina se uma pessoa obstinada irá ou não se submeter a Deus ao ouvir a pregação. Se o espírito do pregador for vigoroso, a obstinação humana é quebrada. Com exceção daqueles que se fecham totalmente, até as pessoas mais duras podem ser quebrantadas quando o espírito é liberado com poder. Jamais devemos colocar toda a responsabilidade sobre os ouvintes. Provavelmente em 90% dos casos o problema está com o pregador e não com os ouvintes. Quando o pregador tem vigor espiritual, com certeza experimentará grandes conquistas. Quanto maior for o poder espiritual do pregador, mais as pessoas se prostrarão diante de Deus.

3. A liberação do espírito é liberação de vida.

A liberação do espírito significa liberação de vida, bem como a liberação do Espírito Santo e de poder. A capacidade do pregador de liberar seu espírito determina se os ouvintes tocarão ou não a realidade espiritual. Se o pregador limitar-se a liberar palavras, as pessoas só tocarão um ensino e não tocarão o Espírito Santo. No entanto, quando o pregador está disposto a liberar seu espírito, além de ouvirem as palavras, as pessoas tocam a vida. A habilidade do ministro de liberar ou reter seu espírito determina se as pessoas receberão um punhado de palavras externas ou se tocarão a vida.

4. A liberação do espírito é liberação de luz.

A luz transforma-se em palavras dentro do ministro e a seguir transforma-se novamente em luz para os outros. As palavras proferidas no espírito tornam-se luz para os homens. Há muitas pessoas que realmente são incapazes de enxergar a luz por si mesmas; na maioria dos casos, porém, a responsabilidade é do pregador e não da audiência. Se o ouvinte deliberadamente fechar os olhos, ele assume total responsabilidade por não ver a luz; entretanto, se não houver nenhuma luz diante dos seus olhos abertos, então a responsabilidade é do pregador. O ouvinte tem a responsabilidade de abrir os olhos; o ministro tem a responsabilidade de trazer a iluminação. Nada pode ser feito em favor do indivíduo que fecha os olhos firmemente. No entanto, se ele abrir os olhos e o coração e mesmo assim não conseguir enxergar nada, o ministro deve ser responsabilizado. Quando a Palavra é proclamada, ela se torna luz para as pessoas quando o espírito do pregador é forte e quando o Espírito Santo está disposto a acompanhar a mensagem pregada.

A Palavra e a Liberação do Espírito

A luz divina é armazenada na Palavra de Deus. Quando a Palavra é liberada por meio do espírito humano e do Espírito Santo, invariavelmente ela se transforma em luz para os homens. Se depois de ouvir a mensagem o indivíduo se prostra e ora: "Ó Senhor, me dê luz", isso indica que ele ouviu o ensino, mas não ouviu a Palavra de Deus, pois ela é luz. É neste ponto que o cristianismo fracassa. As doutrinas são expostas, mas a luz divina quase sempre está ausente. Nós entendemos tudo, mas nada é utilizável. Podemos falar sobre doutrinas, mas o que falamos não funciona na prática.

Temos de entender que quando as pessoas ouvem a Palavra de Deus, devem ver a luz. Quando isso não acontece, a responsabilidade é do pregador. Com freqüência os pregadores culpam a audiência pelos maus resultados. Isso é errado. Temos de reconhecer que, salvo raríssimas exceções, no caso daquelas pessoas que têm uma dificuldade especial e se fecham, os pregadores são totalmente responsáveis pela iluminação dos ouvintes. Depois que ouvem a pregação, não há necessidade de orarem pedindo luz porque já contemplaram a luz. Muitos pregadores precisam se arrepender diante de Deus! Eles não possuem luz para compartilhar; a luz não brilha a partir da vida deles. Eles são os responsáveis pela falta de luz. A responsabilidade dos cristãos é abrir os olhos; apesar disso, os ministros são responsáveis pela transmissão da luz. Sempre que o espírito do pregador é liberado, a luz brilha.

Um ministro da Palavra é capaz de decidir quanta luz ele liberará. Se tiver sido profundamente tratado por Deus, pode transmitir sua revelação interior por intermédio de seu próprio espírito. Quando este é liberado, a luz brilha. Ele pode não somente iluminar as pessoas e fazê-las entender; pode também derrubá-las com a luz. Se a sua intenção for meramente preparar as pessoas para o entendimento, então seu ministério acabará quando elas entenderem. No entanto, se ele estiver disposto a pagar o preço diante de Deus, pode liberar seu espírito com tamanho poder que as pessoas não somente irão entender, mas também serão profundamente tocadas. A luz é capaz de derrubar as pessoas. Tudo isso deve ser decidido pelo próprio ministro da Palavra.

5. A pressão e a liberação do espírito.

A liberação do espírito segue certas leis. O nível da liberação depende de dois fatores: da disposição do pregador e da quantidade de pressão à qual ele será submetido. Quando chega à reunião, o pregador recebe uma carga de Deus. Se a pressão for pesada e tensa, ele saberá que Deus deseja que seu espírito seja liberado como uma explosão. Sob grande pressão, meras palavras falham em trazer resultados satisfatórios. A fim de aliviar a pressão, o espírito do pregador precisa explodir. Coerentemente, a pressão causa a abundante liberação do espírito.

Suponha que você esteja conversando com um irmão espiritualmente cego, orgulhoso e com uma imagem elevada de si mesmo. Você sente um peso enorme em seu espírito, que lhe causa um grande sofrimento. Você sente tamanha pressão que começa a sentir indignação em seu interior, até não conseguir mais suportar. Você abre a boca e fala. As palavras saem de forma intempestiva. Seu espírito é liberado. A intensidade com que o espírito é liberado corresponde à medida da pressão que você teve de suportar. Por isso, o problema atual é: primeiro, se você estará disposto a falar; segundo, se estiver disposto a falar, qual será a intensidade da palavra. Se a pressão interior for grande, então seu espírito reprovará o irmão orgulhoso até que ele se quebrante diante de Deus.

A Palavra e a Liberação do Espírito

Temos de perceber que depois de cada exercício desse tipo nosso espírito fica mais forte.

Foi o que aconteceu com o apóstolo Paulo quando ele expulsou o demônio da garota escrava. Durante vários dias ela gritou: "Esses homens são servos do Deus Altíssimo" – até que o apóstolo ficou tão incomodado que se virou e disse ao espírito: "Em nome de Jesus Cristo, eu te mando: retira-te dela". E o espírito saiu na mesma hora (At 16.17-18). Muitas pessoas podem elevar a voz, mas não podem elevar o espírito. Erguer a voz e gritar é algo totalmente ineficaz. O princípio que rege os milagres é o mesmo que se aplica à Palavra. Paulo estava incomodado por dentro; a pressão foi crescendo gradualmente e finalmente ele deu a ordem ao demônio e o expulsou. É quando o espírito está debaixo de grande carga que a palavra despedaça e corta.

O Senhor Jesus chegou a Jerusalém. Ele viu uma figueira sem nenhum fruto. Ele disse à árvore: "Nunca jamais coma alguém fruto de ti!" (Mc 11.14). Tais palavras foram pronunciadas debaixo de grande pressão no espírito, e o resultado foi que a figueira secou até a raiz. Um ministro da Palavra não pode dizer palavras tão fortes sem cuidado. Você só pode se levantar e pregar quando sente uma pressão insuportável por dentro. Este é o princípio dos milagres e a lei da reprovação. Quando o seu espírito é liberado, as pessoas se prostram diante de Deus.

O suprimento da palavra é o suprimento do espírito. Quando o espírito é liberado, também é liberado poder, o Espírito Santo, luz, vida e a carga interior. Somente o que procede da liberação do espírito é utilizável. Tudo o mais é vão. Para pregar, você precisa somar ao espírito o pensamento, palavra, memória e sentimentos. Quando o seu espírito é liberado, então você pode pregar. Então você possui o ministério da Palavra.

6. O espírito precisa ser purificado.

É preciso que realmente haja espírito nas pregações. No entanto, a fim de liberar um espírito puro, precisamos aprender a aceitar o tratamento de Deus. Há uma questão importante que temos de ter em mente: qualquer que seja o tipo de espírito liberado, é preciso que haja aspectos correspondentes na pessoa do Espírito Santo; cada tipo de pregador comunica um aspecto diferente do Espírito Santo. A manifestação do Espírito Santo difere de uma pessoa para outra. Quando Ele se manifesta por meio de uma pessoa, Ele vem com uma característica especial do canal que está sendo usado. Ele vem com as qualidades do pregador. Por isso o Espírito Santo se manifesta de uma maneira em uma pessoa e de uma maneira diferente em outra pessoa; conseqüentemente, há vários ministérios diferentes. Sua manifestação por intermédio do apóstolo Paulo era diferente da manifestação por intermédio de Pedro. As manifestações procediam do mesmo Espírito, mas em Pedro Ele trazia as características de Pedro e em Paulo, as de Paulo. Há um elemento inquestionável nesse processo: o Espírito Santo jamais deixa de lado o elemento humano. Em nenhum lugar na Bíblia nós vemos Deus aniquilando o fator humano. Um indivíduo pode demonstrar que está cheio do Espírito Santo de uma maneira, enquanto em outro a plenitude se manifesta de outra. Não existe nenhum tipo de uniformidade.

Você percebe nossa responsabilidade? Se o Espírito Santo falar por intermédio de nós sem carregar nossas características particulares, nossa responsabilidade torna-se bem pequena. Se você simplesmente passar o poder do Espírito Santo adiante para outras pessoas, sem se envolver profundamente, não conseguirá fazer isso por muito tempo, mas enquanto puder estará tudo bem. Entretanto, a experiência de muitos santos nos mostra que quando o Espírito se manifesta numa pessoa, Ele se manifesta com as características especiais dessa pessoa. Se não fosse assim, como o nosso espírito poderia ser purificado, ou como as pessoas poderiam receber algo especial?

Precisamos reconhecer o significado do elemento humano. O Espírito Santo não age independentemente, quer dizer, Ele não age por conta própria, sem a participação humana. Ele sempre carrega nossas características quando age. "Se alguém tem sede", Jesus disse, "venha a mim e beba. Quem crer em mim, como diz a Escritura, do seu interior fluirão rios de água viva" (Jo 7.37-38). O Senhor indicou que primeiramente a água chega ao mais íntimo do ser humano e depois, das profundezas do ser, flui como rios de água viva. J. N. Darby explica que o abdômen é a parte mais íntima do nosso ser. O Espírito Santo flui das profundezas do nosso ser e sempre nos carrega junto consigo.

Precisamos ser tratados pelo Senhor. A cruz nunca vem até nós em vão. Cada vez que ela vem a nós, esculpe-nos e lapida um pouco mais – e assim somos um pouco mais purificados. Cada tribulação que enfrentamos no nosso caminho aumenta nossa pureza. Cada labareda de fogo elimina um pouco mais as impurezas. Quanto mais dificuldades nós recebemos da parte do Senhor e quanto maiores elas forem, mais o nosso espírito é purificado. Assim, o Espírito Santo pode levar consigo um espírito mais puro. Com freqüência o tratamento de nossas características peculiares não é suficientemente profundo; o resultado é que as pessoas que ouvem nossas pregações são confrontadas pelo Espírito Santo e com as nossas imperfeições. Todos nós já vimos pregadores que tinham a Palavra e eram capazes de liberar o espírito, mas eram muito grandes em si mesmos, não tendo sido suficientemente reduzidos. E quando o Espírito Santo é liberado, as peculiaridades negativas do pregador confundem-se com Ele.

Quão grande é a nossa responsabilidade! Se o Espírito do Senhor não usasse os elementos humanos, ou se rejeitasse cada ser humano que não fosse perfeito, as coisas seriam bem mais simples. Seria muito fácil fazer distinção entre o que era obra da carne e o que era obra do Espírito. O problema, porém, é que apesar de o nosso espírito não ser totalmente puro, e ainda haver obras da carne em cada um de nós, mesmo assim o Senhor não nos rejeita. Pelo contrário, Ele nos usa. Isso, por sua vez, faz muitos jovens pregadores neófitos e orgulhosos pensarem que são perfeitos. Não reconhecem que muitas vezes Deus usa as coisas fracas. Quanto mais Deus nos usa, maior é a nossa responsabilidade. Se Ele não nos usasse, nosso problema seria praticamente nulo. Muitas vezes nós reconhecemos que somos incompetentes, mas mesmo assim Deus continua nos usando. O Espírito Santo sempre trabalha junto com o espírito humano; o Senhor usa os homens com suas características peculiares. Essa é a lei mais fundamental da obra de Deus.

Temos de tomar cuidado com uma coisa: quando somos usados por Deus, não devemos esquecer nossa incompetência. Lembremos que nossa responsabilidade é enorme. Se não estivermos com as contas acertadas com Deus, então todas as nossas pendências se mesclarão à Palavra de Deus. Um dia, quando recebermos mais iluminação, nos prostraremos diante do Senhor e reconheceremos: "Eu nunca fui competente em meu ministério". Todo aquele que recebe luz enxerga sua total incapacidade. É verdade, o Espírito de Deus opera por nosso intermédio, mas não somos vasos limpos, não somos vasos perfeitos. Aos olhos de Deus, somos recipientes inadequados. Precisamos de constante tratamento. Por isso podemos buscar a misericórdia divina, pedindo a Deus que seja gracioso conosco a fim de podermos aprender diariamente, sob a disciplina do Espírito Santo. De outra forma, o nosso espírito não poderá ser usado.

Talvez Deus queira levantar você como ministro da Palavra; por isso Ele trata diariamente com você. Em cada tratamento, em cada tribulação que enfrentamos, aumentamos nossa capacidade de ser usados por Deus. Todos esses elementos servem para deixar seu espírito mais limpo, de modo que quando ele é liberado, demonstra pureza e pode ser mais útil. Em Sua misericórdia, o Senhor pode manifestar seu Espírito por seu intermédio. Você se considera alguém grandemente usado por Deus. Fica orgulhoso, não reconhecendo que foi escolhido por Deus apenas temporariamente.

Vemos que o treinamento do ministro é diário e tem longa duração – a vida toda. Talvez você não seja capaz de falar melhor, mas com certeza seu espírito está progredindo. Você pode repetir as mesmas palavras que disse há dez anos, mas o espírito que demonstra agora é totalmente diferente. Os jovens não devem pensar que podem dizer as mesmas coisas que os mais velhos dizem com os mesmos resultados. Eles podem dizer as mesmas coisas, mas será que com o mesmo espírito? Os jovens não devem se perguntar: "Será que consigo transmitir aquela mensagem?". Em vez disso, devem perguntar: "Será que eu tenho aquele espírito?". Para um ministro da Palavra, as palavras sozinhas são inadequadas. Também deve haver espírito. "As palavras que eu vos tenho dito são espírito e são vida", disse o Senhor. Sempre que um ministro da palavra fala em nome de Deus, seu espírito e suas palavras devem ser igualmente puros.

A questão, portanto, não é se posso falar ou não, mas sim que tipo de espírito será enviado junto com as palavras. Alguns pregadores não têm espírito algum. Aqui vemos uma distinção fundamental. As duas coisas pertencem a esferas totalmente diferentes. Numa esfera, uma pessoa é competente desde que seja articulada, eloqüente e inteligente. Na outra esfera, ela será inadequada se não tiver passado pelo tratamento do Senhor e pela disciplina do Espírito Santo. As palavras que pertencem a esta segunda esfera devem ser gravadas em você pela mão do Senhor. Elas são trazidas e edificadas dia a dia dentro de você pelo Espírito Santo. Não é só porque encontrou um bom tema para um sermão que você pode pregar. De forma alguma. Você pode falar as coisas certas, mas não obter nenhum resultado positivo. Um indivíduo pode pregar certa verdade; você aceita aquela verdade e também prega sobre ela, mas onde estaria a eficácia? A palavra pode ser a mesma, mas seu espírito estaria errado.

As palavras que o Senhor diz são espírito e verdade. Por isso o seu espírito deve ser disciplinado diante de Deus. O próprio pregador precisa ser esculpido e lapidado por Ele. Então, quando a palavra é pronunciada, seu espírito a acompanha e, graças a Deus, o Espírito Santo também é liberado. É assim que deve funcionar o ministério da Palavra. Sem esses elementos, o pregador seria como um escriba pregando os Dez Mandamentos. Todo o conteúdo da mensagem seria reduzido a mera doutrina, ensino ou exposição. Faltaria o espírito. Todo o esforço seria em vão. Precisamos que Deus nos leve a um nível no qual, quando a palavra for pregada, o espírito seja liberado. Às vezes é necessário que haja uma explosão do espírito. Não deve ser todas as vezes, mas há ocasiões em que o espírito deve explodir a fim de facilitar o trabalho do

Espírito Santo. De outra forma, a nossa pregação não terá a mesma qualidade da pregação dos antigos apóstolos.

Precisamos entender a tarefa da Igreja em nossos dias. Deus confiou a mensagem de Cristo à Igreja a fim de que essa mensagem seja levada a todos os homens. Deus confiou também o Espírito Santo à Igreja, para que Ele seja liberado por intermédio dela. Deus depositou Sua revelação na Igreja, para que todos os homens vejam. Atualmente todas as bênçãos espirituais de Deus foram dadas à Igreja para que ela compartilhe com o mundo. Este é o propósito e o desígnio de Deus. A Igreja é o Corpo de Cristo na Terra. Assim como o corpo humano expressa os desejos e pensamentos do indivíduo, assim também a Igreja, como Seu Corpo, expressa os pensamentos de Cristo. O pensamento da cabeça manifesta-se por intermédio do corpo. Sem um corpo, a cabeça não tem como se expressar. Sem a Igreja, Cristo não tem como se expressar. Na atual dispensação Deus abençoa os homens por meio da Igreja. Por isso nossa responsabilidade é enorme.

Não pensemos erroneamente que hoje tudo será maravilhoso. Como podemos esquecer o Pentecostes? Como podemos esquecer a Cruz? A situação nos nossos dias é totalmente oposta àquela da Antiga Aliança. A Bíblia diz em Malaquias 3.10: "Trazei todos os dízimos à casa do Tesouro, para que haja mantimento na minha casa; e provai-me nisto, diz o Senhor dos Exércitos, se eu não vos abrir as janelas do céu e não derramar sobre vós bênção sem medida". Trata-se de um princípio do Antigo Testamento, pois a bênção estava no céu. Nos nossos dias, porém, a bênção veio à Terra e o Espírito Santo eleva a Igreja ao céu. Os protestantes esquecem da posição da Igreja, enquanto os católicos romanos tentam alcançar a bênção de Deus na carne. Agora nós pedimos a Deus que abra nossos olhos a fim de que possamos ver cada bênção espiritual que hoje a Igreja tem nas mãos e reconhecermos que é a Igreja quem deve compartilhar essas bênçãos com os homens.

A Igreja deve compartilhar dons. A Carta de Paulo aos Efésios mostra distintamente que a bênção desceu e que a Igreja subiu; todos os dons espirituais agora estão na Igreja. O que é ministério? É compartilhar riquezas espirituais com os homens. Agora a Igreja está de posse das riquezas de Cristo. Ela deve compartilhar essas riquezas com outros. O ministro é aquele que compartilha o que viu e o que recebeu de Cristo com os homens. Não devemos nos diminuir, achando que tudo está fora de posição. Muitos cristãos estão orando como se o Espírito Santo jamais tivesse descido sobre a Terra e como se a Igreja jamais tivesse estado no céu. Isso não pode representar a Igreja. "A palavra está perto de ti, na tua boca e no teu coração" (Rm 10.8). Você tem luz; por isso a luz divina pode ser enviada por seu intermédio . Você tem a Palavra de Deus e por isso pode proclamá-la. A questão é: você está disposto a fazer essas coisas?

Em nossos dias Deus precisa de vasos limpos para proclamar Sua Palavra. Não quer dizer que Deus jamais o usará se você não estiver preparado. Nos últimos dois mil anos muitas mãos carnais tocaram a obra de Deus e a levaram adiante. Você sabe o que era há dez anos. Você só pode confessar que, apesar de ser carnal, Deus usava você. Você lembra como era há vinte anos. Só pode reconhecer que era uma pessoa imatura e pecaminosa, mas mesmo assim foi usado por Deus. Não seja tolo a ponto de pensar que porque foi usado por Deus devia ser perfeito. Cada vez mais nós reconhecemos a grandeza de nossa responsabilidade: "Ó Senhor, quando nós somos usados, nos mesclamos com a Tua Palavra. Misturamos nossas debilidades à Tua obra e às vezes confundimos o trabalho do Espírito Santo com as nossas obras da carne. Senhor, nós pecamos; pedimos o Teu perdão. Tenha misericórdia de nós".

O Senhor Se confiou à Igreja; Seus caminhos estão sobre nós. Ele deseja dispensar Suas riquezas por meio do espírito dos Seus servos. Coerentemente, você deve pedir ao Senhor que torne o seu espírito aceitável diante de Deus. Você não deve ficar orgulhoso por causa do trabalho que fez. Não temos razão para nos mantermos impuros ou carnais. Devemos sempre lembrar que Deus confiou Cristo, o Espírito Santo, a Palavra e a Sua luz à Igreja. Hoje ela é capaz de transmitir luz, a Palavra, o Espírito Santo e Cristo aos homens. Uma das dificuldades é a nossa impureza e nossas limitações humanas. Temos de reconhecer nossa responsabilidade. Temos de nos tornar vasos santos se desejamos que a Palavra, a luz, o espírito e o Espírito Santo sejam liberados.

Se reconhecermos diante de Deus o que é a Igreja, então naturalmente saberemos o que é ministério. Um ministro deve dispensar, por meio da pregação, aquilo que Deus confiou à Igreja. Conseqüentemente, sua responsabilidade é maior do que a dos outros cristãos. Se continuarmos misturando obras da carne, não temos como prosseguir. Causaremos grandes prejuízos à obra de Deus. Deus precisa de homens, mas será que somos servos e ministros de Deus? Que Deus tenha misericórdia de nós. Temos de aprender os Seus caminhos. Quando pregamos, a luz divina também brilha. Que tenhamos muitas palavras para compartilhar, a fim de que todos aqueles que nos ouvem possam ver a luz e se prostrarem diante de Deus.

Capítulo 17

Alguma Ajuda Para Uma Mensagem Adequada

Ser um ministro da Palavra é uma tarefa nova para nós. Nunca fizemos isso antes, assim como um bebê recém-nascido nunca aprendeu a falar. De fato, nós vivemos na Terra durante várias décadas e nesse tempo já falamos muitas coisas, mas nunca falamos essa Palavra. A fim de falar essa Palavra, temos de aprender desde o princípio. Não devemos acalentar a ilusão de que pelo fato de termos experiência com a fala, ou até com a pregação, podemos fazer um bom uso dela. Tal conceito é perturbador porque o ministério da Palavra é bem diferente de nossas experiências passadas com aprendizado e entendimento. Não devemos ser tão descuidados a ponto de tentar recorrer às experiências do passado e tentar falar da maneira que estamos habituados.

Lembremos que ao falarmos em nome de Deus, somos como crianças que precisam aprender desde os primeiros passos. Assim como um bebê aprende a falar palavra por palavra, assim também nós temos de aprender. Falar na carne é uma coisa; falar no espírito é algo bem diferente, com características próprias. Não podemos apelar para as nossas próprias experiências passadas, seja falando ou pregando. Se fizermos isso, mudaremos a natureza da Palavra de Deus. Temos de aprender desde o início. Muitas palavras, muitas fraseologias, muitos pensamentos precisam ser aprendidos gradualmente; temos de aprender novamente até como nos posicionar enquanto falamos. Não se trata de recorrer às antigas formas ou reformulá-las de maneiras novas. Trata-se de aprender algo totalmente novo; por isso, tudo o que se relaciona ao ministério da Palavra deve ser aprendido passo a passo.

Quando você compartilha a mensagem que recebeu de Deus, percebe que é algo ao mesmo tempo fácil e difícil. Não é diferente da oração. Podemos considerar a oração algo fácil, mas mesmo assim depois de muitos anos ainda não conseguimos ter pleno domínio sobre ela. No entanto, também não podemos dizer que a oração seja difícil, pois assim que é salvo um novo convertido já é capaz de orar. Da mesma forma, ser ministro da Palavra por um lado é extremamente difícil, mas por outro lado é fácil.

Agora vamos considerar algumas das coisas às quais devemos prestar atenção quando falamos.

1. Evite que Seu Espírito Seja Ferido

Nós não falamos simplesmente para liberar palavras, mas também para liberar nosso espírito. Se somente palavras forem proferidas, sem espírito, nosso ministério da Palavra será um total fracasso. É claro que também é igualmente impossível liberar o espírito sem palavras. O espírito e a palavra são importantes e necessários. Quando as palavras são transmitidas, elas são acompanhadas pelo espírito. É o espírito quem toca, move e faz as pessoas enxergarem. Se o espírito for forte, pode derrubar as pessoas. A proclamação da Palavra é a liberação do espírito. Sem o espírito, nenhuma quantidade de palavra terá valia. Por isso nós temos de tomar cuidado para que nosso espírito não seja ferido e não possa ser liberado.

O espírito não deve ser ferido. Uma pequena ofensa pode retê-lo e fazer com que só as palavras sejam liberadas. Às vezes nós nem mesmo temos consciência de que nosso espírito já está ferido. Ele é extremamente delicado e por isso fácil de ser ferido. Ele é tão sensível que se torna mais vulnerável do que todos os nossos outros sentimentos. Uma vez que ele é ferido, não consegue ser liberado junto com as palavras. Por isso temos de ser muito cautelosos e evitar que nosso espírito seja ferido. Algumas coisas podem danificá-lo com facilidade; vamos ver algumas delas.

(a) Seu espírito pode se ferir e ficar incapacitado

Seu espírito pode se ferir e ficar incapacitado de ser liberado se antes de falar você inconscientemente cometer algum pecado ou impureza. Embora não saibamos exatamente que pecado ou impureza pode ferir o espírito, sabemos que o mero contato com muitos pecados e impurezas (sem falar nas atitudes) pode ferir o espírito[1]. Ao começar a falar, você

---

[1] "Tendo, pois, ó amados, tais promessas, purifiquemo-nos de toda impureza, tanto da carne como do espírito, aperfeiçoando a nossa santidade no temor de Deus" (2 Co 7:1). (N.E).

descobre que não pode prosseguir, pois toma consciência de que seu espírito está ferido. Conseqüentemente, todos os ministros da Palavra devem buscar o perdão e a purificação antes de se levantarem para falar. Todos os pecados e impurezas conhecidos devem ser confessados diante de Deus, e o ministro deve implorar perdão e purificação. Devemos pedir perdão e purificação até para aquilo que desconhecemos. Na vida cotidiana, temos de aprender a como evitar certas coisas e aprender como nos manter livres do contato com elementos pecaminosos. O espírito é mais sensível do que os sentimentos. Podem se passar de três a cinco dias antes que você saiba que pecado o estava incomodando, mas o seu espírito já tinha sentido. Às vezes, quando você fala, sente que as palavras estão corretas, os pensamentos também estão corretos, mas de alguma forma você não se sente capaz de soltar o espírito, como se ele não estivesse disposto a sair. Você sente que não está conseguindo ter contato com o próprio espírito. Isso ocorre porque ele está ferido pela impureza do pecado. Por isso ele não se move.

*(b) O espírito precisa ser aguardado
antes que possa ser liberado*

O espírito precisa ser aguardado antes que possa ser liberado. Se o nosso pensamento estiver disperso e não conseguir se concentrar ou seguir certa linha de raciocínio, é sinal de que estamos com o espírito ferido. Nossa mente deve ficar atenta e aguardar, a fim de ser usada sempre que for solicitada. Pensamentos dispersos deixam o espírito pesado. Alguns ministros da Palavra têm o espírito ferido por meio dos pensamentos. Devemos manter nossa mente inteiramente disponível para o uso do espírito. Ela deve estar totalmente sujeita ao espírito, como um servo fica à disposição do seu senhor.

(c) Manter seu espírito forte e livre de feridas

Para manter seu espírito forte e livre de feridas, você não deve empregar palavras, ilustrações ou divisões erradas enquanto fala. Se você empregar duas ou três palavras importantes de forma errada, sabe que a mensagem toda fica prejudicada. Essas palavras usadas incorretamente causam peso no espírito e impedem a sua plena liberação (quando as palavras erradas não são essenciais para a compreensão da mensagem, não há muito problema; o espírito não é ferido e pode ser liberado). Talvez você possa usar uma ilustração que não está totalmente de acordo com o pensamento do espírito. O espírito pode facilmente ser ferido e recusar-se a ser liberado. Ou você pode simplesmente contar uma história que não condiz com o Espírito; dessa forma seu espírito também ficará ferido e retido. Ou você pode acrescentar todo um tópico à mensagem fora da direção do Espírito; novamente sentirá que o seu espírito foi ferido e recuou. Qualquer que seja o caso, nós temos de reconhecer que o espírito é ferido com facilidade. Se o pregador for descuidado, descobrirá, surpreso, que o espírito recusa-se a ser liberado. Ele pode desejar liberar o próprio espírito, mas não tem a força para fazer isso. Por isso percebe claramente que naquele dia feriu o espírito de alguma forma.

(d) Nossa atitude também pode causar dano ao espírito

Nossa atitude também pode causar dano ao espírito. Muitos, ao chegarem à reunião, estão constrangidos, e isso também pode ferir o espírito. Suponha que você esteja pregando num certo local e está muito constrangido. Você sente que as pessoas sentadas à sua frente são apavorantes; você fica um pouco temeroso. Enquanto fala, você está consciente de si mesmo por causa de todas aquelas pessoas. Isso sufocará seu espírito e o impedirá de ser liberado. Assim que as emoções assumem o controle, o constrangimento começa a aumentar; quando o constrangimento aumenta, o espírito perde o controle.

Temos de saber a diferença entre o tremor do espírito e o tremor que brota das emoções, da alma. Precisamos desenvolver o primeiro e evitar o segundo. Quando vamos às reuniões, devemos estar cheios de tremor, mas certamente não o tremor do constrangimento da alma. O conhecimento de nossa incompetência e falta de poder nos leva a uma atitude de tremor. Essa atitude nos capacita a olhar para Deus com fé e confiança. O tremor da alma não é assim. Ele olha para os homens. O tremor espiritual nos leva a nos levantar diante de Deus, enquanto o tremor da alma nos leva a olhar para os homens. Quando o constrangimento que procede da alma se levanta, nosso espírito imediatamente fica ferido. Ele se torna inútil e incapaz de ser liberado.

Portanto, um evangelista não deve dar lugar a nenhum constrangimento. Através dos séculos, aqueles que são usados por Deus na pregação do evangelho são os que estão livres do constrangimento. Quanto menos constrangido o evangelista é, mais seu espírito é poderoso. Quando se levanta para pregar, o ministro não se concentra no céu, na terra ou nas pessoas. Ele fala daquilo que tem no coração. Não presta atenção na atitude correta ou errada da audiência. Essa total ausência de constrangimento é a condição básica para um evangelista e faz seu espírito se erguer. Por isso o ministro da

Alguma Ajuda Para Uma Mensagem Adequada

Palavra deve aprender a não se constranger. Se ele se levantar para pregar a Palavra de Deus e tiver medo das pessoas – medo de elas não darem ouvidos às suas palavras, medo disso ou medo daquilo – tal atitude invariavelmente deixará seu espírito ferido e impedirá a sua liberação. Seu homem interior não é suficientemente forte para enfrentar aquele desafio. Ele ficará debilitado.

Suponha que o pregador tenha plena consciência de que seus ouvintes são mais velhos e mais experientes do que ele, ocupam posições mais elevadas, são mais esclarecidos e inteligentes do que ele; como ele poderá ser bem sucedido em sua pregação? Quanto mais ele fala, mais fica trêmulo. Ao pregar, se você tornar as pessoas maiores do que elas são, ao mesmo tempo tornará a Palavra de Deus menor do que ela é. Entretanto, se você se concentrar primeiramente no evangelho, sua consciência das pessoas ficará sob controle. O espírito do evangelista precisa ser liberado.

Ele não deve desenvolver uma consciência de auto-humilhação, pois isso reduz o poder da Palavra de Deus, além de enfraquecer e esvaziar seu próprio espírito. Medo dos homens não é humildade; trata-se de um sentimento de auto-humilhação que provém da alma. A humildade espiritual vem por meio da iluminação de Deus e do real conhecimento de si mesmo, enquanto o sentimento de auto-humilhação é resultado de olhar para os homens, de comparar-se com outras pessoas, do medo dos homens. Sob certas circunstâncias, as pessoas que nutrem sentimentos de auto-humilhação assumem uma atitude de orgulho. Essa atitude jamais pode ser confundida com humildade. Ela fere o espírito e o deixa inutilizado.

Sempre que você se levantar diante dos homens, por um lado deve ter uma atitude de temor e tremor e por outro lado uma atitude de coragem e segurança. Precisa de ambos; a falta de um desses dois ferirá seu espírito. Um espírito ferido desqualifica o indivíduo como ministro da Palavra.

2. O Espírito e as Palavras não Devem Perder o Contato

Talvez a sua mensagem seja dividida em três ou quatro pontos principais; talvez haja cinco ou seis textos bíblicos. A ordem na qual você organiza cada tópico pode afetar a liberação do espírito. Você tem a mensagem, mas se atrapalhar a ordem que o espírito tenciona adotar, pode impedi-lo de ser liberado enquanto fala. Uma das maiores dificuldades na pregação é quando o espírito e as palavras perdem o contato. Algumas palavras devem ser apresentadas em primeiro lugar, mas são colocadas em último – e vice-versa. Quando isso acontece, o pregador sente que está falando a coisa certa, mas seu espírito fica retido.

Além disso, às vezes é necessário transferir algumas palavras de um tópico para outro à medida que a linha de pensamentos assume uma outra direção. Nesses momentos, algumas coisas podem ocorrer. As palavras podem continuar a fluir, mas o espírito pode não fazer a mudança. O espírito pode ficar para trás e se separar das palavras. Assim, quando há uma alteração na linha de raciocínio, é preciso manter o espírito em contato com as palavras. Suponha que o pregador empregue mal uma passagem das Escrituras. Seu espírito não conseguirá fazer a transição e como resultado perderá o contato com o fluxo das palavras. Esta questão é extremamente séria.

Para aqueles que aprenderam pouco diante de Deus, a principal questão é o espírito ferido; para os mais experimentados, porém, a principal dificuldade está na perda do contato entre o fluxo das palavras e o espírito. Quando o indivíduo está começando a aprender, muitas vezes fere seu próprio espírito; na hora de pregar, sente dificuldade na liberação. Depois de um tempo mais longo de aprendizado, seu problema não será mais o espírito ferido; em vez disso, o problema será manter o contato entre o espírito e as palavras.

Não é fácil manter esses dois elementos constantemente em contato durante a pregação. Às vezes a mensagem não começa bem e a palavra perde o contato com o espírito logo no início. Em outras ocasiões a ordem dos tópicos é confusa; as palavras são proferidas, mas o espírito se cala. O contato entre as palavras e o espírito é mais facilmente perdido nos momentos de transição. Quando o fluxo das palavras faz a transição, nosso pensamento pode não ser adequado, nosso espírito pode não estar suficientemente ativo e nossos sentimentos podem não ser sensíveis o bastante para acompanhar; o resultado é que as palavras seguem adiante enquanto o espírito fica para trás. O contato é perdido. Temos de aprender a permitir que o espírito acompanhe as palavras. Assim que sentimos que houve uma perda de contato, temos de imediatamente tentar recolocar as palavras na posição anterior.

Nosso espírito é altamente sensível. Às vezes, mesmo depois de colocarmos o fluxo das palavras na sua ordem original, o espírito continua se recusando a acompanhar, porque foi ferido ao ser deixado para trás. Ele é extremamente delicado; por isso temos de ter extremo cuidado quando pregamos! Precisamos buscar a misericórdia de Deus, a fim de que não haja perda de contato entre palavra e espírito nos momentos de transição. Em cada pregação, temos de fazer cada transição de idéias de acordo com a direção do espírito. Se qualquer erro for cometido, temos de recuar imediatamente. Se mesmo assim o espírito não puder ser liberado, temos de sacrificar aquele tópico da mensagem e tentar localizar onde está a unção, pois ali estará a direção e o fluxo correto das palavras. Então o espírito será liberado.

A transição correta entre os tópicos de uma mensagem depende mais da misericórdia do Senhor do que da organização elaborada pelo pregador. É bem difícil controlarmos a força das palavras e a cooperação do espírito. Não será com base em nosso conhecimento ou experiência que conseguiremos fazer corretamente a transição. Podemos nem saber quando estivermos certos, mas certamente reconheceremos quando estivermos errados. Em questão de minutos o erro se manifestará.

Assim que percebermos que há algo errado, temos de parar. Jamais devemos tentar salvar uma mensagem. Se você sentir que a palavra está à deriva, retorne imediatamente. Outras vezes você poderá sentir como se estivesse numa encruzilhada e não saberá se está certo ou errado. Entretanto, se continuar falando, saberá dentro de poucos instantes. Quando há separação entre palavras e espírito, você percebe que está errado. Embora esteja falando externamente, seu espírito permanece imóvel. O espírito é de fato muito sensível; o menor erro o faz ficar imóvel. Não podemos empurrá-lo para fora. Quando ele se imobiliza durante a pregação, temos de retornar à posição anterior e começar de novo. Como podemos saber se as palavras estão certas ou erradas? Podemos julgar avaliando se o espírito as acompanhou ou não. Enquanto pregamos, sabemos que estamos falando a coisa certa enquanto sentimos que nosso espírito está sendo liberado; quando isso não ocorre, há algo errado. Trata-se da restrição que o Espírito Santo exerce sobre nós.

Temos de reconhecer que humanamente somos impotentes; cada vez que pregamos, temos de nos sujeitar totalmente à misericórdia de Deus. Não podemos controlar o Espírito de Deus em nossas pregações, nem por cinco minutos. E sem Ele, facilmente podemos pegar a direção errada. É algo que está fora do controle do conhecimento e da sabedoria humana e não pode ser controlado pela experiência. Por isso, se em nossa vida diária nós recebermos a misericórdia de Deus, aprendendo a confiar inteiramente nela, então no momento da pregação descobriremos, surpresos, que está tudo certo. Novamente enfatizamos que é a misericórdia de Deus, porque ninguém pode, por si mesmo, se manter no caminho certo. É uma questão controlada pelo Mestre e não pelo servo; é algo que não podemos fazer – que só o Senhor pode. A despeito do nosso conhecimento e experiência, devemos nos submeter sem reservas à misericórdia do Senhor; caso contrário, na pregação, podemos manter a direção certa durante cinco ou seis minutos, mas depois podemos nos desviar.

O ministro da palavra deve saber que na pregação o mais importante não é a transmissão das palavras, mas sim a liberação do espírito. As palavras são pronunciadas a fim de que o espírito seja liberado. A responsabilidade do ministro não é meramente transmitir a mensagem, mas sim a liberação do espírito. Se você apenas transmitir palavras, não cumpriu a tarefa de ministro da Palavra; você só cumpre o papel de ministro da Palavra quando libera o espírito junto com as palavras. O teste mais difícil é avaliar o grau em que o espírito dos pregadores é liberado nas mensagens de hoje. O mais maravilhoso é isso: quanto mais o espírito é liberado, mais leve o pregador se sente depois; ele tem a consciência de que foi usado pelo Senhor.

Quando o espírito é liberado, o pregador não precisa se preocupar com os resultados, pois é Deus quem cuida disso. Se as pessoas serão salvas ou se serão ajudadas está nas mãos de Deus e não nas mãos do pregador. O sucesso depende Dele, não de nós. Para nós, servos, há somente um resultado palpável: durante a pregação e depois dela, se sentirmos que a carga foi aliviada, saberemos que o Senhor foi gracioso para conosco.

A alegria de um ministro da Palavra não é a quantidade de palavras que ele fala, nem o assentimento das pessoas que ouvem, nem a expressão delas ao serem tocadas – sua alegria é a liberação do espírito. Quando o espírito é liberado, o peso interior é aliviado. Quando o espírito é liberado, o coração do pregador fica alegre. Ele sabe que cumpriu seu dever e que fez isso corretamente. Se a palavra for pronunciada, mas o espírito ficar retido, então o pregador terminará sentindo o mesmo peso que sentia antes. Ele pode gritar e esbravejar até seu corpo ficar exausto, mas retornará para casa sentindo-se derrotado porque o espírito foi bloqueado. A razão da pregação é aliviar a carga e liberar o espírito. Quanto mais ele for liberado, mais leve e feliz o pregador se sentirá depois.

Com a liberação do espírito se processa o ministério da Palavra de Deus. Sem essa liberação, a pregação não é a Palavra de Deus; trata-se apenas de uma imitação. Sempre que a Palavra de Deus vem sobre nós, inevitavelmente nosso espírito se mobiliza. Somente os pregadores tolos buscam frutos e a aclamação dos homens. Os tolos admiram suas próprias palavras e não tocam o espírito. Se o pregador for tolo a ponto de desejar permanecer na ignorância, ficará satisfeito com a excelência de suas próprias palavras, esquecendo que palavras desprovidas de espírito são totalmente vazias.

Conseqüentemente, temos de vigiar para que o espírito seja liberado quando pregamos. Tal vigilância nos ajudará a manter o contato entre o espírito e o fluxo das palavras. A falta de vigilância pode resultar na perda do contato. A ruptura negativa em geral é causada pela falta de vigilância; a manutenção positiva do contato é efetuada por meio da misericórdia de Deus. O espírito deve sair junto com as palavras. Sua liberação torna a palavra objetiva e a ajuda a alcançar seu máximo potencial. Por um lado precisamos ser vigilantes e por outro lado temos de buscar a misericórdia de Deus. Se tentarmos organizar nossas mensagens e fazer as transições por nossa própria conta, estaremos em apuros. Quando o pregador fica orgulhoso por causa da sua mensagem, o resultado só pode ser um: embora ele possa pregar bem, não tem um ministério da Palavra. Ele pode se sentir envaidecido depois das pregações, mas jamais poderá dizer que ministrou a Palavra de Deus. Os tolos são orgulhosos. Não esqueçamos que somente pela misericórdia de Deus a palavra mantém um contato permanente com o espírito.

3. O Espírito Segue a Palavra e a Palavra Segue a Unção

Há duas formas de pregar. Uma delas é liberar a palavra junto com o espírito. A outra é ter a unção e o espírito com antecedência e a palavra segue essa unção. São duas formas diferentes nas quais nosso espírito e as palavras se unem na pregação.

Quando pregamos, sempre há a possibilidade de que Deus queira que liberemos certas palavras específicas. Ele encherá nosso espírito com essas palavras. Nós juntamos nosso espírito às palavras e as enviamos uma a uma. Como ministros, nós exercitamos nossa vontade liberando as palavras junto com o espírito. Quando as palavras são pronunciadas o espírito sai junto com elas. Usamos o espírito para impelir as palavras e o espírito vai junto com elas. Quando as palavras chegam às pessoas, o espírito também move-se sobre elas. Mediante a misericórdia de Deus, esta forma de pregação pode ser bem efetiva. As palavras são fortes e o espírito é elevado. A boca profere as palavras enquanto o coração libera o espírito. Esta é uma forma.

Há outra forma: antes de pregarmos, o poder de Deus vem sobre nós – a unção está sobre nós. A unção precede as palavras. Sob a influência desse poder, nós pregamos de acordo com a unção. A unção flui de nós, e nossas palavras seguem atrás. Sempre que há algum sentimento no espírito, aprendemos a falar de acordo com ele. Nessa forma de pregação o espírito flui sem cessar. O benefício especial é que você jamais estará errado, porque a unção sempre antecede as palavras.

Sua forma de notar a audiência será diferente nessas duas formas. Na primeira forma de pregação você observa a audiência, nota as expressões faciais e observa as condições gerais; na segunda forma de pregação você não pode prestar atenção na audiência porque deve se concentrar no espírito, esperando a unção. Você é como um observador parado à porta. Assim que enxerga a unção, as palavras imediatamente seguem atrás. Você simplesmente deixa a unção fluir, ignorando completamente a expressão, as atitudes e reações das pessoas. Sob o poder da unção você fala uma palavra depois da outra. Nessa forma de pregação, se você tiver de voltar seus pensamentos para a audiência, a unção seria imediatamente interrompida e incapacitada de fluir.

Todo aquele que aprende a pregar no espírito precisa aprender essas duas formas de pregação. Às vezes, pela misericórdia de Deus, você fala por meio dos seus pensamentos e ao mesmo tempo solta seu espírito junto com as palavras.

Alguma Ajuda Para Uma Mensagem Adequada

Em outras ocasiões o Senhor pode levá-lo a reunir suas forças esperando pacientemente no espírito, ao qual Ele dará a unção que liderará o caminho. Primeiro vem a unção e a seguir você é capaz de conceber as palavras apropriadas para expressar os sentimentos interiores. A unção vai adiante; as palavras seguem logo atrás. Quando você fala, pode ver a expressão das pessoas na audiência; apesar disso, você não sente nada, já que todo o seu ser está concentrado na unção. Tal liberação do espírito leva os filhos de Deus a tocarem o espírito. O ministro da Palavra deve usar as duas formas de pregação.

A melhor condição para o ministério da Palavra é falar de acordo com a unção, mas soltar o espírito nos momentos mais importantes. Falar na unção serve como fundamento. O pregador pronuncia as palavras de acordo com a unção, ignorando completamente qualquer reação por parte dos ouvintes. A unção está com ele, e assim ele encontra as brechas por meio das quais pode introduzir as palavras. Entretanto, durante o tempo da pregação ele pode acrescentar a outra forma de pregar, pois deseja que a audiência experimente bênção ou quebrantamento. Por isso ele solta o espírito junto com as palavras. Quando o poder da unção flui, o espírito do pregador e o conteúdo das palavras fluem simultaneamente. Naquele momento, então, ele vê a graça do Senhor. Você é capaz de dar revelação à audiência quando deseja; é capaz de abençoá-la ou levá-la ao quebrantamento.

Pregar para fazer as pessoas entenderem é o ministério da Palavra em seu nível mais básico. Quando ele é revelado em seus níveis mais elevados, as pessoas enxergam e se prostram. A reação das pessoas – se entenderão a mensagem ou se enxergarão e se prostrarão – depende da disposição do pregador de pagar o preço. Quando ele está pronto para gastar e ser gasto, as pessoas receberão bênção. Com a unção, mais a liberação do espírito, os ouvintes não poderão fazer outra coisa a não ser se prostrar.

O preço que você está disposto a pagar pode ser um fator decisivo aqui. A questão básica para um ministro da Palavra é exercitar o espírito. Temos de prestar bastante atenção diante do Senhor. O homem exterior necessita ser quebrantado, porque esta é a única forma de termos um espírito pronto para ser usado. O quebrantamento do homem exterior é o que o Espírito Santo deseja fazer na nossa disciplina. Temos de permitir que Ele opere em nós. Se não houver desobediência ou resistência à Sua disciplina, inevitavelmente Ele quebrantará nosso homem exterior e tornará o homem interior utilizável.

4. O Pensamento deve Estar sob o Controle do Espírito

Na pregação, a questão do pensamento é digna de nota. Ela ocupa um lugar de destaque no ministério da Palavra. Se as suas faculdades mentais forem eficientes, você é capaz de organizar seus pensamentos de forma que o espírito seja liberado enquanto você fala. Caso contrário seu espírito simplesmente não poderá ser liberado. Nenhum pregador deve ser descuidado ao guardar sua mente. Ela é tão preciosa para ele quanto as duas mãos são importantes para um pianista. Na vida cotidiana, você deve se acostumar a permitir que o Espírito do Senhor use livremente seus pensamentos. Não devemos permitir que nossos pensamentos fiquem soltos e desgovernados. Coisas irracionais e sem sentido não devem ocupar nossa mente, nem questões irrelevantes devem ser objeto de nosso exercício mental.

Não quer dizer que o pensamento seja a fonte da palavra. Se um pregador fala de acordo com o que ele pensa, seu pensamento deve ser condenado e totalmente desmantelado. Se um pregador acredita que pensou profundamente na Bíblia e por isso pode ensinar, deve ser desqualificado. Todas as noções que não emanam do espírito devem ser destruídas. Todas as mensagens que têm sua origem no pensamento humano devem ser rejeitadas.

Isso, porém, não deve ser confundido com a aniquilação do pensamento humano. Todos os livros do Novo Testamento foram escritos com pensamentos humanos por trás deles. Por exemplo, vemos como são abundantes os pensamentos de Paulo em sua Epístola aos Romanos e mesmo assim é uma carta nobre. Essa epístola não se originou na mente humana, mas sim no espírito do apóstolo; e seus pensamentos seguiram atrás. A fonte deve ser o espírito, e não o pensamento. Por isso devemos tomar constante cuidado dos nossos pensamentos, para que possam ser usados por Deus no tempo oportuno. Por isso, não devemos nos apressar em condenar os pensamentos humanos. Devemos condenar os pensamentos somente quando eles se tornam a fonte da mensagem. Se um pregador fala com base em sua mente, sua mensagem deve ser condenada. No entanto, é normal o espírito usar os pensamentos e por isso eles não devem ser julgados erroneamente.

Quanto mais espiritual for a mensagem, mais plenos devem ser os pensamentos. Todas as mensagens espirituais são cheias de idéias nobres e profundas. Quando o espírito é liberado, ele exige pensamentos plenos e ricos. Nossa mente deve assumir seu lugar correto no ministério da Palavra. É nossa mente quem determina que palavras devem ser ditas em primeiro lugar e quais devem vir depois. Que palavra o espírito usará primeiro, e assim por diante. Nossas palavras seguem nossos pensamentos.

Ora, nós sabemos que o espírito não comanda diretamente as palavras. Se fosse assim, estaríamos falando em línguas. Em geral nosso espírito dirige as palavras por trás do entendimento de nossa mente. Este processo é conhecido como ministério da Palavra. Por isso o nosso entendimento é útil para Deus. No caso de ele não ser útil, o espírito fica obstruído e perde o contato com as palavras. É o nosso pensamento que faz a conexão entre as palavras e o espírito.

Precisamos vigiar cuidadosamente nossos pensamentos diante de Deus. Eles precisam ser diariamente renovados. Não devemos permitir que nossa mente adquira o hábito de se ocupar com questões irrelevantes, pois isso nos impediria de sermos usados pelo Espírito Santo. Temos de manter nossos pensamentos santos. Assim alcançamos a realidade da consagração no ministério da Palavra. Consagração significa apresentar todos os nossos pensamentos ao Senhor, para o Seu uso. Significa oferecermos todos os nossos pensamentos a Deus. Diariamente temos de estar vigilantes ou nossa mente se habitua nos níveis inferiores e torna-se incapaz de alcançar os níveis mais elevados quando necessário. Treinemos diariamente nossos pensamentos para o uso do Espírito Santo; não devemos permitir que se tornem um obstáculo para o nosso próprio espírito. Que Deus dirija nossa mente para que depois possamos pensar nas coisas que devem ser ditas primeiro, e assim por diante. Nossa palavra é governada pelo nosso pensamento e nosso pensamento é dirigido pelo nosso espírito. É nessa ordem que as palavras devem ser pronunciadas.

5. O Auge da Palavra
versus o Auge do Espírito

Na pregação, é fácil sabermos quando as palavras alcançaram seu auge, mas não é fácil reconhecermos o auge do espírito. O auge da palavra é conhecido pelo nosso pensamento; o auge do espírito está além do conhecimento do nosso próprio pensamento.

Um ministro da Palavra deve notar a diferença entre o auge da palavra e o auge do espírito. Se a nossa condição espiritual estiver correta, veremos com muita clareza o tipo de palavra especial que recebemos de Deus; quer dizer, certas palavras são muito elevadas, enquanto outras se mantêm no nível ordinário. Isso é algo que sabemos e por isso, enquanto pregamos, nosso alvo deve ser alcançar esse auge das palavras. No entanto, o auge das palavras pode não ser o auge do espírito. Às vezes os dois coincidem; outras vezes podem ser diferentes. Isso torna o ministério da Palavra mais complicado. No caso onde há coincidência desses dois auges, o ministro só precisa cuidar para que suas palavras se elevem continuamente em direção ao auge, pois seu espírito é liberado junto e será tão forte e poderoso quanto elas. Outras vezes, porém, as palavras alcançam o auge, mas o espírito é estranhamente obstruído – ou vice-versa.

O que devemos fazer quando o auge do espírito e o das palavras não coincidem? Tenhamos em mente que é nesses momentos que nossos pensamentos devem entrar em ação. No ministério da Palavra, nossos pensamentos precisam ser ternos, e não rígidos. Nossos pensamentos devem realmente estar concentrados nas palavras, mas mesmo assim eles devem ser usados pelo Espírito Santo. Eles devem ser eternos e flexíveis a ponto de poderem receber qualquer elemento inesperado. No ministério da palavra muitas vezes nós nos deparamos com situações inesperadas. Deus pode desejar falar algo mais, fora do que foi preparado; pode querer acrescentar algumas palavras; ou o Espírito Santo pode desejar fazer algo incomum. Se o nosso pensamento for rígido e inflexível como ferro, não será capaz de receber as palavras adicionais do espírito; assim, ficaremos presos em nossas próprias palavras. Poder alcançar o auge das palavras, mas não chegamos ao auge do espírito. Nosso ministério será comum e sem eficácia. É bem difícil explicar tal experiência, mas mesmo assim certamente nós entenderemos quando ocorrer. Lembremos apenas que um ministro da Palavra deve ter toda a sua capacidade mental disponível para a Palavra e ao mesmo tempo seus pensamentos devem ser ternos e ativos diante de Deus, de modo que sempre que o Espírito Santo indicar algo mais, eles sejam flexíveis o bastante para acompanhar. Então o pregador conseguirá alcançar o auge do espírito enquanto fala.

Por isso, quando nos levantamos para pregar, nossa mente deve estar aberta e flexível diante de Deus e nossa atitude deve estar pronta para aceitar qualquer elemento inesperado. Somente assim poderemos entender o que Deus tenciona fazer naquele momento. O pregador deve ter a expectativa de que coisas inesperadas acontecerão. Coerentemente, deve aprender a testar o próprio espírito, bem como o Espírito de Deus. Se depois de dizer algumas palavras o pregador sentir que seu espírito foi liberado, seu pensamento deve tentar acrescentar mais palavras, a fim de liberar mais seu espírito. Quando ele diz uma palavra e o espírito flui copiosamente, ele deve seguir o fluxo e acrescentar palavras adicionais. Enquanto ele fala, sua mente busca o centro do espírito. Quando ele alcança esse centro, seus pensamentos tentam acrescentar palavras adicionais, a fim de que mais espírito seja liberado, e assim por diante. Em outras palavras, sempre que as palavras liberam o espírito o pensamento não deve tentar mudar a direção. Os pensamentos e as palavras devem seguir a tendência juntos. Quanto mais o pregador fala, mais unção ele recebe e mais espírito é liberado e a palavra se torna mais forte. Assim é alcançado o auge do espírito.

Como já dissemos, às vezes os dois auges coincidem, mas não é sempre. Se o espírito alcança seu auge antes das palavras, não há nada que o pregador possa fazer. No entanto, se as palavras alcançarem primeiro o seu auge, o pregador pode fazer algo para liberar mais espírito. É como tentar encontrar um alfinete que caiu no chão. Podemos usar um ímã, o qual vamos movendo em torno de onde o alfinete caiu, até que este é atraído. Da mesma maneira, usamos nossas palavras para testar o espírito. Se uma palavra falha em ativar o espírito, tente outra palavra. Por meio da experiência, você saberá quando a palavra funcionou. Você conseguirá detectar o delicado movimento do Espírito Santo. Você fala por meio dos seus pensamentos; você usa suas palavras para testar se o Espírito Santo está satisfeito com a mensagem. Se Ele estiver satisfeito, você saberá. Ao seguir adiante, acrescentando mais palavras à mesma linha, você sentirá que o espírito está sendo liberado. Em tais circunstâncias os pensamentos governam as palavras e as acompanha com força, sem se desviar, mas seguindo em linha reta para frente. Palavras puxarão outras palavras e o espírito será mais e mais liberado até que você alcança o seu auge na pregação.

Portanto, temos de aprender como experimentar essa ou aquela palavra, avaliando qual delas liberará melhor o Espírito Santo na vida dos ouvintes. Quando a palavra atinge o ponto certo, então quanto mais você fala, mais o espírito é liberado e mais abundante é a unção e mais exatas são as palavras. Gradualmente a palavra o levará ao auge do espírito, o qual é o clímax de toda a mensagem. Quando você sente a presença do Espírito do Senhor e Sua bênção, mais tem a certeza de que está tocando o âmago da mensagem daquele dia. Se o espírito for forte, você poderá ser capaz de continuar pregando muito tempo depois que o auge for alcançado. Entretanto, se o seu espírito não for suficientemente forte, depois de um tempo você terá de mudar de direção ou a sua mensagem se tornará flácida. Então, o problema aqui é a força do espírito. Quanto mais forte for o espírito, mais tempo o auge poderá ser mantido. Apesar disso, o pregador não deve se esforçar demais para manter o auge. Sempre que o espírito estiver faltando, mesmo que as palavras ainda estejam fluindo, é hora de finalizar.

Resumindo, nossa mente deve estar centrada e deve ser ajustável diante de Deus. Ela deve estar tão concentrada que não poderá pensar em mais nada, mas ao mesmo tempo deve ser tão flexível a fim de poder receber qualquer elemento inesperado. Guarde-se contra o perigo de estagnar os pensamentos numa posição fixa, pois isso o atrapalhará se tiver de receber algo inesperado que o Senhor queira compartilhar. É necessário que exercitemos nossos pensamentos diariamente na cooperação com a Palavra de Deus e o movimento do espírito, a fim de que nas pregações nossas palavras possam se elevar e alcançar o auge do espírito.

6. A Memória Deve Ser Perfeita

Ao ministrarmos a Palavra, nossos pensamentos controlam nossas palavras. Nós falamos de acordo com aquilo que pensamos. Entretanto, precisamos de material para os pensamentos. Ninguém pode elaborar um pensamento a partir do nada. Nossos pensamentos são baseados em nossa memória. Aquilo que aprendemos e experimentamos em nossa vida cotidiana torna-se a matéria-prima para nossas palavras. Esse material é acumulado por meio do tratamento do Senhor em nossas circunstâncias ordinárias. Aquilo que o Senhor edifica e destrói em nós serve de material armazenado.

Nós passamos a vida toda acumulando experiência, disciplina, doutrinas e ensinamentos da Bíblia. Um dia, quando nos levantamos para pregar em nome do Senhor, o Espírito de Deus exercita nossa mente e ela lança mão daquilo que está armazenado na nossa memória. Em outras palavras, o Espírito Santo dirige o pensamento, que por sua vez regula as palavras. Nosso pensamento fornece o material para nossas palavras – e este material baseia-se em nossa memória. Se tivermos pouca experiência, não teremos nada para lembrar posteriormente. Não podemos lembrar aquilo que não vivenciamos. O material armazenado em nossa memória supre nosso pensamento e este, por sua vez, supre nossa palavra. Por trás das palavras há um pensamento bom e significativo, baseado na memória. Nada do que falamos é novo; tudo se baseia nas experiências passadas.

A palavra depende do pensamento, o pensamento depende da memória e a memória depende da experiência. Quando você se levanta para pregar, seleciona material útil retirado de sua experiência de vida. Sua experiência de vida parece um reservatório. O Senhor fez você passar por muitas circunstâncias. Ele lhe deu muitas lições e muitas verdades. Tudo isso fica armazenado no reservatório de sua experiência. Quando você prega, suas palavras baseiam-se nessas experiências. Como funciona? As palavras procedem dos pensamentos, mas os pensamentos colecionam material do estoque das experiências por meio da memória. Somente sua memória pode entrar no estoque de suas experiências e selecionar material adequado.

A memória é como um armazém; somente ela pode trazer de volta o que você aprendeu e armazenou no passado. Então a sua mente organiza esse material e o apresenta numa certa ordem. Assim, reconhecemos a importância da memória. Todo ministério da Palavra começa com o Espírito Santo. Quando Ele deseja falar, usa nossos pensamentos. Qualquer que seja a mensagem que deseja transmitir, Ele sonda nossos pensamentos para ver se são utilizáveis, se seremos capazes de suprir a palavra apropriada e se seremos capazes de seguir a ordem adequada das palavras. Cada vez mais nós descobrimos a incapacidade de nosso próprio cérebro. Não conseguimos conceber a palavra que o Espírito Santo deseja comunicar; em vez disso, concebemos as palavras que Ele não deseja usar. Nenhum ministro da Palavra pode ser orgulhoso, pois ao ministrar ele reconhece sua própria incapacidade. É como o motor de uma máquina, quando uma peça que não se encaixa. Às vezes nós sentimos que estamos bem adaptados. Nossa mente é capaz de suprir as palavras que o Senhor deseja comunicar. No entanto, esta não é a nossa experiência mais constante. Com freqüência nossa mente não é utilizável. Nossos pensamentos são muito insensíveis e não conseguem suprir a palavra que o Espírito Santo deseja.

Temos de reconhecer que o Espírito Santo dirige os pensamentos e os pensamentos dirigem a palavra. Sem a direção do Espírito Santo, nossa mente humana é totalmente incapaz de dirigir as palavras. Mesmo assim, quando ela tenta dirigir as palavras, descobre que depende da memória. O pensamento não concebe as palavras, apenas lembra delas. Essas palavras não serão concebidas milagrosamente; pelo contrário, devem ser coletadas de um armazém. O Espírito Santo dirige os pensamentos, os quais, por sua vez, extraem da memória as palavras que devem ser proferidas. Se a memória for boa, o suprimento sempre estará à mão. Enquanto pregamos, o Espírito Santo nos capacita a lembrar o que aprendemos no passado. Subitamente Ele extrai algo em particular de nossa memória e traz para a mente, de modo que podemos reformular os eventos e expressá-los em forma de palavras.

Muitas experiências são armazenadas na memória, talvez com umas poucas palavras. Se no momento da pregação nossa mente estiver especialmente dispersa, não podemos lembrar como deveríamos e isso afetará a liberação do espírito. Se qualquer parte de nosso ser não estiver pronta para ser usada, o espírito fica bloqueado. O indivíduo pode pregar, mas seu espírito não é liberado, pois para a sua liberação é necessário que haja uma mente e uma memória perfeitamente utilizáveis. Se o nosso pensamento ou a nossa memória estiverem um pouco defeituosos, o ministério da Palavra é afetado. Esta questão é muito séria.

Suponhamos que o Senhor deseja que você fale algo hoje. Podem ser sete ou oito palavras. Você se sente temeroso, com medo de esquecer as palavras e por isso se esforça ao máximo para memorizá-las. Quando você chega ao local de reunião, fica repetindo para si mesmo que não pode esquecer aquelas palavras. Seu coração fica totalmente ocupado com isso. Para sua surpresa, porém, seu espírito não é liberado quando você começa a falar.

Não há utilidade em memorizarmos algo apenas com o cérebro. As palavras tornam-se vazias, pois o espírito fica inativo. A memória de um ministro da Palavra deve ser bem natural. Se houver qualquer empecilho sobre ela, torna-se inútil para o uso do Espírito Santo – para aquilo que Ele deseja falar. O ministro precisa ter uma boa memória, bem como uma boa capacidade de raciocínio. Se um fio elétrico estiver partido em qualquer ponto, a corrente elétrica é interrompida; da mesma forma, se houver qualquer interrupção em nossa memória, o Espírito Santo não pode ser liberado. No entanto, não podemos encarar a memória ou os pensamentos como a fonte primária de nosso ministério. Somente quando o Espírito Santo é a fonte nossa memória e pensamentos se tornam úteis. Sob a iluminação do Espírito, nós percebemos o quanto os nossos pensamentos, nossa memória e eloqüência são inadequados. Portanto, devemos pedir ao Senhor que transforme nossa memória na memória do Espírito Santo a fim que ela sirva aos propósitos divinos. O fato de conseguirmos ou não lembrar daquelas poucas palavras que recebemos do Senhor fará uma enorme diferença no resultado final do nosso ministério. Se elas puderem ser lembradas, então a mensagem fluirá e o espírito será liberado. Caso contrário, seremos suprimidos como se estivéssemos debaixo de um grande peso; as palavras e o espírito não serão liberados.

Temos de reunir tudo aquilo que será usado pelo Espírito Santo. Temos de coletar tudo o que aprendemos, lemos, ouvimos e observamos sobre o assunto, por meio de revelação e por meio das experiências da vida, disponibilizando tudo para o Espírito. Isso pode ser comparado com um homem que trata de fechar todas as janelas para não se distrair com os ruídos e atividades do lado de fora da casa. Ele oferece tudo o que tem ao Espírito Santo para que seja plenamente usado. Num ministério relativamente sólido, tal indivíduo reúne toda a sua vida para que seja usada pelo Espírito durante vinte ou trinta minutos. Ministério custa caro. Cada liberação do espírito exige um preço. O homem exterior deve ser calado; todas as janelas que nos colocam em contato com o mundo exterior devem ser fechadas. O pregador reúne todas as suas lembranças e tudo o que tem para que seja usado pelo Espírito Santo de acordo com a oportunidade e a necessidade. Assim é um ministério sólido. Não deve haver interferência, nem dispersão, nem descuido. Se você nunca pregou a Palavra, então é provável que nunca em sua vida reuniu tantos elementos para serem usados pelo Espírito. É nessa ocasião que a memória tem sua melhor utilidade. A fim de ter muitas memórias armazenadas, você precisa receber muitas lições diante de Deus e passar por muitas experiências. O ministério da Palavra baseia-se na disciplina do Espírito Santo; sem ela você não terá material para as pregações. Se você estocou material por meio da disciplina do Espírito Santo, sua memória pode trazer elementos conforme a necessidade. Se, porém, você tiver recebido pouca disciplina e aprendeu muito pouco, sua memória não terá como ter material suficiente em estoque para suprir a necessidade do Espírito Santo.

Por isso a riqueza do ministério depende da abundância da disciplina e do aprendizado. Quando há abundância, a memória naturalmente tem muito estoque para suprir os pensamentos, e o pensamento tem bastante material para transformar em palavras. Deve haver substância nas palavras. Não devemos pronunciar frases vazias. Temos de colocar tudo o que aprendemos nelas, por meio da memória. Se o Espírito Santo estiver no comando, tudo o que aprendemos em nossa vida terá alguma utilidade.

7. Os Sentimentos e as Palavras Devem Ser Apenas Um

Quando pregamos, precisamos usar nossos sentimentos. O espírito não será liberado a menos que haja unidade entre nossos sentimentos e nossas palavras. Quando nossos sentimentos têm alguma reserva em relação às palavras que o espírito deseja usar, a mensagem será obstruída e o espírito ficará retido. Muitas vezes descobrimos que nossos sentimentos estão relutando. Quais são essas relutâncias? Às vezes temos um sentimento de timidez, ou um sentimento de medo das críticas. Podemos sentir a frieza das pessoas para conosco e a oposição contra nós. Todos esses elementos diminuem o que poderíamos dizer, pois impedem que misturemos nossos sentimentos às palavras. Temos medo de permitir que nossas emoções fluam junto com as palavras.

Portanto, na pregação temos de soltar nossos sentimentos. Se tiver qualquer relutância, a palavra não poderá fluir e o espírito não será liberado. Se a mensagem exige lágrimas, nós simplesmente temos de chorar. Com muita freqüência a pregação exige lágrimas, mas os pregadores recusam-se a chorar. Os sentimentos e as palavras simplesmente não estão em perfeita unidade.

A casca exterior do homem é muito dura. Se os sentimentos são refreados, o espírito não pode ser liberado. Um dos grandes benefícios do derramamento do Espírito Santo é a liberação das emoções. A liberação das emoções humanas pode originar de duas causas diferentes: o derramamento do Espírito Santo e o quebrantamento. A liberação mediante o derramamento é uma liberação exterior, uma vez que o indivíduo precisa se soltar para que ela ocorra. O quebrantamento também serve como meio de liberação. A disciplina capacita o indivíduo a se soltar mesmo sem derramamento. Um cristão jovem que ainda não recebeu revelações mais profundas precisa do derramamento para conseguir se soltar, embora não devesse depender disso. A coisa mais preciosa é quando a casca exterior do indivíduo é quebrada depois da disciplina diária. Então ele é capaz de se soltar não somente nos momentos de derramamento do Espírito Santo, mas quando isso não ocorre. Em outras palavras, se o Espírito do Senhor está sobre nós e se tivemos disciplina suficiente para quebrar a casca exterior de nossas emoções, então todos os tipos de sentimentos que as palavras exigirem poderão ser liberados por meio de nossas emoções.

Temos de coordenar as palavras com os nossos sentimentos. Se os nossos sentimentos falharem em acompanhar as palavras, o espírito com freqüência será retido. Por que quando a mensagem de Deus exige lágrimas você não consegue chorar? Ou quando exige uma explosão de alegria, você não consegue corresponder? O principal obstáculo é você mesmo. Seus sentimentos foram influenciados pelas pessoas que estão ao redor, de modo que eles não ousam corresponder às palavras. Às vezes você precisa ter uma explosão de alegria para que seu espírito seja liberado. O Senhor Jesus clamou em alta voz: "E, no último dia, o grande dia da festa, Jesus pôs-se em pé e clamou..." (Jo 7.37 – ARC). No Dia de Pentecostes, "Pedro... pondo-se em pé com os onze, levantou a voz..." (At 2.14 – ARC). A pressão do Espírito Santo era tão pesada sobre eles – quer dizer, o Espírito deu-lhes sentimentos tão profundos – que eles falavam mais alto do que o normal. As emoções exteriores e os sentidos interiores estavam unidos. Depois que foram libertados pelos líderes judeus, Pedro e João reuniram-se com os irmãos e "unânimes, levantaram a voz a Deus" (At 4.23-24). A situação naquele momento era extremamente grave e por isso eles pediram que o Senhor olhasse as ameaças que estavam sofrendo e lhes desse toda a ousadia para pregar a Palavra e que o Senhor estendesse a mão para curar e realizar sinais e maravilhas. Isso aconteceu também com Paulo quando ele viu um homem paralítico desde o nascimento. Paulo "disse-lhe em alta voz: Apruma-te direito sobre os pés!" (At 14.10).

Todos esses exemplos mostram que no ministério da Palavra a articulação das palavras deve ser acompanhada pelos sentimentos correspondentes. Se as nossas emoções não forem liberadas, o espírito ficará retido. O próprio Senhor Jesus, a Igreja primitiva, Pedro, João e Paulo – todos tiveram sentimentos suficientemente fortes para levá-los a alterar o tom de voz. A liberação do espírito exige sentimentos fortes. Não estamos tentando convencer as pessoas a gritarem nas pregações; estamos apenas afirmando que quando o espírito do pregador é vibrante, seu tom de voz pode ser alterado. Se não houver sentimentos interiores, mesmo que a voz do pregador ecoe por todo o recinto, não haverá resultado. Alguns pregadores gritam para tentar substituir a falta de espírito. Tudo aquilo que é artificial é inútil. Não deve haver lugar para artificialidade no ministério da Palavra. Os sentimentos interiores devem ser liberados. Jamais devemos imitar sentimentos exteriores. Quando nossas palavras saem, devemos permitir que nossos sentimentos as acompanhem. Para isso, porém, temos de ser quebrantados. Depois que a casca exterior é quebrada, podemos gritar, vibrar de alegria ou chorar de acordo com a ocasião. Tais sentimentos procedem do nosso interior, não são artificiais nem produzidos no exterior. Se o Senhor não puder influenciar os sentimentos daquele que prega, como poderá influenciar aqueles que ouvem? No final a audiência estaria fria, árida e hostil! Cada vez que pregamos, devemos atingir as emoções das pessoas. Se o Senhor não puder nos fazer chorar, também não poderá fazer nossos ouvintes chorarem. Se a pressão dentro de nós não for suficientemente pesada para nos fazer chorar, como podemos esperar que os outros chorem?

A primeira fortaleza na qual a Palavra tem de penetrar somos nós mesmos. Com freqüência, na pregação, sentimos que nossos sentimentos são inadequados. Por quê? Nós não fomos quebrantados. O ministério da Palavra exige um alto preço: o Senhor deve nos quebrar em pedaços. Se formos profundamente afetados pela Palavra sempre que ela nos tocar, nossas reações tornar-se-ão as reações de Deus. Se um profeta "chorão" como Jeremias não foi capaz de fazer os judeus da sua época chorarem, como então um profeta *sem lágrimas* poderia levar a nação às lágrimas? O profeta deve chorar primeiro, para que o povo de Deus possa ser levado às lágrimas. Deus tem prazer em ver um homem quebrantado liberando seus sentimentos na pregação. Portanto, um ministro da Palavra deve aprender como efetuar essa unicidade entre sentimentos e palavras.

8. A Palavra Deve Ser Clara e Elevada

Todos aqueles que estão envolvidos na obra de Deus devem conhecer as características da Palavra de Deus. Somente assim podemos saber como devem ser as nossas palavras para serem usadas por Deus. Colocando de forma mais simples, as palavras da Bíblia têm duas características: podem ser entendidas com facilidade e têm uma alta qualidade. A Palavra de Deus é tão clara que até um cego não errará o caminho, nem mesmo um manco terá dificuldade de caminhar por ela. As parábolas nunca confundem. Deus não tem intenção de tornar Sua Palavra um enigma e por isso ela é clara e compreensível. Aquele que deseja pregar a Palavra deve aprender a falar de forma simples. Nas conversas cotidianas, ele deve cultivar o hábito de falar de modo simples, sem usar frases longas e elaboradas. Observe se as pessoas estão compreendendo ou não o que você está falando. Se elas não entenderem, tente usar uma abordagem diferente. Lembre-se sempre de que a Palavra de Deus é para ser entendida pelos homens, e não para confundi-los. Mateus 13 é uma exceção. A Palavra de Deus ficaria oculta dos judeus porque rejeitaram ao Senhor.

Você deve praticar o poder da fala. Se você recebeu luz num espaço de cinco minutos, deve passar cinco horas meditando sobre isso. Quando falar, tente perguntar aos ouvintes se estão entendendo. Se eles não entenderem, mude para outra forma de discurso. Você deve aprender a falar até que as pessoas possam compreender o que você diz desde o momento em que começa a falar. Não fale durante meia hora quando as pessoas só entendem cinco minutos. Pelo contrário, fale somente os cinco minutos que elas compreendem. É melhor falar menos do que perder vinte e cinco minutos.

Assim, na sua vida cotidiana, você precisa aprender como usar palavras simples e cultivar o hábito de falar claramente. Nunca caia na tentação de falar longamente. Sempre tente fazer as pessoas entenderem. Peça a Deus que lhe dê palavras simples, ou uma ilustração apropriada que explique o pensamento. A natureza da Palavra de Deus é que ela é compreendida com facilidade. Se a sua pregação tiver uma natureza diferente, você terá problemas. No caso de ter dificuldade de falar com clareza, não tente consertar a situação, mas seja humilde e peça conselho. Aprenda a observar nos primeiros minutos de sua pregação se as pessoas estão entendendo. É melhor ser criticado do que não ser compreendido. Você está falando em nome de Deus, por isso o significado deve ser claro e as palavras devem ser apropriadas. Deus não deseja que Sua Palavra seja um enigma, como algumas parábolas do Antigo Testamento, que só podem ser interpretadas depois de muita pesquisa. Não tenha vergonha de pedir ajuda aos mais experientes. Peça que destaquem onde as suas palavras não são claras, a fim de que você possa melhorar e simplificar a forma de falar.

A Palavra de Deus não somente é compreensível, mas ela também tem alta qualidade. Deus nunca diz nada superficial; quer dizer, Ele nunca diz uma palavra desprovida de espírito, apenas para agradar às pessoas. Um ministro da Palavra deve ser profundamente tocado antes de poder compartilhar a Palavra de Deus. Se a palavra do pregador for de baixa qualidade, ele não poderá tocar a Palavra de Deus. Por isso as mensagens devem manter um padrão elevado de qualidade. Quando diminuímos a qualidade, perdemos o toque divino na Palavra. Visto que as palavras são usadas para introduzir o Senhor dos Exércitos, elas devem ser elevadas. Se um pregador cita uma passagem bíblica e a seguir tenta explicá-la usando palavras de baixa qualidade, como o espírito da Palavra poderá ser liberado? Deus não terá chance de se manifestar por meio da Palavra. É perfeitamente apropriado que você diga a uma criança de dois ou três anos, que está começando a aprender a falar e a ouvir: "Se você se comportar, o Senhor Jesus ficará contente com você e eu lhe comprarei um doce". Agora, porém, suponha que você se levante no púlpito e diga: "Se vocês ouvirem atentamente, o Senhor Jesus ficará contente e hoje à noite eu lhes darei muitas balas". Você compreende o absurdo de tentar persuadir pessoas adultas desse modo? Trata-se de uma abordagem inferior e imatura, infantil demais na linguagem e no raciocínio. Deus espera que Seus servos voem mais alto. Quanto mais você se eleva, maior será o interesse da audiência.

Por isso, um ponto extremamente importante no ministério da Palavra é voarmos alto diante de Deus. Quanto mais alto nós subirmos, mais poder é liberado na Palavra de Deus. Deus rejeita os pensamentos inferiores, a persuasão de baixa qualidade e as metáforas baratas. Voe alto e também seja claro. Às vezes podemos ter ao mesmo tempo uma luz e uma carga: desejamos falar com simplicidade; no entanto, a pressão é tão pesada sobre nós que simplesmente não conseguimos usar termos simples. Se acharmos muito difícil ser simples depois de muitas tentativas, como podemos falar de forma simples se nunca tentamos aprender? Temos de cultivar o hábito de falar de forma simples, clara e compreensível e ao mesmo tempo voando alto a fim de que a Palavra de Deus seja liberada.

Fazendo constante progresso

É mais difícil pregar hoje do que era há cem anos, mais difícil para nós do que foi para Martinho Lutero, há cerca de quatrocentos anos. A Palavra de Deus é liberada de forma progressiva, tocando cada vez alto à medida que é liberada. Uma vez que Deus já falou conosco e nos levou até certo ponto, não podemos recuar na hora da pregação. Nosso alvo deve estar adiante. O Senhor disse: "Meu Pai trabalha até agora, e eu trabalho também" (Jo 5.17). Deus nunca cessa de trabalhar. Ele trabalhou ontem e está trabalhando hoje. Suas obras de hoje são mais avançadas do que as de ontem e Suas obras de amanhã serão mais desenvolvidas do que as atuais – Ele nunca trabalha para menos, mas sempre para mais e mais. Sua obra é progressiva e nunca regressiva. Martinho Lutero descobriu a justificação pela fé; apesar disso, nos últimos cem anos as pessoas entenderam essa doutrina de forma mais plena do que ele. Não se trata de uma afirmação de orgulho, mas somente uma indicação de que a Palavra de Deus é revelada de forma progressiva. Lutero recebeu grande iluminação ao ler a Epístola aos Gálatas, mas os cristãos de hoje enxergam muito mais nesta carta. Se a revelação da Palavra de Deus avançou, como nós podemos retroceder e falar de coisas do passado?

Sabemos que todas as verdades estão na Bíblia, todo o fundamento para a pregação está nela; entretanto, a descoberta da verdade bíblica, a liberação da Palavra e o *insight* da Igreja diante de Deus são elementos progressivos. A cada geração, os filhos de Deus enxergam algo novo. Por exemplo, nos primeiros séculos a Igreja em geral encarava o Reino de Deus como o céu. Nos últimos séculos, porém, este problema foi gradualmente resolvido. O Reino é diferente do céu. Nossa visão é ainda mais clara: o Reino é não somente uma recompensa, mas também tem seus aspectos de domínio e autoridade espiritual. Nós cremos que todas as verdades na Bíblia foram claras na época apostólica. Desde então, elas começaram a ser novamente liberadas. Podemos usar outra ilustração. Hoje nós entendemos mais sobre a ressurreição do que os cristãos do passado. À medida que Deus dá graça à Sua Igreja, a Palavra aumenta em riqueza. Seu propósito é compartilhar mais e mais à Igreja.

Podemos comparar os melhores sermões do segundo e do terceiro século com o ministério da Palavra hoje e descobrir o progresso que foi feito. O Espírito Santo não olha para trás: ele nos leva para frente. Aparentemente a Igreja pode ter muitas dificuldades, mas com Deus ela marcha adiante. Ele completará a Sua boa obra. Ele continua trabalhando. Assim, o ministério da Palavra hoje deve tocar mais profundamente do que no passado. Que possamos ver a infinita graça de Deus derramada sobre a Igreja. Se a Igreja deve alcançar a maturidade e tocar as riquezas de Cristo, o ministério de hoje deve aumentar sua plenitude. Não fique satisfeito com umas poucas palavras descuidadas. Deus deseja nos dar coisas mais elevadas.

PARTE QUATRO
Nossa Atitude Diante da Palavra

Capítulo 18

Nossa Atitude Diante da Palavra

Agora chegamos à quarta e última parte, que trata da nossa atitude diante da Palavra. A Palavra não tem somente seus ministros, mas tem também aqueles a quem é ministrada – os ouvintes. A eficácia ou a deficiência do ministério da Palavra afeta diretamente a audiência. Sem dúvida o próprio ministro carrega grande parte da responsabilidade, todavia os objetos da mensagem também são responsáveis. Para que haja uma real liberação da Palavra, o pregador e a audiência têm de dividir a responsabilidade. A audiência pode atrapalhar a liberação da Palavra e impedir seu fluxo. Há muitos exemplos bíblicos em que os objetos da Palavra são enfatizados. Nossa esperança é adquirir alguns *insights* a partir desses exemplos.

1. O Senhor Esconde Sua Palavra dos Sábios e Entendidos

Primeiro, vejamos Mateus 13. O Senhor estava falando em parábolas, uma vez que Deus não pode se revelar para os "sábios e entendidos" (Mt 11.25). Tais pessoas não podem esperar revelações de Deus e, portanto, não são capazes de receber suprimento da Palavra. Elas não somente são incapazes de receber revelação diretamente de Deus, como também são incapazes de receber revelação por meio do ministério da Palavra. Sempre que há pessoas com atitude de "sábias e entendidas" na audiência, o ministério da Palavra é enfraquecido ou totalmente obstruído. Quanto mais as pessoas se consideram sábias, mais dificuldade têm de receber iluminação. Quanto mais fortemente dependem de si mesmas, mais se afastam da Palavra de Deus.

Uma coisa podemos observar: nas profecias do Antigo Testamento, muitas vezes as palavras estão "fechadas e seladas" (Dn 12.9). Isso mostra que a palavra pode ser liberada ou fechada depois de ser liberada. Não tentaremos explicar aqui o significado desse fechamento nem determinar por quanto tempo ela fica selada. Queremos apenas estabelecer um princípio espiritual que afirma que o homem pode ouvir Deus falando e mesmo assim aquela palavra ficar fechada para ele. Ele pode tocar a Palavra de Deus, mas ela pode continuar selada para ele. Daniel nos mostra o fato da ação de selar, enquanto o Senhor nos mostra suas causas – a sabedoria e o entendimento humano. O Senhor esconde Sua Palavra dos sábios e entendidos a fim de que não compreendam. Assim, o Espírito Santo esconderá a Palavra de todos que se consideram sábios e entendidos, de acordo com a mente divina.

Nossa Atitude Diante da Palavra

Um princípio básico é revelado na Bíblia: depois que o ser humano comeu do fruto da árvore do conhecimento do bem e do mal, a árvore da vida foi tirada do seu alcance. Dali para frente, um querubim com uma espada flamejante guarda o caminho para a árvore da vida (Gn 3.24). Assim que o homem se apossa do conhecimento que procede da árvore do conhecimento do bem e do mal, fica incapacitado de tocar a vida. Tal contato então não somente é impossível, como também proibido por Deus. Esse é o significado do fechamento. Significa mais do que a incapacidade humana; é também a proibição divina. Esta questão é muito séria. Sempre que um indivíduo se concentra no conhecimento, a vida lhe escapa. Tenha em mente que quando você se gaba de sua sabedoria e do seu entendimento, considerando-se superior, a Palavra de Deus está escondida de você. Você não a percebe, vê vagamente, mesmo quando deseja intensamente. Esse é o selo de Deus. Lembremos que o Senhor Jesus orou: "Graças te dou, ó Pai, Senhor do céu e da terra, porque ocultaste estas coisas aos sábios e instruídos e as revelaste aos pequeninos" (Mt 11.25). Deus faz isso com um propósito. Conseqüentemente, no ministério da Palavra a atenção deve se concentrar na condição dos ouvintes.

Talvez ao pregarmos para aqueles que são recém-convertidos não precisemos exercitar demais nosso espírito nem precisemos nos valer de muita luz ou palavras. E quando se trata de pregar o evangelho aos não salvos? Sentimos que temos de esgotar bastante nosso espírito e nossas palavras. Naturalmente se tocarmos a revelação mais elevada de Deus – as coisas espirituais mais elevadas e mais práticas – é óbvio que precisaremos de mais palavras, mais luz e mais espírito. Suponha, porém, que se apresente alguém que se considera sábio e entendido. Deus deseja esconder dele essas coisas.

Deus não somente não as revelará diretamente a ele, como também o ministério da Palavra ficará obstruído em sua presença. Se a ocasião exigir menos liberação do espírito, sua obstrução pode não ser muito grande. No entanto, se a exigência do espírito for grande, ele se torna um impedimento formidável ao ministério da Palavra. A força da revelação divina é enfraquecida porque Deus não deseja que aquele indivíduo perceba.

Além da condição do ministro, os ouvintes da Palavra constituem outro problema. Se houver na audiência um indivíduo cuja condição é adversa à bênção de Deus, ele afetará a liberação da Palavra. A Palavra cairá por terra, mesmo que o ministro seja poderoso. Não sabemos bem como os ouvintes podem afetar a pregação, mas sabemos que se trata de um fato. Portanto, quando aprendemos a ser ministros da Palavra, devemos lembrar que às vezes a Palavra é obstruída por nós mesmos e outras vezes por outras pessoas.

Suponha que depois de ter resolvido todos os *seus* problemas você ainda seja incapaz de liberar a revelação e as palavras. Então você sabe que a dificuldade pode estar nas atitudes que se oferecem para os objetivos da Palavra serem atingidos. Para aqueles que são iniciantes no ministério, o obstáculo em geral está neles, pois a revelação que têm é limitada e sua luz é inadequada. No entanto, para aqueles que já receberam uma revelação pura e forte e têm ministrado muitas palavras, seus sentimentos delicados podem estar obstruídos e suas palavras são impedidas quando têm contato com pessoas de espírito orgulhoso ou aqueles que estão privados da bênção divina.

O espírito é extremamente sensível. Uma de suas características é que assim que você libera a palavra, seu espírito e o Espírito Santo, assim como suas palavras, são liberados.

No entanto, há um indivíduo na audiência que se acha sábio. Ele é um observador. Ele bloqueia a Palavra e a impede de fluir livremente. Às vezes nós desejamos levar nossos irmãos à luz de Deus a fim de que possam se conhecer, ou desejamos liderá-los ao Senhor a fim de que vejam a glória do Santo. Note o quanto esta revelação é pura. Não se trata de doutrina nem de ensino sistemático – mas apenas revelação, pura revelação. Ora, durante o processo de iluminação, se estiverem presentes alguns irmãos que adotam uma atitude de meros observadores – apenas assistindo a performance do pregador, com o espírito fechado, agindo como se não precisassem da Palavra de Deus e sem desejar se submeter a Deus – o pregador descobrirá que suas palavras ficam tão pesadas que ele mal consegue articulá-las. Quanto mais espiritual for a pregação, mais facilmente o pregador será afetado por pessoas desse tipo; quanto menos espiritual for a mensagem, menos influenciado o pregador será. O Senhor não abençoará essas pessoas. Por isso é tolice alguém se considerar sábio e entendido.

"*E* as revelaste aos pequeninos", o Senhor concluiu. Quanto mais terna for a atitude da Palavra, com mais força ela é proclamada. Quanto mais humildes os ouvintes, mais poderosa é a Palavra. Quando os ouvintes estão totalmente dispostos a obedecer, a Palavra manifesta mais luz e revelação a eles. É difícil ajudar aqueles que não desejam receber ajuda, mas é relativamente fácil ajudar aqueles que aceitam ajuda. Este também é um princípio espiritual básico.

Muitos são os que encontram dificuldade para receber ajuda. Eles resistem à Palavra e ao seu significado, questionam a Bíblia; obviamente é difícil serem ajudados, visto que a iluminação de Deus deve perfurar muitas camadas de crítica e resistência antes de alcançar o coração. Quanto mais uma pessoa se parece com uma criança, mais propensa ela está para receber a ajuda do Senhor. Aquele que abre o coração para Deus descobre que seu espírito também se abre. Para esse o ministério da Palavra será poderoso e ele receberá mais revelação.

Deus resiste aos obstinados, mas concede graça àqueles que são como crianças –àqueles que buscam com humildade, simplicidade e mansidão. Por quê? Porque Deus destruirá a sabedoria dos sábios e a inteligência dos entendidos (veja 1 Co 1.19). O Senhor nos colocará numa posição na qual poderemos dizer: "Minha sabedoria e meu entendimento não servem para nada". Se você depender da misericórdia de Deus, pode olhar para trás depois de três ou cinco anos de disciplina e confessar o quanto sofreu por causa de sua própria sabedoria. Você devia ter recebido mais graça, mas sua sabedoria humana bloqueou o caminho. Quantos cristãos ainda não se deram conta do dano que a arrogância da sabedoria humana trouxe às suas vidas. No dia, porém, que se renderem à misericórdia de Deus, saberão.

2. Cristo é nossa Sabedoria

"Destruirei a sabedoria dos sábios e aniquilarei a inteligência dos instruídos", Deus disse em 1 Coríntios 1.19. Seu propósito ao fazer isso é para que "ninguém se vanglorie na presença de Deus" (v. 29). Numa palavra, Deus não deseja que ninguém seja orgulhoso. Ele lança fora a sabedoria e o entendimento que geram orgulho. Nós temos nossa própria sabedoria, mas precisamos do poder. Somos sábios, mas também somos fracos. Deus transforma nossa sabedoria em insensatez, mas também transforma nossa fraqueza em

Nossa Atitude Diante da Palavra

força. Trata-se de uma tarefa difícil, mas Deus a realizou. Isso é maravilhoso aos nossos olhos. Deus destruiu a sabedoria dos homens, mas lhes deu o Seu poder.

Como explicamos isso? Como se pode resolver o problema do poder destruindo a sabedoria humana? Como Deus destrói a sabedoria dos homens a fim de manifestar Seu poder? O próprio Senhor Jesus torna-se nossa sabedoria. "Mas vós sois dele, em Cristo Jesus, o qual para nós foi feito por Deus sabedoria, e justiça, e santificação, e redenção" (1 Co 1.30). Neste versículo deveria haver dois-pontos depois da palavra "sabedoria", pois esta sabedoria inclui justiça, santificação e redenção. Como Deus transforma Cristo em nossa sabedoria? Depois que nossa sabedoria humana é derrubada e nós nos tornamos tolos para Deus e aceitamos a Cristo como nossa sabedoria.

O poder de Deus manifesta-se em nós de três formas: Cristo nossa justiça, Cristo nossa santificação e Cristo nossa redenção. É preciso um tremendo poder para nos fazer justos, santos e redimidos (a redenção aqui aponta especialmente para a redenção do corpo físico) e tudo isso está incluído em Cristo como nossa sabedoria. Em outras palavras, Deus revela toda a Sua graça em Cristo. Aquilo com que nós estamos diretamente em contato é revelação, mas o resultado final será a justiça, santidade e redenção. Isso resolve o problema do poder e também da sabedoria. Quando o problema da revelação é resolvido, todas as riquezas espirituais são expostas enquanto toda a pobreza espiritual é abolida. A visão é fundamental nas questões espirituais. Uma vez que enxergamos, tudo é resolvido. Nós não podemos tocar diretamente a justiça, embora possamos receber revelação dessa forma. Quando há revelação, a questão da justiça também é estabelecida. Devemos possuir a justiça mediante a revelação, pois esta é a maneira como Deus a concede.

Talvez isso explique por que o Senhor rejeita nossa sabedoria humana. Quando nós somos sábios aos nossos próprios olhos, a sabedoria divina não tem lugar; portanto, não haverá revelação. Quando cessa a revelação, todas as bênçãos espirituais são interrompidas. A força espiritual diminui, bem como o discernimento espiritual. Entretanto, essas coisas aumentam quando a tolice espiritual diminui. Os dois elementos estão intimamente ligados.

Ninguém pode receber as obras do Senhor diretamente, uma vez que todas as Suas obras são baseadas na revelação. Aquele que tem revelação tem tudo. Quando tentamos receber as obras do Senhor separadas da revelação, descobrimos que é impossível. Podemos reconhecer que somos pecadores e assentir mentalmente que Jesus é o Salvador, mas nossas orações não terão eficácia se não houver entendimento espiritual. Podemos até pregar sobre a doutrina da salvação; entretanto, ela cairá sobre os ouvintes como água fria. É o que acontece quando tentamos aceitar as obras do Senhor separadas da revelação. No entanto, quando os nossos olhos são abertos só um pouquinho para enxergarmos que o Senhor já morreu por nós, podemos imediata e espontaneamente aceitar a morte do Senhor independentemente de meio ambiente, se estamos orando sozinhos em nosso quarto ou ouvindo uma pregação. Aquele que toca a revelação recebe a Cristo. Similarmente, aquele que ainda não tocou a revelação não é capaz de receber a Cristo de verdade. A questão é se recebemos ou não revelação – o que constitui um princípio fundamental. Deus fundamentou Suas obras na revelação; por isso somente dessa forma os homens podem se envolver com elas.

Ao aprendermos este princípio fundamental, podemos rapidamente entender quanto a nossa atitude pode afetar o ministério da Palavra. Sempre que as pessoas se consideram sábias e entendidas, Deus se oculta delas. No entanto, quando nos aproximamos do Senhor como crianças – simples, humildes e com o coração aberto – o Senhor naturalmente será a nossa sabedoria. Quando Ele se torna nossa sabedoria, nosso problema de poder também é solucionado. Aqueles que têm a Cristo como sabedoria também possuem justiça, santificação e redenção. A realidade espiritual baseia-se na revelação de Cristo. Ao tocarmos a revelação, tocamos a realidade. Todos os problemas concernentes à justiça passada, à presente santificação e à futura redenção são solucionados na sabedoria. Tendo Cristo como sabedoria, nós temos todas essas coisas. No entanto, se aqueles a quem o ministério é dirigido forem orgulhosos, arrogantes e fechados, serão incapazes de receber a revelação. Por esta razão temos de aprender a ser humildes e simples diante de Deus. Quanto mais orgulhosos formos, mais nos afastaremos da revelação de Deus. O ministro da Palavra não poderá nos ajudar; pelo contrário, nós o atrapalharemos. Deus esconde todas as coisas dos sábios e entendidos, mas Se revela aos pequeninos.

3. Quando Deus não Está Disposto a Se Revelar

"Como está escrito: Deus lhes deu espírito de entorpecimento, olhos para não ver e ouvidos para não ouvir, até ao dia de hoje" (Rm 11.8). Esse texto refere-se à nação judaica, a qual até o presente momento não é capaz de enxergar nem de ouvir. Note que a condição de Mateus 13 é muito mais grave do que a de Mateus 11, onde o encobrimento é temporário, enquanto em Mateus 13 ele é permanente – com base nos acontecimentos de Mateus 12. Esta é a situação relatada em Mateus 12: depois que o Senhor Jesus expulsou um demônio pelo poder do Espírito Santo, os judeus afirmaram com veemência que Ele agira no poder de Belzebu, pois odiavam ao Senhor sem causa. Interiormente eles sabiam que Ele expulsara o demônio pelo poder do Espírito Santo, mas o ódio que sentiam era tão grande que blasfemaram contra o Espírito Santo, atribuindo o poder de Jesus a Belzebu. Dentro do coração, eles guardavam um enorme preconceito. Eles sabiam que se reconhecessem que Jesus expulsava demônios pelo poder do Espírito Santo, teriam de crer Nele. No entanto, já tinham decidido não crer e por isso preferiram rejeitar a Jesus. Por isso afirmaram teimosamente que Ele agira no poder de Belzebu. O coração dos judeus estava endurecido como granito. A partir desse ponto pode não haver mais oportunidade de perdão, seja nesta era ou no porvir. O pecado imperdoável é cometido quando as pessoas negam veementemente a obra distinta do Espírito Santo, afirmando abertamente ser obra de Belzebu. Entre todos os nomes atribuídos a Satanás, este é o mais vil, pois significa "senhor das moscas". Como o coração humano pode ser tão duro? Este é o pior pecado em toda a Bíblia, nenhum outro se compara a ele. Este pecado jamais será perdoado.

Isso explica por que, a partir daquele episódio, o Senhor Jesus adotou o uso de parábolas. Os discípulos perguntaram-Lhe: "Por que lhes falas por parábolas?". A resposta foi: "Porque a vós outros é dado conhecer os mistérios do reino dos céus, mas àqueles não lhes é isso concedido". Os que tinham coração de pedra ouviram a parábola do semeador, mas não entenderam seu significado. Ouviram sobre pedras, pássaros e espinhos, mas não conseguiram perceber as aplicações. Também ouviram sobre o bom solo, mas não souberam o que ele representava. Aqui o Senhor Jesus nos ensina um princípio básico. Devido à prática de tal pecado, Deus fecha Sua Palavra, de modo que eles olham sem ver e escutam sem de fato ouvir nem entender. "O coração deste povo está endurecido, de mau grado ouviram com os ouvidos e fecharam os olhos; para não suceder que vejam com os olhos, ouçam com os ouvidos, entendam com o coração, se convertam e sejam por mim curados" (Mt 13.15). É como se Deus os proibisse de se arrependerem. Enquanto um indivíduo se agarra às suas inclinações e preconceitos, recusando aceitar a luz e tentando encontrar falhas na verdade, a luz divina pode de fato se fechar para ele. Aquele que não tem revelação nem luz vive nas trevas. Portanto, nós temos medo de pecar sem saber, especialmente este pecado tão terrível. Reconhecemos que um pecador pode ser salvo, até mesmo um fariseu pode ser salvo, pois Deus sabe como lidar com pecadores; no entanto, não há como salvar aquele que se recusa a enxergar.

Mateus 13 e Romanos 11 mostram este princípio, que uma pessoa pode se colocar numa posição espiritual na qual é completamente privada da luz de Deus. É isso que chamamos de proibição de Deus ou selo de Deus. Algumas pessoas estão se debatendo nas profundezas do erro, não por causa de sua tolice, mas por causa de sua própria sabedoria. Uma falta causada pela tolice pode ser facilmente perdoada, mas um erro cometido por causa da sabedoria humana é duro de ser perdoado, porque neste caso a pessoa não cometeu somente um erro, mas algo que ela sabe bem em seu coração que é errado. Quando o coração humano se volta contra Deus, Ele sela seu entendimento. Trata-se de uma questão muito séria. Quando Deus não está disposto a Se revelar a alguém, Ele se oculta. Quando Deus trata um indivíduo desta forma, ele está perdido. O que mais poderia ser comparado a este estado? Portanto, devemos orar: "Ó Senhor, nunca permita que nós caiamos em tal insensatez, falando palavras arrogantes;

nunca permita que sejamos tolos para resistir à luz e nunca permita que nos aproximemos do ponto onde não há mais arrependimento".

Como pode haver arrependimento se não houver revelação? Selar a revelação é selar a oportunidade de arrependimento; selar o arrependimento é selar o perdão. Quando um indivíduo peca contra o Espírito Santo, nenhuma revelação é dada a ele, o que o priva também da oportunidade de arrependimento. Não conseguiu ver nem ouvir e por isso não entendeu. Quer dizer, ouviu as palavras, mas não houve revelação. Alguns irmãos e irmãs não estão dispostos a aceitar ou obedecer em certas questões, pois têm alguns preconceitos. Mesmo que uma questão esteja correta, eles insistem em dizer que está errada. Como, então, podem receber revelação nessas questões? Aquele que é capaz de receber revelação de Deus precisa considerar a possibilidade de que pode estar errado. Aquele que deseja receber luz não pode ser arrogante. O Senhor pode facilmente iluminar aquele que é manso e humilde. Ele lhe dará revelações básicas e avançadas. Por isso temos de aprender a abrir nosso coração diante de Deus a fim de que possamos continuar recebendo Sua luz.

4. A Luz Nunca Espera Pelo Homem

A luz nunca espera pelo homem! Muitas vezes nós somos como aqueles que se aproximaram do Senhor para pedir pão. Não temos certeza de podermos obtê-lo. Temos de reconhecer que Deus tem Suas obras na Terra, que a linha de Sua obra nunca foi rompida e ela segue adiante. Aqueles que têm entendimento espiritual podem descobrir onde está essa obra. Se falharmos, não poderemos participar. Se guardarmos preconceitos em nosso coração, não conseguiremos ver. Suponha que falhemos em ver o que Deus fez há vinte anos; como, então, poderemos nos alinhar com o que Ele está fazendo hoje? Por isso, jamais devemos perder o alinhamento com os movimentos de Deus. Sejamos humildes e dispostos a aprender. Uma coisa é certa: Deus tem Seus planos e está trabalhando passo a passo em direção ao seu cumprimento. Temos de segui-los ano após ano. Quando o nosso espírito se mantém humilde e manso, somos capazes de tocar um pouco as obras de Deus. Se começarmos a ficar orgulhosos e arrogantes, Deus nos colocará de lado.

Efésios 4 prediz que a Igreja alcançará a maturidade. Deus deseja levantar Seus ministros a um nível mais elevado. Alguns podem ter tocado as coisas mais elevadas de Deus, enquanto outros precisarão de dez ou vinte anos de tratamento para descobrirem como alcançar essas coisas. Muitas questões espirituais têm um elemento de tempo e nós ainda estamos longe de alcançá-las. Por isso precisamos pedir a Deus que tenha misericórdia de nós, a fim de que possamos aprender algo substancial e real. Que Deus levante ministros para Sua Igreja e que nós possamos aprender tudo o que devemos aprender.